国家社科基金项目成果 经管文库

The Supply-side Innovation's Mechanism and Policies of Strategic Emerging Industries

战略性新兴产业 供给侧创新的机制与政策

闫俊周／著

中国财经出版传媒集团
经济科学出版社
Economic Science Press

图书在版编目（CIP）数据

战略性新兴产业供给侧创新的机制与政策/闫俊周著．
—北京：经济科学出版社，2020.7
（国家社科基金项目成果经管文库）
ISBN 978 - 7 - 5218 - 1568 - 9

Ⅰ. ①战…　Ⅱ. ①闫…　Ⅲ. ①新兴产业 - 企业改革 -
研究 - 中国　Ⅳ. ①F279. 244. 4

中国版本图书馆 CIP 数据核字（2020）第 079443 号

责任编辑：胡成洁
责任校对：王肖楠
责任印制：李　鹏　范　艳

战略性新兴产业供给侧创新的机制与政策
闫俊周/著
经济科学出版社出版、发行　新华书店经销
社址：北京市海淀区阜成路甲 28 号　邮编：100142
经管中心电话：010 - 88191335　发行部电话：010 - 88191522
网址：www. esp. com. cn
电子邮箱：expcxy@ 126. com
天猫网店：经济科学出版社旗舰店
网址：http：//jjkxcbs. tmall. com
北京季蜂印刷有限公司印装
710×1000　16 开　15.5 印张　280000 字
2020 年 12 月第 1 版　2020 年 12 月第 1 次印刷
ISBN 978 - 7 - 5218 - 1568 - 9　定价：72.00 元
（图书出现印装问题，本社负责调换。电话：010 - 88191510）
（版权所有　侵权必究　打击盗版　举报热线：010 - 88191661
QQ：2242791300　营销中心电话：010 - 88191537
电子邮箱：dbts@ esp. com. cn）

国家社科基金项目成果经管文库

出版说明

我社自 1983 年建社以来一直重视集纳国内外优秀学术成果予以出版。诞生于改革开放发轫时期的经济科学出版社，天然地与改革开放脉搏相通，天然地具有密切关注经济领域前沿成果、倾心展示学界翘楚深刻思想的基因。

2018 年恰逢改革开放 40 周年，40 年中，我国不仅在经济建设领域取得了举世瞩目的成就，而且在经济学、管理学相关研究领域也有了长足发展。国家社会科学基金项目无疑在引领各学科向纵深研究方面起到重要作用。国家社会科学基金项目自 1991 年设立以来，不断征集、遴选优秀的前瞻性课题予以资助，我社出版了其中经济学科相关的诸多成果，但这些成果过去仅以单行本出版发行，难见系统。为更加体系化地展示经济、管理学界多年来躬耕的成果，在改革开放 40 周年之际，我们推出"国家社科基金项目成果经管文库"，将组织一批国家社科基金经济类、管理类及其他相关或交叉学科的成果纳入，以期各成果相得益彰，蔚为大观，既有利于学科成果积累传承，又有利于研究者研读查考。

本文库中的图书将陆续与读者见面，欢迎相关领域研究者的成果在此文库中呈现，亦仰赖学界前辈、专家学者大力推荐，并敬请经济学界、管理学界给予我们批评、建议，帮助我们出好这套文库。

经济科学出版社经管编辑中心

2018 年 12 月

　　本书为国家社会科学基金一般项目"推进战略性新兴产业供给侧创新的机制与政策研究"（项目编号：16BJY089）研究成果

　　本书得到河南省高校科技创新人才支持计划（人文社科类）（项目编号：2021－CX－008）资助。

前　言

Preface

2016 年 6 月，笔者承担了由国家社会科学基金资助的项目"推进战略性新兴产业供给侧创新的机制与政策研究"（项目编号：16BJY089），经过 3 年的努力，已完成全部研究任务，本书即是该项目研究的主要成果。

新常态下，战略性新兴产业作为稳增长、促改革、调结构、惠民生的重要支撑，得到了各级政府的重点关注和大力支持，实现了快速增长，但由于长期以来形成的粗放式经济发展模式思维，战略性新兴产业在发展上仍然存在着重复建设、过度竞争、制度创新滞后、核心技术缺失、自主创新能力不强、低端产品供给过剩和高端产品供给不足等问题，使其面临供给有效性发展困境，亟须推进供给侧改革和创新。本书运用多种理论和方法，对战略性新兴产业供给侧创新的机制与政策进行了探索和研究，以期在理论上拓展和丰富战略性新兴产业的理论体系，在实践上引领和指导我国战略性新兴产业的供给侧创新。本书主要研究内容和创新性贡献如下。

（1）在对战略性新兴产业、供给侧改革国内外研究文献进行梳理和评价的基础上，对战略性新兴产业的概念和特征、战略性新兴产业供给侧创新的内涵与特征进行界定和分析，提出了战略性新兴产业供给侧创新的理论逻辑，对战略性新兴产业供给侧创新的环境因素进行了探讨。从要素、产业和制度三大层面对我国战略性新兴产业供给侧创新的现状和问题进行了分析，为战略性新兴产业供给侧创新研究打下了重要的理论基础。

（2）在对战略性新兴产业供给侧创新进行效率评价内涵界定的基础上，构建了战略性新兴产业供给侧创新效率评价指标体系。以战略性新兴产业上市公司为例，运用 DEA 方法对战略性新兴产业供给侧创新效率进行了评价和分析，并运用计量经济模型对战略性新兴产业供给侧创新效率进行了投入产出改进分析，并得出了相关启示。在研究内容和方法上具有一定创新，拓展和丰富了战略性新兴产业创新效率相关研究内容。

（3）在对战略性新兴产业供给侧创新动力模式进行分析的基础上，根据产业发展差异和产业生命周期，对战略性新兴产业供给侧创新动力模式选择进行了分析。构建了战略性新兴产业供给侧创新动力系统并对战略性新兴产业供给侧创新动力系统的运行机制进行设计，是对战略性新兴产业现有研究的有益拓展和补充。

（4）对战略性新兴产业供给侧创新的实现机制进行设计，重点对战略性新兴产业供给侧创新的动力机制、培育机制、能力机制、保障机制进行分析，构建了战略性新兴产业供给侧创新的实现机制模型并进行了模糊评价和分析，为战略性新兴产业供给侧创新研究提供了新方法和新视角。

（5）以中国中车股份有限公司为典型案例，对战略性新兴产业供给侧创新的动力系统及其运行机制、实现机制等进行了探索性案例研究，对我国战略性新兴产业企业实施供给侧创新，提升创新效率和创新能力具有一定的参考价值。

（6）在对美国、英国、德国、日本、韩国、俄罗斯、印度等典型国家战略性新兴产业供给侧创新政策进行经验分析的基础上，得出对我国战略性新兴产业供给侧创新的启示，并从要素、产业、制度三大层面提出了推进我国战略性新兴产业供给侧创新的具体政策与建议，对我国制定战略性新兴产业供给侧创新政策具有一定的借鉴价值。

感谢郑州航空工业管理学院商学院的领导及有关老师的热情支持与大力帮助。感谢刘国新教授、罗士喜教授、李雅莉研究员在项目研究和撰写过程中所提出的宝贵意见和建议。感谢项目组成员张艳丽副教授、孙兆刚教授、杨祎博士、齐念念硕士、杜梦阁硕士、姬婉莹硕士在内容设计、资料收集、数据处理、案例收集整理及全书校对等方面提供的诸多支持。感谢经济科学出版社的崔新艳主任、胡成洁编辑及设计、校对人员为本书的修改、编辑和出版付出的辛苦劳动，他们还提供了诸多专业性指导和建议。同时，本书在写作过程中参阅了大量的相关资料和文献，借鉴和参考了部分学者的研究成果，在此，对他们表示衷心的感谢。

本书虽然按照既定研究目标完成了研究任务，取得了一定的研究成果，但有关战略性新兴产业供给侧创新的研究仅仅还是一个开始，尚有许多理论和实践问题需要进一步探索。在后续的研究中，我们将持续推进战略性新兴产业供给侧创新理论研究的深化和实践成果的应用，不断拓展和丰富战略性新兴产业供给侧创新领域的研究成果。由于作者水平所限，书中难免存在不足之处，恳请广大读者批评指正。

闫俊周

2020 年 4 月于郑州

目 录

Contents

第1章 引　论

1.1　研究背景与意义

1.1.1　研究背景

1. 新常态下中国战略性新兴产业面临供给有效性发展困境

新常态下中国经济从高速增长转为中高速增长，经济发展面临下行压力和新的挑战。战略性新兴产业作为驱动经济发展的新引擎，实现了快速增长。2017 年和 2018 年，工业战略性新兴产业增加值分别比上年增长 11% 和 8.9%①，已成为新常态下稳增长、促改革、调结构、惠民生的重要支撑。在战略性新兴产业规模化、快速化发展的同时，长期以来形成的粗放式经济发展模式思维却造成对其缺乏科学论证和顶层设计，缺少统一的总体规划布局。各地方政府在政策的推动和吸引下盲目跟风，导致战略性新兴产业重复建设、重复布局，使其在发展上面临产业布局同构化、产能过剩、过度竞争、制度创新滞后、核心技术缺失、自主创新能力不强等诸多问题，导致一些战略性新兴产业低端供给过剩、无效供给过度和高端产品供给不足，形成"供需错位"，面临供给有效性发展困境，亟须推进供给侧改革和创新。

2. 战略性新兴产业在中国创新驱动发展战略中肩负重大使命

中国经济在过去较长一段时期的高速增长主要得益于要素驱动和投资驱动，但在新常态下，要素红利衰减、投资驱动动力弱化，要实现中国经济的可

---

① 国家统计局 . 中华人民共和国 2018 年国民经济和社会发展统计公报 ［R］. 北京：国家统计局，2019：1 - 10.

持续增长，必须转变经济发展方式，将创新摆在国家发展全局的核心位置。中国必须坚定不移地实施创新驱动发展战略，重点推动供给侧改革，提高经济发展的质量和效益，加快培育和形成新的增长动力。战略性新兴产业作为实施创新驱动战略的先导力量，是新兴产业和新兴技术的深度融合，是增强自主创新能力的重要力量和载体，是深入推进供给侧改革的重要战略工具。培育和发展战略性新兴产业，既能从供给端、生产端入手，通过解除供给约束，创造新供给、提供新服务，培育新兴经济增长点，又能提升供给质量，培育新消费、满足新需求，既是推动和实施创新驱动战略的重要工具，又是弥补供给侧改革"创新短板"的重要举措。

3. 供给侧创新为中国战略性新兴产业带来更多发展机遇

新常态下我国宏观经济政策的着力点将逐步从以前的需求侧刺激转向供给侧改革，新兴产业、创新经济将成为经济发展重点和方向。战略性新兴产业由于产业结构的高级化和技术水平的高层次化，已成为传统产业转型升级的目标、产业结构调整的方向，供给侧改革和创新将为战略性新兴产业的快速增长带来更多发展机遇。供给侧改革和创新的重点是优化供给结构，增加有效供给，提升全要素生产率，其通过制度变革、结构优化和要素升级三大动力推动战略性新兴产业的改革、转型和创新，对战略性新兴产业提升全要素生产率，增强自主创新能力，提高发展的质量和效益，进而形成内生式增长动力，建立全球竞争优势具有重要的促进作用。

1.1.2 研究意义

1. 拓展和丰富战略性新兴产业理论，具有一定的理论参考意义

战略性新兴产业作为培育发展新动能和推进供给侧改革的重要战略工具，在我国经济发展中发挥着举足轻重的作用，国内政府管理部门和学者对其关注也较多，但在政策实施和理论研究方面仍存在许多不足，对战略性新兴产业供给侧创新的效率、动力系统、运行机制与政策等的研究较为稀缺。因此，本书拟从战略性新兴产业供给侧创新的基本理论入手，以调查研究、案例研究和实证分析方法为主，对战略性新兴产业供给侧创新的现状与问题、供给侧创新的效率、供给侧创新的动力系统与运行机制、供给侧创新的实现机制等进行系统研究，以揭示战略性新兴产业供给侧创新的内在机理和实现机制，并提出针对性的政策和建议。本研究具有一定创新性和前沿性，拓展和丰富了战略性新兴产业理论，具有一定的理论参考意义和学术价值。

2. 引领和指导战略性新兴产业发展实践，具有一定的政策借鉴价值

在供给侧改革背景下，战略性新兴产业的培育和发展有利于引领产业发展和产业升级，有利于培育经济发展新动能，有利于创新驱动发展战略的实现。但是目前有关战略性新兴产业供给侧改革和创新的研究较为稀缺，各级政府在推进和实施战略性新兴产业供给侧创新过程中缺乏必要的理论指导和支持，在管理上面临着较多困难，不利于实践经验的培育和发展。因此，主动对战略性新兴产业供给侧创新的效率、动力系统和实现机制等进行探索，并提出针对性的对策和建议，有利于进一步引领和指导战略性新兴产业发展实践。对于增强我国战略性新兴产业供给侧创新能力，深入推进供给侧改革和创新，具有一定的政策借鉴价值和指导意义。

1.2　国内外研究综述

1.2.1　战略性新兴产业研究

2008年国际金融危机爆发后，发达国家经济发展陷入困境，纷纷通过培育和发展新兴产业培育新兴经济增长点。在此背景下，战略性新兴产业受到了大多数国家政府的重视，引发了众多学者的关注，并对战略性新兴产业进行了探索和研究，我国政府和学者也不例外，结合自身实际对战略性新兴产业进行了规划和研究。根据对中国知网数据库期刊论文库的检索结果，1989 ~ 2018年，有关战略性新兴产业的研究共有4697篇论文，其中北大核心和CSSCI收录的期刊论文有1533篇，其研究发表年度趋势图如图1-1所示。由图1-1可知，在2008年金融危机爆发以前，国内对战略性新兴产业的关注和研究较少，直到2009年，仅有10篇相关研究论文，自2010年开始，战略性新兴产业研究逐渐成为国内学者研究的热点，研究论文呈快速增长趋势，形成了研究的热潮。

国外并没有明确的战略性新兴产业概念，有关战略性新兴产业的研究多采用新产业（new industries）或新兴产业（emerging industries）的提法，所涉及的行业有新能源汽车、新兴信息技术、新兴旅游、新兴绿色产业等产业，包含

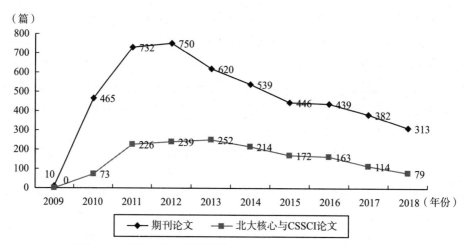

图 1-1　2009~2018 年国内战略性新兴产业研究发表年度趋势

资料来源：根据中国知网数据库检索结果整理。

的产业类别较多，与中国冠以"战略性"新兴产业这一提法仍有着较多不同。① 总体而言，有关战略性新兴产业的研究成果主要分布在国内且集中在以下八个方面。

1. 有关战略性新兴产业概念和特征的研究

战略性新兴产业概念最早由艾伯特·赫希曼于 1991 年提出，他将战略性新兴产业视同主导产业。② 保罗·克鲁格曼（Paul Krugman）则提出了识别战略性产业部门的两项标准：一是看该部门是否有大量的"租"存在，即该部门的资本或劳动回报率是否特别高；二是看该部门是否存在外部经济，即某一企业的研究开发活动或经验对其他企业产生技术外溢。③ 迈克尔·波特提出新兴产业具有技术含量高的特征，可以通过新技术建立一个新产业或用新技术改造提升传统产业。④ 芮明杰、赵春明把产业划分为战略性产业和一般性产业，认为战略性产业是指对一国经济发展起带动作用的主导产业和对一国经济具有提升作用的新兴产业。⑤ 万钢认为战略性新兴产业对于促进科技发展、主导国

---

① 孙国民. 战略性新兴产业概念界定：一个文献综述 [J]. 科学管理研究, 2014, 32 (2)：43-46.

② [美] 艾伯特·赫希曼. 经济发展战略 [M]. 北京：经济科学出版社, 1991：1-89.

③ [美] 保罗·克鲁格曼. 克鲁格曼国际贸易新理论 [M]. 北京：中国社会科学出版社, 2001：53-66.

④ [美] 迈克尔·波特. 国家竞争优势 [M]. 北京：华夏出版社, 2002：21-120.

⑤ 芮明杰, 赵春明. 战略性产业与国有战略控股公司模式 [J]. 财经研究, 1999 (9)：35-39.

家未来经济发展具有重要战略意义。① 赵刚提出新技术的充分运用有利于催生具有成长潜力和推动经济发展的新兴产业。② 华文③、陈柳钦④提出战略性新兴产业不仅具有新兴性特征，同时还应具有推动经济发展、提升国家竞争水平等战略意义，具有战略性特征。

明晰战略性新兴产业特征对于进一步认识和发挥战略性新兴产业的作用具有重要意义，因此，不少学者针对战略性新兴产业的特征进行了研究。国外学者认为战略性新兴产业具有新技术性、高度的不确定性、庞大的需求性和产业关联性等特征。⑤ 国内学者王忠宏、石光⑥、张和平⑦则认为其具有全局性、长远性、导向性和动态性特征。赵玉林、张倩男⑧、华文⑨、万钢⑩、陈柳钦⑪、孙国民⑫等则强调了战略性新兴产业具有战略性和新兴性特征。陈秀珍基于战略性新兴产业发展特点，提出战略性新兴产业具有创新性特征。⑬ 程贵孙、芮明杰认为战略性新兴产业不同于传统产业，具有较强的发展持续性和成长性。⑭

国内外学者关于战略性新兴产业概念和特征的研究观点既有区别又有联系，但总体而言，目前多数学者认同战略性新兴产业是代表技术发展和产业结

---

① 万钢. 把握全球产业调整机遇，培育和发展战略性新兴产业 [J]. 求是，2010 (1)：11 - 16.

② 赵刚. 战略性新兴产业的国际经验与我国的对策 [J]. 科技成果纵横，2010 (1)：23 - 25.

③⑨ 华文. 集思广益：战略性新兴产业的科学内涵与领域 [J]. 新湘评论，2010 (11)：12 - 15.

④⑪ 陈柳钦. 关于我国发展战略性新兴产业的几点思考 [J]. 四川行政学院学报，2011 (1)：83 - 88.

⑤ Kremer M. Population growth and technological change：One million b. c. to 1990 [J]. Quarterly Journal of Economics，1993，108 (3)：681 - 716；Day G S. Wharton on managing emerging technologies [J]. Rev. adm. empres，2000，41 (3)：91 - 92；Geels F W. Technological transitions as evolutionary reconfiguration processes：A multi-level perspective and a case study [J]. Research Policy，2002，3 (8)：1257 - 1274；Claude G V. Dynamic competition and development of new competencies [M]. Charlotte：Information Age Publishing，2003：98；Mukherjee V，Ramani S V. R&D cooperation in emerging industries，asymmetric innovative capabilities and rationale for technology parks [J]. Theory and Decision，2011，71 (3)：373 - 394.

⑥ 王忠宏，石光. 发展战略性新兴产业推进产业结构调整 [J]. 中国发展观察，2010 (1)：12 - 14.

⑦ 张和平. 对于大力发展战略性新兴产业的思考与建议 [J]. 经济界，2010 (3)：57 - 62.

⑧ 赵玉林，张倩男. 湖北省战略性主导产业的选择研究 [J]. 中南财经政法大学学报，2007 (2)：30 - 35.

⑩ 万钢. 建设高新技术产业化基地，大力培育战略性新兴产业 [N]. 经济日报，2010 - 7 - 21.

⑫ 孙国民. 战略性新兴产业概念界定：一个文献综述 [J]. 科学管理研究，2014，32 (2)：43 - 46.

⑬ 陈秀珍. 战略性新兴产业的发展条件 [M]. 北京：中国经济出版社，2013 (8)：116.

⑭ 程贵孙，芮明杰. 战略性新兴产业理论研究新进展 [J]. 商业经济与管理，2013 (8)：75 - 83.

构调整方向、能带动国民经济发展、具有战略性和新兴性等特点的产业。

2. 有关战略性新兴产业培育和发展的研究

在全球经济危机背景下，一些学者提出应高度重视实体经济的发展，尤其是要重视新兴产业的培育和发展。[①] 特别是 2008 年全球金融危机爆发以后，战略性新兴产业的培育和发展，引起了政府和学者的重点关注。国外学者对战略性新兴产业培育过程中的选择和识别问题进行了研究，[②] 并提出新兴产业的培育是一个动态演进过程，是 idea to product 的转化过程。[③] 国内学者万钢[④]、钟清流[⑤]、吕波[⑥]等提出产业方向、市场条件、创新动力、产业项目、自主创新政策是影响战略性新兴产业培育和发展的重要因素。范晓莉、黄凌翔等实证研究了我国战略性新兴产业集聚发展的影响因素以及区域差异特征。[⑦] 闫俊周、童超、秦建军则实证分析了企业进入战略性新兴产业产生的影响因素。[⑧]

熊勇清、李鑫等则从"现实环境"和"实际贡献"角度出发，分析了战略性新兴产业市场需求的培育方向。[⑨] 李晓东对经济新常态下战略性新兴产业

————————

①　Sturgeon T J. Modular production networks：A new american model of industrial organization ［J］. Industrial and Corporate Change，2002，11（3）：35 – 50；Gourinchas Rey. From world banker to world venture capitalist：US external adjustment and exorbitant privilege ［J］. NBER Working Paper，2005：1 – 16；Perez C. The double bubble at the turn of the century：Technological roots and structural implications ［J］. Cambridge Journal of Economics，2009，33（4）：779 – 805.

②　Chakrabarti A K. Competition in high technology：Analysis of patents of US，Japan，UK，France，West Germany and Canada ［J］. IEEE Transactions on Engineering Management，1991（1）：78 – 84；Chen C J，Huang C C. A multiple criteria evaluation of high-tech industries for the science-based industrial park in Taiwan ［J］. Information & management，2004，41（7）：839 – 851；Guo X Y，Hui X F. Research on regional strategic emerging industry selection models based on fuzzy optimization and entropy evaluation ［J］. Journal of Applied Mathematics，2012（2）：1 – 15.

③　Hung S C，Chu Y Y. Stimulating new industries from emerging technologies：Challenges for the public sector ［J］. Technovation，2006，26（1）：104 – 110；Heffeman P，Phaal R. The emergence of new industries ［R］. The University of Cambridge，2008：1 – 30.

④　万钢. 建设高新技术产业化基地，大力培育战略性新兴产业 ［N］. 经济日报，2010 – 7 – 21.

⑤　钟清流. 战略性新兴产业发展思路探析 ［J］. 中国科技论坛，2010（11）：41 – 45.

⑥　吕波. 战略性新兴产业：形成动因、培育路径及未来发展建议 ［J］. 改革与战略，2011（7）：13 – 15.

⑦　范晓莉，黄凌翔，卢静，王丽艳. 战略性新兴产业集聚发展及影响因素分析 ［J］. 统计与决策，2017（14）：139 – 143.

⑧　闫俊周，童超，秦建军. 企业进入战略性新兴产业的影响因素——基于 Probit 选择模型的实证分析 ［J］. 经济经纬，2019，36（2）：95 – 101.

⑨　熊勇清，李鑫，黄健柏，贺正楚. 战略性新兴产业市场需求的培育方向：国际市场抑或国内市场——基于"现实环境"与"实际贡献"双视角分析 ［J］. 中国软科学，2015（5）：129 – 138.

市场培育机制进行了研究,强调了正确处理好政府和市场关系的重要性。① 周婕峥基于全球产业转移视角,分析了我国战略性新兴产业的培育与成长路径。② 许箫迪、王子龙、张晓磊③、洪勇、张红虹④、刘洪昌⑤分别对战略性新兴产业的培育机理和政策博弈、培育政策传导机制、高端化发展的产业培育模式及路径进行了研究。吴宇晖、付淳宇对中国战略性新兴产业培育和发展中存在的问题进行分析并提出了对策。⑥ 胡慧芳对供需交互响应下的战略性新兴产业成长和培育机制进行了研究,并得出了相应的政策与建议。⑦ 闫俊周通过对我国东部、中部、西部地区的6个省份的多案例分析,对战略性新兴产业培育和发展的趋同性问题进行了研究,并提出了相应的对策和建议。⑧

王新新基于战略性新兴产业提出背景、概念界定、特征及发展规律,分析了培育和发展战略性新兴产业的策略。⑨ 李煜华、武晓锋、胡瑶瑛⑩、张敬文、李晓园、徐莉⑪分别基于共生视角、演化博弈视角,分析了战略性新兴产业创新生态系统协同创新策略、战略性新兴产业集群协同创新发生机理及提升策略。闫俊周对新常态下战略性新兴产业发展的问题进行分析并提出了相应的对策与建议。⑫ 李林玥则针对我国战略性新兴产业国际化发展问题,提出了新的

① 李晓东. 经济新常态下战略性新兴产业市场培育机制探索 [J]. 改革与战略, 2015, 31 (2): 133 – 137.

② 周婕峥. 全球产业转移视角下我国战略性新兴产业培育与成长路径研究 [J]. 科学管理研究, 2014, 32 (4): 80 – 83.

③ 许箫迪, 王子龙, 张晓磊. 战略性新兴产业的培育机理与政策博弈研究 [J]. 研究与发展管理, 2014, 26 (1): 1 – 12.

④ 洪勇, 张红虹. 新兴产业培育政策传导机制的系统分析——兼评中国战略性新兴产业培育政策 [J]. 中国软科学, 2015 (6): 8 – 19.

⑤ 刘洪昌. 战略性新兴产业高端化发展的产业培育模式及路径 [J]. 企业经济, 2015 (1): 140 – 144.

⑥ 吴宇晖, 付淳宇. 中国战略性新兴产业发展问题研究 [J]. 学术交流, 2014 (6): 93 – 97.

⑦ 胡慧芳. 供需交互响应下的战略性新兴产业成长机制——基于系统动力学的建模与仿真 [J]. 厦门大学学报 (哲学社会科学版), 2017 (5): 123 – 134.

⑧ 闫俊周. 战略性新兴产业培育和发展的趋同性研究——基于我国东、中、西六个省份的多案例分析 [J]. 技术经济与管理研究, 2017 (5): 104 – 107.

⑨ 王新新. 战略性新兴产业的培育与发展策略选择 [J]. 前沿, 2011 (7): 20 – 23.

⑩ 李煜华, 武晓锋, 胡瑶瑛. 共生视角下战略性新兴产业创新生态系统协同创新策略分析 [J]. 科技进步与对策, 2014 (2): 47 – 50.

⑪ 张敬文, 李晓园, 徐莉. 战略性新兴产业集群协同创新发生机理及提升策略研究 [J]. 宏观经济研究, 2016 (11): 106 – 113.

⑫ 闫俊周. 新常态下战略性新兴产业发展的问题与对策研究——以河南省为例 [J]. 经济论坛, 2016 (6): 29 – 32.

发展思路和对策。①

　　国内外学者从多角度对战略性新兴产业培育和发展的影响因素、策略和建议等进行了较为深入的研究，为战略性新兴产业的培育和发展提供了有益借鉴。

　　3. 有关战略性新兴产业发展政策的研究

　　国外学者提出新兴产业具有外部经济性和知识外溢性，政府应当对新兴产业给予政策支持和保护。② 一些学者还指出风险投资对新兴产业的技术创新非常重要，是新兴产业的重要资金来源，是企业提高经济效益的关键因素。③ 张晔④、熊正德、詹斌、林雪⑤、肖兴志、谢理⑥、埃里森和格拉瑟⑦等认为进入管制、金融支持、市场培育、产权结构等政策会影响战略性新兴产业的发展。胡赛全等则基于我国 31 个省份关于战略性新兴产业发展的政策文本的内容，分析了战略性新兴产业发展的政策工具体系。⑧

　　汪涛、赵国栋、王婧以新能源汽车为例，分析和评价了我国战略性新兴产业的创新政策，并指出创新政策激励着力点存在偏差、政策工具出台不及时、政策作用对象不全面等问题。⑨ 李东霖、田丽则对现有促进产业协同发展的政

　　① 李林玥. 促进我国战略性新兴产业国际化发展研究的新思路 [J]. 管理世界，2018，34（9）：180 – 181.

　　② Kemp M C. The pure theory of international trade ［M］. N J：Prentice – Hall International，Inc，1964：1 – 37；Succar P. International technology transfer：A model of endogenous technological assimilation ［J］. Journal of Development Economics，1987，26（2）：375 – 395.

　　③ Ueda M，Hirukawa M. Venture capital and productivity ［R］. Wisconsin University Working Paper，2003：1 – 20；Casamatta，Catherine，Haritchabalet et al. Learning and syndication in venture capital investments ［R］. Cepr Discussion Papers，2003：1 – 20.

　　④ 张晔. 新兴战略性产业的进入管制与管制绩效——以我国手机"牌照制度"的实践为例 ［J］. 产业经济研究，2009（1）：10 – 18.

　　⑤ 熊正德，詹斌，林雪. 基于 DEA 和 Logit 模型的战略性新兴产业金融支持效率 ［J］. 系统工程，2011（6）：35 – 41.

　　⑥ 肖兴志，谢理. 中国战略性新兴产业创新效率的实证分析 ［J］. 经济管理，2011（11）：26 – 35.

　　⑦ Eillison，Gglaeser E L. Geographic concentration in U. S. manufacturing industries：A dartboard approach ［J］. Journal of Political Economy，2010，105（5）：23 – 28.

　　⑧ 胡赛全，詹正茂，钱悦，张峰. 战略性新兴产业发展的政策工具体系研究——基于政策文本的内容分析 ［J］. 科学管理研究，2013，31（3）：66 – 69.

　　⑨ 汪涛，赵国栋，王婧. 战略性新兴产业创新政策研究：以 NEVI 为例 ［J］. 科研管理，2016，37（6）：1 – 9.

策进行了研究，并指出了现行政策的不足和改进建议。[1] 盛朝迅[2]、马静洲、
伍新木[3]分别基于产业政策 "BOM 框架" 和国外典型国家政策经验分析，提
出了我国战略性新兴产业政策的转型方向、重点和发展对策建议。白恩来、赵
玉林则通过对我国战略性新兴产业发展政策支持机制的研究，从需求面、供给
面、环境面三个角度提出了政策优化思路。[4]

战略性新兴产业的快速成长和发展，离不开政府政策的有力支持，但目前
有关战略性新兴产业发展政策和工具的研究仍不系统、不全面，尚处于探索阶
段，特别是现有文献中有关战略性新兴产业供给侧创新政策的探索和研究较为
薄弱，在供给侧改革背景下，不利于战略性新兴产业供给侧改革和创新的推进
和发展，亟待进一步加强。

4. 有关战略性新兴产业与传统产业关系的研究

国外学者的研究指出传统产业与新兴产业间存在着广泛的知识联接。[5] 有
的研究者通过对德国新兴的化学产业和传统的纺织产业之间关系的分析，指出
二者的知识溢出形成了一个内生增长循环。[6] 国内学者霍影、霍金刚对传统产
业是否应让位于战略性新兴产业进行了分析，指出二者应协同发展，并提出了
传统产业的升级路径。[7] 于斌斌运用博弈论方法，对传统产业与战略性新兴产
业的创新链接机理进行了研究。[8] 凌江怀、胡雯蓉以广东省上市公司为例，研
究发现企业规模和股权资本对传统产业和战略性新兴产业绩效的影响迥异。[9]
苑清敏、高凤凤、邱静、申婷婷对战略性新兴产业和传统产业的实证分析表
明，东部地区两类产业相互作用明显，耦合协调发展能力较好，中部和西部地

① 李东霖，田丽. 战略性新兴产业协同发展的产业政策研究 [J]. 技术经济与管理研究，2016
(12)：104 – 111.

② 盛朝迅. 战略性新兴产业政策转型方向和重点 [J]. 经济纵横，2018 (3)：58 – 66.

③ 马静洲，伍新木. 战略性新兴产业政策的国际对比研究——基于中、美、德、日四国的对比
[J]. 河南社会科学，2018 (4)：22 – 28.

④ 白恩来，赵玉林. 战略性新兴产业发展的政策支持机制研究 [J]. 科学学研究，2018 (3)：
425 – 434.

⑤ Han Y J, Park Y. Patent Network analysis of inter-industrial knowledge flows：The case of korea between traditional and emerging industries [J]. World Patent Information，2006，28 (9)：235 – 247.

⑥ Streb J, Wallusch J, Yin S X. Knowledge spill-over from new to old industries：The case of german synthetic dyes and textiles (1878 ~ 1913) [J]. Explorations in Economic History，2007，44 (4)：203 – 223.

⑦ 霍影，霍金刚. 地方产业经济发展策略选择：传统产业是否应让位于战略性新兴产业——协同
发展视阈下战略性新兴产业布局与传统产业升级路径 [J]. 科技进步与对策，2015 (10)：28 – 31.

⑧ 于斌斌. 传统产业与战略性新兴产业的创新链接机理——基于产业链上下游企业进化博弈模型
的分析 [J]. 研究与发展管理，2012，24 (3)：100 – 109.

⑨ 凌江怀，胡雯蓉. 企业规模、融资结构与经营绩效——基于战略性新兴产业和传统产业对比的
研究 [J]. 财贸经济，2012 (12)：71 – 77.

区的各个省份的相互作用则不显著，耦合协调发展能力较差。① 刘满凤、李昕耀的实证研究表明战略性新兴产业对传统产业具有显著的拉动作用。②

陆立军、于斌斌运用博弈论方法分析了传统产业与战略性新兴产业融合发展的演化阶段、企业行为及政府策略。③ 陈晓永、张会平基于演化博弈理论，根据战略性新兴产业与传统产业的博弈收益矩阵，构建了复制动态方程，揭示了两类产业的动态演化规律，并求得在不同初始条件下的进化稳定策略。④ 苑清敏、赖瑾慕通过分析耦合系统中战略性新兴产业与传统产业的关联性以及影响因子间的耦合效应，研究了两类产业的动态耦合演化机理，并提出了产业耦合发展的建议。⑤ 张治栋、朱国庆⑥、马荣华⑦分别基于产业演变和共生经济视角，对战略性新兴产业与传统产业的互动发展和互惠共生问题进行了研究，发现我国战略性新兴产业与传统产业处于正向非对称互惠共生状态，但存在共生单元不稳定等问题，需要对其共生状态进行调整。赵黎明、宋瑶、殷建立基于微分对策理论研究了区域经济发展过程中战略性新兴产业、传统产业与政府的合作策略及成本分担问题。⑧

学者们对战略性新兴产业与传统产业的关系进行了探索性研究，但如何真正实现二者的协同、共生发展，特别是在供给侧改革背景下如何通过战略性新兴产业推动传统产业的转型和升级，进而实现良性互动发展，仍是一个需要深入探讨的话题。

5. 有关战略性新兴产业发展路径的研究

余剑从需求端视角出发，分析了新常态下战略性新兴产业发展路径选择及

① 苑清敏，高凤凤，邱静，申婷婷. 我国战略性新兴产业与传统产业耦合影响力研究 [J]. 科技管理研究，2015，35（19）：103 - 107.

② 刘满凤，李昕耀. 我国战略性新兴产业与传统产业互动发展的计量验证——基于生产函数角度 [J]. 江西财经大学学报，2017（4）：14 - 23.

③ 陆立军，于斌斌. 传统产业与战略性新兴产业的融合演化及政府行为：理论与实证 [J]. 中国软科学，2012（5）：28 - 39.

④ 陈晓永，张会平. 战略性新兴产业与传统产业关系动态分析 [J]. 商业研究，2013（2）：70 - 73.

⑤ 苑清敏，赖瑾慕. 战略性新兴产业与传统产业动态耦合过程分析 [J]. 科技进步与对策，2014，31（1）：60 - 64.

⑥ 张治栋，朱国庆. 战略性新兴产业与传统产业互动发展研究——基于产业演变的视角 [J]. 科技管理研究，2015（10）：144 - 147.

⑦ 马荣华. 战略性新兴产业与传统产业互惠共生研究——基于共生经济视角 [J]. 科技进步与对策，2015，32（19）：61 - 65.

⑧ 赵黎明，宋瑶，殷建立. 战略性新兴产业、传统产业与政府合作策略研究 [J]. 系统工程理论与实践，2017，37（3）：642 - 663.

其金融政策响应。① 杨娜曼②、刘荫、曾春水、王军礼、李成林③、刘洪昌、刘洪④分别基于湖南省、东北地区、连云港市的战略性新兴产业发展现状，提出了相应的发展路径。胡晓娟、黄永春运用价值网络理论和 A－U 模型，分析了后发企业进入战略性新兴产业的赶超路径与追赶绩效。⑤ 宋艳萍则对后发地区战略性新兴产业的发展路径进行了分析。⑥

刘晖、刘轶芳等通过对战略性新兴产业创新驱动发展现状与问题的分析，提出了创新驱动发展的路径。⑦ 李世举、杨雄、赵亮认为我国战略性新兴产业发展的路径选择包括三个方面：坚持创新驱动、做好顶层设计，坚持中西部和东部地区差别发展、因地制宜，树立底线思维、坚持适度发展。⑧ 闫俊周在对战略性新兴产业创新驱动发展问题分析基础上，提出了新常态下战略性新兴产业创新驱动发展的具体路径选择。⑨ 张会新、白嘉基于模块化视角，构建了战略性新兴产业的突破式创新路径。⑩ 申俊喜、杨若霞运用 DEA－Malmquist 生产率指数，从多个维度对 2007～2015 年长三角地区战略性新兴产业 TFP 增长差异及高端化发展路径进行了研究。⑪

现有研究对战略性新兴产业的发展路径、创新路径等进行了探索性分析，对战略性新兴产业发展具有一定借鉴意义，但现有研究成果大多未结合供给侧改革背景展开，研究有待进一步深入和加强。

---

① 余剑. 新常态下战略性新兴产业发展路径选择及其金融政策响应——基于需求端视角的研究 [J]. 财政研究, 2015 (6)：70－75.

② 杨娜曼. 战略性新兴产业发展路径选择——基于湖南的实证分析 [J]. 山东社会科学, 2015 (S2)：143－144.

③ 刘荫, 曾春水, 王军礼, 李成林. 经济新常态下东北地区战略性新兴产业发展路径研究 [J]. 科技管理研究, 2017, 37 (23)：207－211.

④ 刘洪昌, 刘洪. "一带一路"背景下战略性新兴产业突破性创新发展路径研究——以连云港市为例 [J]. 改革与战略, 2018, 34 (5)：93－98.

⑤ 胡晓娟, 黄永春. 后发企业进入战略性新兴产业的赶超路径与追赶绩效——价值网络中心性与赶超时机的调节作用 [J]. 科学学与科学技术管理, 2016, 37 (3)：97－105.

⑥ 宋艳萍. 后发地区战略性新兴产业发展路径探讨 [J]. 商业经济研究, 2016 (7)：206－207.

⑦ 刘晖等. 我国战略性新兴产业创新驱动发展路径研究——基于北京市生物医药行业的经验总结 [J]. 管理评论, 2014 (12)：20－28.

⑧ 李世举, 杨雄, 赵亮. 我国战略性新兴产业发展的路径选择 [J]. 改革与战略, 2016, 32 (10)：68－71.

⑨ 闫俊周. 新常态下战略性新兴产业创新驱动发展的路径选择 [J]. 企业经济, 2016 (5)：147－151.

⑩ 张会新, 白嘉. 模块化视角下战略性新兴产业突破式创新路径选择 [J]. 科技进步与对策, 2018, 35 (5)：60－67.

⑪ 申俊喜, 杨若霞. 长三角地区战略性新兴产业全要素生产率及其影响因素研究 [J]. 财贸研究, 2017, 28 (11)：24－33.

6. 有关战略性新兴产业发展机制的研究

包海波①、陈锦其、徐明华②、刘志峰③研究了我国战略性新兴产业的培育机制。钟清流④、陈文锋、刘薇⑤、戴志颖⑥、吕荣杰、郝力晓、吴超⑦等学者对战略性新兴产业发展的动力机制、协同演化动力机制、集聚动力机制等进行了探索和分析。吴旭东、马亚静⑧、李方旺⑨、潘娟⑩、张宗成、王郧⑪分别对战略性新兴产业发展的税收政策作用机制、税收激励机制、金融支持作用机制、投融资机制进行了研究。

卢阳春以四川省高端装备制造业为例，对战略性新兴产业集群发展的资金资源整合机制进行了研究。⑫ 胡慧芳运用系统动力学理论分析了供需交互响应下的战略性新兴产业成长机制。⑬ 吕静韦对战略性新兴产业发展的动力机制及创新模式进行了研究。⑭ 孙颖、包海波⑮、周全、顾新⑯、兰筱琳、洪茂椿、黄

---

① 包海波. 我国战略性新兴产业的培育机制与对策研究 [J]. 毛泽东邓小平理论研究，2012 (8)：44 - 50.

② 陈锦其，徐明华. 战略性新兴产业的培育机制：基于技术与市场的互动模型 [J]. 科技管理研究，2013 (2)：97 - 101.

③ 刘志峰. 战略性新兴产业生态位培育模式、机制与策略 [J]. 商业经济研究，2016 (14)：166 - 168.

④ 钟清流. 战略性新兴产业发展的动力机制 [J]. 经济导刊，2010 (9)：24 - 25.

⑤ 陈文锋，刘薇. 战略性新兴产业发展的动力机制研究 [J]. 中国科技论坛，2015 (3)：86 - 92.

⑥ 戴志颖. 战略性新兴产业协同演化动力机制研究 [J]. 统计与决策，2015 (3)：51 - 54.

⑦ 吕荣杰，郝力晓，吴超. 战略性新兴产业集聚动力机制研究 [J]. 管理现代化，2017，37 (3)：33 - 37.

⑧ 吴旭东，马亚静. 战略性新兴产业税收政策作用机制探析 [J]. 地方财政研究，2014 (6)：45 - 51.

⑨ 李方旺. 构建战略性新兴产业发展的税收激励机制 [J]. 税务研究，2015 (9)：39 - 45.

⑩ 潘娟. 战略性新兴产业发展的金融支持作用机制分析 [J]. 商业时代，2013 (10)：121 - 122.

⑪ 张宗成，王郧. 健全战略性新兴产业投融资机制的相关问题研究 [J]. 武汉金融，2014 (2)：18 - 21.

⑫ 卢阳春. 战略性新兴产业集群发展的资金资源整合机制研究——以四川省高端装备制造业为例 [J]. 西南民族大学学报（人文社会科学版），2015，36 (3)：144 - 150.

⑬ 胡慧芳. 供需交互响应下的战略性新兴产业成长机制——基于系统动力学的建模与仿真 [J]. 厦门大学学报（哲学社会科学版），2017 (5)：123 - 134.

⑭ 吕静韦. 战略性新兴产业发展动力机制及创新模式研究 [D]. 河北工业大学，2017：23 - 46.

⑮ 孙颖，包海波. 战略性新兴产业的知识产权作用机制研究 [J]. 科技管理研究，2013，33 (5)：141 - 145.

⑯ 周全，顾新. 战略性新兴产业中专利实施协同机制研究 [J]. 科学管理研究，2014，32 (5)：48 - 50.

茂兴①、李紫薇②分别对战略性新兴产业的知识产权作用机制、专利实施协同机制、科技成果转化机制、自主研发激励机制进行了探索和分析。王欢芳、张幸等则基于共享经济背景，运用 PEST 分析法对战略性新兴产业协同创新机制进行了研究。③ 白恩来、赵玉林提出了战略性新兴产业发展的政策支持机制，即资源配置机制、激励催化机制和信息传导机制。④

学者对战略性新兴产业发展的培育机制、动力机制、成长机制等多种机制进行了研究，有利于更好的识别和理解战略性新兴产业发展的影响因素和作用机理，进而制定针对性更强的战略性新兴产业支持政策，但现有研究对战略性新兴产业供给侧创新机制的关注较少，研究成果较为稀缺，不利于战略性新兴产业供给侧创新的实施和推进，亟须给予重点关注。

7. 有关战略性新兴产业创新的研究

国外学者认为商业模式对新兴产业创新成功具有决定性影响，并提出商业模式要根据新兴产业发展需求不断创新。⑤ 有的研究者认为技术创新在新兴产业发展中居重要地位。⑥ 还有一些研究者以大企业和中小企业为例，对其转向新兴产业领域的创新策略行为选择进行了分析。⑦ 国内学者陈

---

① 兰筱琳，洪茂椿，黄茂兴. 面向战略性新兴产业的科技成果转化机制探索［J］. 科学学研究，2018，36（8）：1375–1383.

② 李紫薇. 战略性新兴产业自主研发激励机制研究——以新通信网络业税收政策为例［J］. 宏观经济研究，2018（8）：94–100.

③ 王欢芳，张幸，宾厚，李密. 共享经济背景下战略性新兴产业协同创新机制研究［J］. 科学管理研究，2018，36（4）：28–31.

④ 白恩来，赵玉林. 战略性新兴产业发展的政策支持机制研究［J］. 科学学研究，2018（3）：425–434.

⑤ Christensen A J. Psychological aspects of end-stage renal disease：An emerging context for behavioral medicine research［J］. Annals of Behavioral Medicine a Publication of the Society of Behavioral Medicine，1997，19（4）：323；Amitr Zottc. Value creation in e-business［J］. Strategic Management Journal，2001，22（6/7）：493–520；Chesbrough H，Rosenbloom R S. The role of the business model in capturing value from innovation：Evidence from Xerox corporation's technology spin-off companies［J］. Industrial and Corporate Change，2002，11（3）：529–555；Sosna M，Nelly R. The Vinyo-Rodriguez and Velamuri R Business Model innovation through trial-and-error learning—the naturhouse case［J］. Long Range Planning，2010（43）：383–407.

⑥ Daniel P F，David A K. The study of emerging industries：Recognizing and responding to some central problems［J］. Journal of Business Venturing，2011，26（5）：589–602.

⑦ Lin J，Justin T，Marie T. Incumbent firm invention in emerging fields：Evidence from the semiconductor industry［J］. Strategic Management Journal，2011，32（1）：55–75；Yun J J，Mohan A. Exploring open innovation approaches adopted by small and medium firms in emerging/growth industries：Case studies from daegu-gyeongbuk region of South Korea［J］. International Journal of Technology，Policy and Management，2012，12（1）：1–19.

柳钦①、孙早、宋炜、② 张志华、徐昳、赵波、③ 杨朝继、④ 曹兴、张伟、张云⑤等对战略性新兴产业自主创新的问题、能力评价、创新驱动因素等进行了研究。霍国庆、李捷、张古鹏、⑥ 王志平、余慧婷、卢水平⑦等对战略性新兴产业技术创新的模型、模式、特点、规律等进行了分析。李煜华、武晓锋、胡瑶瑛基于共生视角分析了战略性新兴产业创新生态系统协同创新策略。⑧ 温兴琦、李燕萍、⑨ 吴绍波、龚英、刘敦虎⑩分别从领导型用户视角、知识创新链视角，对战略性新兴产业协同创新进行了研究。马楠、⑪ 张敬文、李一卿、陈建、⑫ 方炜、王婵、王莉丽⑬等分别对战略性新兴产业协同创新的演化机理、创新绩效和产学研合作创新的稳定性进行了分析。

随着战略性新兴产业的发展，创新效率研究受到不少学者关注。李苗苗

① 陈柳钦. 战略性新兴产业自主创新问题研究 [J]. 中国地质大学学报（社会科学版），2011（3）：56 – 61.

② 孙早，宋炜. 战略性新兴产业自主创新能力评测——以企业为主体的产业创新指标体系构建 [J]. 经济管理，2012，34（8）：20 – 30.

③ 张志华，徐昳，赵波. 战略性新兴产业协同创新发展的模式与实施路径——以江苏省物联网产业为例 [J]. 学海，2015（6）：72 – 78.

④ 杨朝继. 我国战略性新兴产业自主创新驱动因素测度研究 [J]. 生态经济，2017，33（12）：61 – 65.

⑤ 曹兴，张伟，张云. 战略性新兴产业自主技术创新能力测度与评价 [J]. 中南大学学报（社会科学版），2017，23（1）：101 – 109.

⑥ 霍国庆，李捷，张古鹏. 我国战略性新兴产业技术创新理论模型与经典模式 [J]. 科学学研究，2017，35（11）：1623 – 1630.

⑦ 王志平，余慧婷，卢水平. 我国战略性新兴产业发展中技术创新特点及规律 [J]. 改革与战略，2018，34（2）：155 – 158.

⑧ 李煜华，武晓锋，胡瑶瑛. 共生视角下战略性新兴产业创新生态系统协同创新策略分析 [J]. 科技进步与对策，2014（2）：47 – 50.

⑨ 温兴琦，李燕萍. 战略性新兴产业产学研用协同创新研究——基于领导型用户的视角 [J]. 科技进步与对策，2013，30（12）：67 – 70.

⑩ 吴绍波，龚英，刘敦虎. 知识创新链视角的战略性新兴产业协同创新研究 [J]. 科技进步与对策，2014（1）：50 – 55.

⑪ 马楠. 中国战略性新兴产业协同创新系统演化机理研究 [D]. 福州大学，2016：33 – 55.

⑫ 张敬文，李一卿，陈建. 战略性新兴产业集群创新网络协同创新绩效实证研究 [J]. 宏观经济研究，2018（9）：109 – 122.

⑬ 方炜，王婵，王莉丽. 战略性新兴产业与学研方合作创新的稳定性分析——基于演化博弈视角 [J]. 软科学，2018，32（10）：23 – 28.

等①、谭中明等②、李小静、孙文生、③ 韩庆潇等④以我国战略性新兴产业上市企业为样本，运用多元线性与非线性模型、门槛面板模型、DEA 模型等方法，就财政政策和企业 R&D（research and development，科学研究与试验发展）投入、金融支持、政府干预和所有权、高管团队异质性对企业创新能力及效率的影响进行了研究。有的研究者还以法国生物技术企业、西班牙中小高新技术企业为样本，运用 SEM 模型探讨了知识管理、社会网络知识共享对创新效率的影响。⑤ 邬龙、张永安、⑥ 李红锦、李胜会⑦分别以北京医药、信息技术产业和 LED 上市公司为研究样本，运用随机前沿模型对其创新效率进行了评价。喻登科等⑧、乔威威等⑨分别以南昌高新区 194 家企业、上海市 178 家高新技术企业为样本，采用 DEA 方法对其技术创新效率进行了研究。黄海霞、张治河以与战略性新兴产业相关的国民经济细分行业为研究样本，基于 DEA - Malmquist 指数模型，对 2005～2012 年战略性新兴产业的全要素生产率进行了研究。⑩ 刘晖等以 2007～2012 年我国 28 个省份高新技术产业为研究样本，运用 DEA 模型实证分析了战略性新兴产业技术创新效率。⑪ 刘迎春则选取医药制

①　李苗苗，肖洪钧，傅吉新. 财政政策、企业 R&D 投入与技术创新能力——基于战略性新兴产业上市公司的实证研究［J］. 技术与创新管理，2014（8）：135 - 144.

②　谭中明，童健，盛竹筠. 金融支持战略性新兴产业发展效率实证分析——基于苏浙沪 105 家上市公司的数据［J］. 产业经济，2015（12）：38 - 41.

③　李小静，孙文生. 政府干预、所有权对战略性新兴产业自主创新效率的影响［J］. 河北经贸大学学报，2016（4）：89 - 95.

④　韩庆潇，杨晨，顾智鹏. 高管团队异质性对企业创新效率的门槛效应——基于战略性新兴产业上市公司的实证研究［J］. 中国经济问题，2017（2）：43 - 53.

⑤　Alegre J, Segupta K, Lapiedra R. Knowledge management and innovation performance in a high-tech SMEs industry［J］. International Small Business Journal, 2011（43）：251 - 261；Soto-Acosta P, Popa S, Palacios-Marques D. Social web knowledge sharing and innovation performance in knowledge-intensive manufacturing SMEs［J］. Journal of Technology Transfer, 2016（4）：426 - 440.

⑥　邬龙，张永安. 基于 SFA 的区域战略性新兴产业创新效率分析——以北京医药和信息技术产业为例［J］. 科学学与科学技术管理，2013（10）：95 - 102.

⑦　李红锦，李胜会. 战略性新兴产业技术创新效率评价研究——LED 产业的实证分析［J］. 中央财经大学学报，2013（4）：75 - 80.

⑧　喻登科，陈华，涂国平. 江西省战略性新兴产业科技资源投入产出效率评价［J］. 情报杂志，2013（2）：178 - 185.

⑨　乔威威，罗鄂湘，钱省三. 基于 DEA 的企业技术创新效率研究——以上海战略性新兴产业为例［J］. 技术与创新管理，2014（6）：562 - 631.

⑩　黄海霞，张治河. 中国战略性新兴产业的技术创新效率——基于 DEA-Malmquist 指数模型［J］. 技术经济，2015（1）：21 - 27.

⑪　刘晖，乔晗，胡毅，刘秩芳. 我国战略性新兴产业技术创新效率研究［J］. 系统工程理论与实践，2015（9）：2296 - 2303.

造业、航空航天器业等五个细分行业，采用 DEA 方法，对五个行业的技术开发和技术成果转化两阶段的技术创新效率进行了实证研究。[1] 刘继兵、王定超、夏玲、[2] 龚立新、吕晓军[3]对政府补助或政府补贴对战略性新兴产业创新效率的影响进行了研究。李小静、孙文生则探讨了政府干预、所有权与战略性新兴产业自主创新效率之间的关系。[4] 陈红玲对环境约束下的中国战略性新兴产业技术创新效率进行了探索和分析。[5]

　　创新绩效也是战略性新兴产业研究关注的重点。王向华、王明海、李小静对战略性新兴产业上市公司创新绩效进行了测度。[6] 赵玉林、胡燕基于超效率 DEA 模型，分析了战略性新兴产业创新绩效的阶段性差异。[7] 张敬文、李一卿、陈建实证研究了战略性新兴产业集群创新网络协同创新绩效。[8] 吴文华、姚丽华、[9] 万伦来、吴少卿、[10] 吴俊、张家峰、黄东梅[11]分别研究了核心骨干股权激励、组织冗余、产学研合作对战略性新兴产业创新绩效的影响。陈鲁夫、邵云飞则基于"钻石模型"视角，以新一代信息产业为例对战略性新兴产业创新绩效影响因素进行了实证分析。[12] 闫俊周、齐念念以产能环保产业为例，

① 刘迎春. 中国战略性新兴产业技术创新效率实证研究——基于 DEA 方法的分析 [J]. 宏观经济研究, 2016 (6)：43 – 48.

② 刘继兵, 王定超, 夏玲. 政府补助对战略性新兴产业创新效率影响研究 [J]. 科技进步与对策, 2014 (23)：56 – 61.

③ 龚立新, 吕晓军. 政府补贴与企业技术创新效率——来自 2009 – 2013 年战略性新兴产业上市公司的证据 [J]. 河南大学学报（社会科学版）, 2018 (2)：22 – 29.

④ 李小静, 孙文生. 政府干预、所有权对战略性新兴产业自主创新效率的影响 [J]. 河北经贸大学学报, 2016 (4)：89 – 95.

⑤ 陈红玲. 环境约束下中国战略性新兴产业的技术创新效率研究 [J]. 经济经纬, 2018 (3)：90 – 95.

⑥ 王向华, 王明海, 李小静. 战略性新兴产业上市公司创新绩效测度 [J]. 江西社会科学, 2015, 35 (6)：35 – 40.

⑦ 赵玉林, 胡燕. 战略性新兴产业创新绩效的阶段性差异——基于超效率 DEA 模型 [J]. 财会月刊, 2017 (15)：70 – 75.

⑧ 张敬文, 李一卿, 陈建. 战略性新兴产业集群创新网络协同创新绩效实证研究 [J]. 宏观经济研究, 2018 (9)：109 – 122.

⑨ 吴文华, 姚丽华. 战略性新兴产业上市公司核心骨干股权激励对创新绩效的影响研究 [J]. 科技进步与对策, 2014, 31 (5)：75 – 79.

⑩ 万伦来, 吴少卿. 组织冗余对企业创新绩效的影响研究——略性新兴产业上市公司的面板数据分析 [J]. 财会通讯, 2016 (33)：29 – 33.

⑪ 吴俊, 张家峰, 黄东梅. 产学研合作对战略性新兴产业创新绩效影响研究——来自江苏省企业层面的证据 [J]. 当代财经, 2016 (9)：99 – 109.

⑫ 陈鲁夫, 邵云飞. "钻石模型"视角下战略性新兴产业创新绩效影响因素的实证研究——以新一代信息产业为例 [J]. 技术经济, 2017, 36 (2)：1 – 7.

对中国战略性新兴产业创新绩效的影响因素进行了实证分析。[1]

国内外学者对战略性新兴产业的创新发展、创新效率和创新绩效等进行了较为系统的研究,研究成果丰硕,具有重要的借鉴意义,但现有研究成果对战略性新兴产业供给侧创新的关注较少,尚未认识到供给侧创新对战略性新兴产业创新发展的重要意义,亟须给予重点关注。

8. 有关战略性新兴产业供给侧改革和创新的研究

宋韬、楚天骄以生物医药产业为例,对美国培育战略性新兴产业的制度供给进行了分析,认为美国政府通过建立基于政府基金的基础研究投资制度、适时修改管制制度、改革卫生保健制度等供给侧改革措施,对我国培育战略性新兴产业具有重要借鉴意义。[2] 丁娟、葛雪倩基于制度供给和市场培育视角,运用灰色关联模型,实证分析了其对海洋战略性新兴产业发展的影响。[3] 熊勇清、李晓云、黄健柏以光伏产业为例,从"供给端"与"需求端"比较分析了财政补贴适度偏向"需求端"的必要性和可行性。[4] 胡慧芳则指出供给与需求是战略性新兴产业成长机制研究的一个独特视角。[5] 剧宇宏在供给侧结构性改革背景下分析了我国战略性新兴产业改革路径,并指出战略性新兴产业的供给侧结构性改革不仅要以社会整体利益最大化为指引、推进和强化产业管理方式创新、同步推进供给侧改革与需求侧改革、搭建资源流通与共享机制,还应搭建基于全球创新的产业发展网络、与全球产业链深度融合、强化要素供给的理论深度与实践效度、构建国际产业合作新平台。[6] 闫俊周、童超结合供给侧改革背景,对山西省战略性新兴产业发展问题与策略进行了分析。[7]

凌峰、戚湧、朱婷婷构建了战略性新兴产业创新要素供给体系,并通过分析供给体系中各种协同机制的作用方式及相互关系,设计了战略性新兴产业创

① 闫俊周,齐念念. 中国战略性新兴产业创新绩效影响因素实证分析——环保产业为例 [J]. 河南工业大学学报 (社会科学版),2019,15 (1):71-78.

② 宋韬,楚天骄. 美国培育战略性新兴产业的制度供给及其启示——医药产业为例 [J]. 世界地理研究,2013,22 (1):65-72.

③ 丁娟,葛雪倩. 制度供给、市场培育与海洋战略性新兴产业发展 [J]. 华东经济管理,2013,27 (11):88-93.

④ 熊勇清,李晓云,黄健柏. 战略性新兴产业财政补贴方向:供给端抑或需求端——以光伏产业为例 [J]. 审计与经济研究,2015,30 (5):95-102.

⑤ 胡慧芳. 供给与需求:战略性新兴产业成长机制研究的一个独特视角 [J]. 科技进步与对策,2014,31 (17):60-64.

⑥ 剧宇宏. 我国战略性新兴产业改革路径分析 [J]. 河南社会科学,2017 (7):79-85.

⑦ 闫俊周,童超. 供给侧改革背景下山西省战略性新兴产业发展策略研究 [J]. 经济论坛,2018 (10):91-96.

新要素有效供给路径。① 黄奕信提出了供给侧改革视角下的中国战略性新兴产业的发展战略：要同时兼顾供给侧与需求侧，构建资源流通和共享机制、优化战略性新兴产业结构，以社会整体利益最大化作为战略性新兴产业的发展导向。② 马忠民的研究表明，政府统筹规划对加快战略性新兴产业创新行为具有显著效应，能显著提升战略性新兴产业供给侧融合创新绩效。③ 闫俊周、杨祎基于供给侧创新视角，对战略性新兴产业的供给侧创新效率及改进做了探索性研究。④

上述学者对战略性新兴产业的供给侧改革和创新进行了关注和探索，并取得了一定富有价值的研究成果，但现有研究主要关注问题、对策、路径和改革措施等基本理论和问题，尚未形成系统化的研究框架体系，研究有待深化和系统化。

1.2.2　供给侧改革研究

国内外有关供给侧创新的研究较为稀缺，相关研究多集中于对供给侧改革的探讨和研究，但供给侧改革与供给侧创新本身存在着较大差异，因此，本书重点从供给侧改革方面梳理相关文献，以对供给侧创新研究有所启发。有关供给侧改革的研究成果主要分布在国内且集中在以下四个方面。

1. 有关供给侧改革起源和内涵的研究

供给侧改革起源于供给侧理论。供给侧理论则来源于供给经济学，它经过从萨伊定律、凯恩斯主义、供给学派、凯恩斯主义到供给管理的发展，也经历了里根经济学、撒切尔主义等实践的检验，它和需求侧是经济发展的"一体两面"，二者相互依存，共同服务于经济发展。2015 年 11 月 10 日，习近平总书记在中央财经领导小组第十一次会议上首次提出"供给侧改革"。2015 年 12月 18 日至 21 日召开的中央经济工作会议将"去产能、去库存、去杠杆、降成

---

① 凌峰，戚湧，朱婷婷. 战略性新兴产业创新要素供给体系与协同机制 [J]. 科技进步与对策，2016，33（22）：56 – 63.

② 黄奕信. 供给侧改革视角下的中国战略性新兴产业发展战略研究 [J]. 改革与战略，2016（3）：54 – 57.

③ 马忠民. 政府统筹规划下我国战略性新兴产业供给侧融合创新绩效分析——以江苏企业数据为样本 [J]. 商业经济研究，2017（20）：183 – 186.

④ 闫俊周，杨祎. 中国战略性新兴产业供给侧创新效率研究 [J]. 科研管理，2019，40（4）：34 – 43.

本、补短板"确定为当前供给侧改革的五大重点任务，① 其中去产能、去库存是改革结果，补短板和降成本是改革本身，建立和完善去杠杆管理机制是改革内容。② 总的来看，供给侧改革是基于供给经济学，结合我国经济实际情况提出的重要论断，是新常态下解决我国经济难题的创新性举措。

供给侧改革的内涵是理解供给侧改革的关键，在宏观经济中，供给侧即生产侧，既包括最终产品和中间产品的生产，也包括分别对应"转型、创新、改革"的产业、要素和制度三个层面的供给，③ 其中，总供给用生产函数表示，产量由生产要素投入和全要素生产率共同决定。④ 张志明、蔡之兵认为供给侧改革是以创新驱动为动力，以提升产品供给体系质量为研究对象，以提高企业创新能力和降低企业负担为主要抓手，旨在适度扩大总需求的同时，通过"三去一降一补"，从生产端加强优质供给，减少无效和低端供给，扩大有效供给和中高端供给，用增量改革促进存量调整，提高全要素生产率，⑤ 通过提高产品有效供给，实现供需均衡和经济增长的提质增效。⑥

不少学者基于供需双方的比较对供给侧改革进行了探讨。国外一些学者基于供需双方，分别探讨了如何协调工业创新中供需双方战略、供需方因素与创新的关系、联系供需双方的中介在公共采购创新中的作用。⑦ 张云起、冯漪认为供给侧是与需求侧相对应的经济学词汇，要重点从供给和生产端解放生产力，提高全要素生产率。⑧ 刘文超、李辉认为供给侧不同于需求侧，供给侧注重政府对经济的内在驱动，结构指经济质量，改革指政府要对经济体制做较大

---

① 林卫斌，苏剑. 供给侧改革的性质及其实现方式 [J]. 价格理论与实践，2016 (1)：16 – 19.

② 刘文超，李辉. 熊彼特创新经济学视角下的供给侧结构性改革 [J]. 河北学刊，2018，38 (2)：150 – 156.

③ 冯志峰. 供给侧结构性改革的理论逻辑与实践路径 [J]. 经济问题，2016 (2)：12 – 17.

④ 赵志耘. 以科技创新引领供给侧结构性改革 [J]. 中国软科学，2016 (9)：1 – 6.

⑤ 胡鞍钢，周绍杰，任皓. 供给侧结构性改革—— 引领中国经济新常态 [J]. 社会科学文摘，2016 (8)：11 – 13.

⑥ 张志明，蔡之兵. 供给侧结构性改革的理论逻辑及路径选择 [J]. 经济问题探索，2016 (8)：1 – 5.

⑦ Hung S C, Chu Y Y. Stimulating new industries from emerging technologies：Challenges for the public sector [J]. Technovation, 2006, 26 (1)：104 – 110; Edler J, Yeow J. Connecting demand and supply：The role of intermediation in public procurement of innovation [J]. Research Policy, 2016, 45 (2)：414 – 426; Kalcheva I, Mclemore P, Pant S. Innovation：The interplay between demand-side shock and supply-side environment [J]. Research Policy, 2018, 47 (2)：440 – 461.

⑧ 张云起，冯漪. 供给侧经济改革中化解产能过剩的路径分析 [J]. 商业文化，2016 (1)：33 – 38.

程度的深层变革。①

鄢章华、刘蕾对供给侧改革与需求侧改革做了对比，认为供给侧改革隶属新供给学派，前提假设是市场能够自动出清，基于生产者，以劳动力、土地、资本和创新四大要素为着力点，通过减税、降低制度性交易成本等改革措施推动企业创新，实现产业升级和经济发展；需求侧改革则属于凯恩斯主义学派，市场不能自动出清，基于消费者，以投资、消费和出口三驾马车为着力点，通过实施财政和货币政策刺激消费，进而推动经济发展。② 张志明、蔡之兵提出目前对供给侧改革的认识存在将供给侧改革等同于供给管理，认为供给侧改革是自由市场化的经济管理模式，认为供给侧改革的主要手段是减税和扩大供给等误区，因此，应正确认识和理解供给侧改革。③

综上，供给侧改革是我国为解决经济难题而提出的重大论断和有效良策，自提出以来一直备受关注，但当前学者对供给侧改革内涵的界定并不统一，在一定程度上削弱了相关研究的现实指导作用。本书认为供给侧改革是基于创新驱动背景，为解决经济难题，旨在适度扩大总需求的同时，通过"三去一降一补"，从生产端加强优质供给，扩大有效和中高端供给，用增量改革促进存量调整，提高全要素生产率，推动资源及其他要素实现最优配置，激发企业创新动力，促进企业在制度、管理创新基础上，创造有效、高端的产品和服务，实现供需均衡，促进经济高质量、持续健康发展的良策。

2. 有关供给侧改革机制的研究

程东祥、朱虹等基于供给经济学、政治经济学及演化经济学相关理论，提出了我国供给侧结构改革的发生机制与实施路径。④ 赵航基于组织冗余与组织创新，研究了供给侧改革的微观机制，指出在通过去库存、去产能等手段优化资产结构的同时，还需搭建有利于组织学习的平台，培育企业家导向，推动区域产业结构合理化与高级化，构建内生型创新体系、深化供给侧改革。⑤

符亚男、徐广林、林贡钦基于对现有基本国情的分析，对新常态下我国供

---

① 刘文超，李辉. 熊彼特创新经济学视角下的供给侧结构性改革 [J]. 河北学刊，2018，38（2）：150 – 156.

② 鄢章华，刘蕾. 产业升级背景下供给侧改革的创新驱动策略研究 [J]. 当代经济管理，2018，40（3）：7 – 12.

③ 张志明，蔡之兵. 供给侧结构性改革的理论逻辑及路径选择 [J]. 经济问题探索，2016（8）：1 – 5.

④ 程东祥，朱虹，王启万，陈静. 供给侧结构改革的发生机制研究——基于不同经济学视角 [J]. 现代经济探讨，2018（6）：37 – 42.

⑤ 赵航. 供给侧改革的微观机制研究：基于组织冗余与组织创新 [J]. 企业经济，2018（1）：38 – 43.

给侧结构性动力机制进行了优化。[①] 杨家宁认为应加大供给侧调整力度，从降低企业的制度性交易成本、加大公共服务供给等方面促进供给侧的结构性动力机制优化。[②] 李娟、沈沛龙对供给侧与需求侧的协调机制与均衡实现路径进行了探讨，指出应从长短期、产品侧与货币侧、结构调整与总量调控以及充分发挥需求侧的逆周期监管等方面推进。[③] 王俊、王树春提出应推进供给侧结构性改革过程中供求衔接机制的不断改进。[④] 李鑫洋认为要素价格重估是供给侧改革的机制与路径。[⑤] 周密、朱俊丰、郭佳宏提出发挥以企业家群体为主的认知性劳动引领作用是推动当前中国供给侧结构性改革的关键。[⑥]

上述学者从多个角度对供给侧改革的发生机制、动力机制、协调机制等进行了探讨和分析，有利于我们更好地认识和理解供给侧改革，也为本研究的开展奠定了重要基础。

3. 有关供给侧改革路径的研究

供给侧改革要处理好供给侧与需求侧的关系，保持质和量并重，通过加快产业结构调整，推进实现产业结构合理化。[⑦] 贾康、张斌认为强调简政放权、优化实施全球化人力资本战略、打破金融抑制约束等是有效推进我国供给侧结构性改革的路径。[⑧] 张慧芳、艾天霞、[⑨] 李方旺[⑩]、鄢章华、刘蕾[⑪]认为经济结构优化是供给侧改革的重点。郭威指出在供给侧结构性改革背景下，要加快改

① 符亚男，徐广林，林贡钦. 论新常态下中国供给侧结构性动力机制的优化 [J]. 新金融，2016 (6)：50 - 54.

② 杨家宁. 供给侧改革的认知框架与动力机制 [J]. 理论导刊，2016 (3)：4 - 7.

③ 李娟，沈沛龙. 供给侧与需求侧的协调机制与均衡实现路径探讨 [J]. 理论导刊，2017 (3)：72 - 75.

④ 王俊，王树春. 论供给侧结构性改革中的供求衔接机制 [J]. 贵州社会科学，2017 (1)：118 - 123.

⑤ 李鑫洋. 要素重估：供给侧改革的机制与路径 [J]. 郑州大学学报（哲学社会科学版），2016，49 (6)：72 - 78.

⑥ 周密，朱俊丰，郭佳宏. 供给侧结构性改革的实施条件与动力机制研究 [J]. 管理世界，2018，34 (3)：11 - 26.

⑦ 张志明，蔡之兵. 供给侧结构性改革的理论逻辑及路径选择 [J]. 经济问题探索，2016 (8)：1 - 5.

⑧ 贾康，张斌. 供给侧改革：现实挑战、国际经验借鉴与路径选择 [J]. 价格理论与实践，2016 (4)：5.

⑨ 张慧芳，艾天霞. 供给侧结构性改革与跨越"中等收入陷阱"——理与路径选择 [J]. 经济问题，2017 (8)：15 - 20.

⑩ 李方旺. 加大供给侧结构性改革，促进创新驱动发展，成功跨越"中等收入陷阱" [J]. 经济研究参考，2017 (4)：18 - 31.

⑪ 鄢章华，刘蕾. 产业升级背景下供给侧改革的创新驱动策略研究 [J]. 当代经济管理，2018，40 (3)：7 - 12.

善劳动力结构，持续优化投资结构，加快推进创新型国家建设。① 李伟、杜伟、② 龙海明、吴迪③均认为金融发展、金融体系完善是推进供给侧改革的重要路径。

王晓芳、权飞过提出以金融创新带动技术创新，以技术创新提高全要素生产率的改革路径。④ 张文、张念明认为在供给侧结构性改革导向下，要推进我国新旧动能接续转换，应明确目标定位与基本原则，强化融合发展、开放发展与改革创新。⑤ 顾锋娟则认为提高要素效率和降低非要素性制度费用是中国供给侧结构改革的必然选择。⑥ 鲍海峰、赵然、⑦ 雷新军、邓立丽⑧分别指出科技创新、"降成本、补短板"对供给侧改革背景下东北老工业基地、上海制造业发展的重要作用。冯俏彬、贾康认为我国供给侧结构性改革要立足当下，实施从低效过剩领域释放要素、促进要素自由流动、优化要素配置"三步走"战略。⑨

康珂认为在经济新常态下，供给侧结构性改革实施路径至少要把握好四点，即创造稳定惠民的宏观政策环境、让市场决定产业结构调整方向、以放权减税激发企业创新活力、在制度供给和公共产品领域更好地发挥政府作用。⑩ 李停认为在经济新常态下，供给侧结构性改革路径需要围绕劳动力、资本、创新和政府四条主线展开。⑪ 李良艳指出供给侧改革要深入研究路径背后的思路

① 郭威. 供给侧结构性改革与潜在经济增长率：逻辑、要素与路径 [J]. 求实，2018 (5)：52－62.

② 李伟，杜伟. 金融供给侧改革的实现路径 [J]. 财会月刊，2017 (35)：109－113.

③ 龙海明，吴迪. 金融发展推动产业供给侧结构性改革的路径选择 [J]. 财经理论与实践，2018，39 (4)：18－25.

④ 王晓芳，权飞过. 供给侧结构性改革背景下的创新路径选择 [J]. 上海经济研究，2016 (3)：3－12.

⑤ 张文，张念明. 供给侧结构性改革导向下我国新旧动能转换的路径选择 [J]. 东岳论丛，2017，38 (12)：93－101.

⑥ 顾锋娟. 中国供给侧结构性改革的路径选择——基于要素、制度与经济增长的逻辑 [J]. 宏观经济管理，2017 (S1)：316－317.

⑦ 鲍海峰，赵然. 科技创新引领东北老工业基地供给侧结构性改革的路径研究 [J]. 科学管理研究，2017，35 (4)：60－63.

⑧ 雷新军，邓立丽. 供给侧改革视角下上海制造业转型升级路径探索 [J]. 上海经济研究，2017 (7)：81－92.

⑨ 冯俏彬，贾康. 我国供给侧改革的背景、理论模型与实施路径 [J]. 经济学动态，2017 (7)：35－43.

⑩ 康珂. 经济新常态下的供给侧结构性改革：背景、逻辑与路径 [J]. 现代管理科学，2016 (9)：39－41.

⑪ 李停. 经济新常态下供给侧结构性改革的理论逻辑与路径选择 [J]. 现代经济探讨，2016 (6)：20－24.

转变、角色定位以及模式的发展变化，要按比例发展，按比例配置资源。① 胡志平则指出改革是推进供给侧结构性改革的基本路径。②

冯志峰指出推进供给侧结构性改革必须做好"转型、创新和改革"方面的工作。③ 胡鞍钢、周绍杰、任皓提出要做好"加减乘除"四则运算，并通过实施宏观、产业、微观、改革、社会等政策推动供给侧结构性改革。④ 刘志彪⑤、刘东丽、刘宏、⑥ 张慧芳、艾天霞⑦均认为政府的制度供给和创新是供给侧改革的重点，通过建立创新人才培养引进机制、创新城市建设和管理机制、创新产业结构调整机制等，有助于推进供给侧改革的实施。彭迪云则提出发展新经济是推进供给侧改革的有效途径。⑧

综上，供给侧改革不仅要处理好与需求侧的关系，还受到各种宏观、微观等因素的影响。供给侧改革路径的选择和确定不仅要考虑各种因素的影响，还要结合考虑具体所处的环境，因此，有关供给侧改革路径的探讨仍是一个需要深入研究的议题。

4. 有关供给侧改革政策的研究

金碚认为供给政策是实施供给侧结构性改革的重要手段之一，政府作用的发挥主要体现在供给侧。⑨ 章寿荣、王树华指出我国长期实施的选择性产业政策不能适应供给侧结构性改革的需要，因此，应结合我国当前发展阶段和产业发展未来趋势，积极推动产业政策范式转型。⑩ 闫振坤、袁易明指出降成本和补短板应是当前产业政策调整的基本关注点，未来产业政策应加快向"建构市

① 李良艳. 供给侧改革理论源泉与路径分析 [J]. 中国财政, 2016 (11)：10 - 12.

② 胡志平. 供给侧结构性改革的中国特征及创新路径 [J]. 社会科学, 2017 (1)：40 - 52.

③ 冯志峰. 供给侧结构性改革的理论逻辑与实践路径 [J]. 经济问题, 2016 (2)：12 - 17.

④ 胡鞍钢, 周绍杰, 任皓. 供给侧结构性改革——引领中国经济新常态 [J]. 社会科学文摘, 2016 (8)：11 - 13.

⑤ 刘志彪. 政府的制度供给和创新：供给侧结构性改革的关键 [J]. 学习与探索, 2017 (2)：83 - 87.

⑥ 刘东丽, 刘宏. 中国对外直接投资对创新能力的影响研究——给侧结构改革视角 [J]. 国际商务 (对外经济贸易大学学报), 2017 (6)：98 - 108.

⑦ 张慧芳, 艾天霞. 供给侧结构性改革与跨越"中等收入陷阱"——理与路径选择 [J]. 经济问题, 2017 (8)：15 - 20.

⑧ 彭迪云. 新常态下发展新经济与供给侧结构性改革的内在逻辑和政策建议 [J]. 企业经济, 2017, 36 (4)：5 - 11.

⑨ 金碚. 供给侧政策功能研究——从产业政策看政府如何有效发挥作用 [J]. 经济管理, 2017, 39 (7)：6 - 18.

⑩ 章寿荣, 王树华. 供给侧结构性改革背景下的产业政策范式转型 [J]. 江海学刊, 2017 (6)：89 - 94.

场机制"转换。① 王君、周振则基于供给侧结构性改革背景,指出当前我国产业政策应该由传统选择性产业政策向市场化产业政策转型。② 贺强、王汀汀提出供给侧结构性改革需要通过提高企业技术水平和创新能力,优化供给侧结构,引导新的需求,解决经济结构问题,促进国民经济的可持续健康发展。③ 黄勇认为在供给侧结构性改革背景下,实现竞争政策需要保障竞争执法的常态化、实施公平竞争审查制度以及大力规制行政垄断。④ 袁晓丽、刘圣中则运用多源流理论框架分析了供给侧改革的多重推动因素,探究了问题流、政策流和政治流在政策推出过程中发挥的影响。⑤

郭永勇认为供需错配是当前我国经济的主要矛盾,应增加有效供给,以有效供给满足有效需求、以新供给引领新需求。⑥ 尚航认为供给侧结构性改革从生产端入手,是对财政政策和货币政策的补充,其目标的实现需要宏观政策的积极配合。⑦ 许梦博、李世斌从制度供给、财力供给、劳动力供给三个方面提出了供给侧结构性改革的政策建议。⑧ 闫坤、于树一、⑨ 杨春梅⑩认为财税政策、税收是促进供给侧结构性改革的重要政策手段。梁玉涛⑪、孙全民⑫提出税收政策对推进供给侧结构性改革具有独特优势,应充分发挥税收政策作用。程德智认为在供给侧改革背景下,应构建精准调控型产业财政支出政策,完善结构性减税导向的产业税收体系,并着力提升产业财政资金绩效管理水平。⑬

---

① 闫振坤,袁易明. 供给侧改革背景下产业政策调整取向研究—— 深圳 725 家企业的调查分析 [J]. 亚太经济, 2016 (6): 131 – 137.

② 王君,周振. 从供给侧改革看我国产业政策转型 [J]. 宏观经济研究, 2016 (11): 114 – 121.

③ 贺强,王汀汀. 供给侧结构性改革的内涵与政策建议 [J]. 价格理论与实践, 2016 (12): 13 – 16.

④ 黄勇. 供给侧结构性改革中的竞争政策 [J]. 价格理论与实践, 2016 (1): 20 – 22.

⑤ 袁晓丽,刘圣中. 我国供给侧改革政策推出的影响因素——源流理论 [J]. 商业经济研究, 2017 (6): 141 – 142.

⑥ 郭永勇. 供给侧结构性改革背景下积极财政政策转型研究 [J]. 地方财政研究, 2016 (7): 17 – 23.

⑦ 尚航. 新常态下的供给侧结构性改革与宏观政策 [J]. 经济问题, 2016 (12): 26 – 29.

⑧ 许梦博,李世斌. 基于马克思社会再生产理论的供给侧结构性改革分析 [J]. 当代经济研究, 2016 (4): 43 – 50.

⑨ 闫坤,于树一. 促进我国供给侧结构性改革效能提升的财税政策研究 [J]. 国际税收, 2016 (12): 28 – 34.

⑩ 杨春梅. 供给侧结构性改革中的税收政策取向 [J]. 税务与经济, 2016 (6): 66 – 69.

⑪ 梁玉涛. 供给侧结构性改革的税收政策研究 [J]. 改革与战略, 2017, 33 (7): 77 – 80.

⑫ 孙全民. 发挥税收政策作用,深入推进供给侧结构性改革 [J]. 中国财政, 2017 (8): 61 – 62.

⑬ 程德智. 供给侧改革导向下产业升级财政政策体系构建及优化 [J]. 东岳论丛, 2017, 38 (5): 133 – 139.

林亚清、魏志华等基于财税政策视角对供给侧结构性改革以及改革的顶层设计提出了相应建议。[①] 黄健、刘蓉、祖进元分析了供给学派减税理论，并对里根政府与特朗普政府的减税背景、路径与目标做了对比分析。[②]

政策是推动供给侧改革重要手段，上述学者从财政、税收、产业政策等多个方面对供给侧改革政策做了探讨，并提出了相应的政策建议，具有重要借鉴意义，但供给侧改革作为一个崭新的话题，有关其政策的研究需要持续跟进，进行更为深入系统的研究。

1.2.3　对现有研究成果的评价

国内外学者对战略性新兴产业和供给侧改革做了大量研究，为本书研究的开展打下了重要基础，具有重要的借鉴意义和参考价值。但综观上述国内外研究成果，尚存在以下不足。

一是国内有关战略性新兴产业的研究尚处于发展和完善阶段，理论深度有待提升，现实指导性亟须加强。战略性新兴产业是在后金融危机时代出现和兴起的，研究成果主要集中在近十年，研究仍处于发展和完善阶段，理论研究尚不够系统、深入和全面，远远不能指导实践的发展。现有研究主要集中在概念和特征、培育发展、发展政策、路径和机制等应用和政策的研究上，研究成果以理论或定性研究为主，来自大规模实地调研的原始数据和研究资料较为缺乏，实证研究质量有待提升，对实践的指导不尽如人意，研究亟须得到加强。

二是国外有关战略性新兴产业的研究成果较少。发达国家已经建立起较为完善的创新驱动体系和较为成熟的产业发展体系，技术创新和产业发展主要靠企业驱动。近几年来，专门针对战略性新兴产业的研究并不多见，对战略性新兴产业的整体关注度并不是很高。从研究内容来看，研究成果主要侧重于概念特征、重点产业的选择、识别等方面，对于供给侧创新的机制和具体政策设计等方面关注较少，研究有待加强。

三是国内外有关供给侧创新的研究亟须加强。目前，国内外有关供给侧创新的研究较为稀缺，相关研究主要集中在对供给侧和供给侧改革的研究。在国内供给侧改革的大背景下，学者们重点对供给侧改革的内涵、机制、路径和政

① 林亚清，魏志华，赵娟，王明澂. 供给侧结构性改革：现实依据与财税政策选择 [J]. 财政研究，2017（4）：95－111.

② 黄健，刘蓉，祖进元. 供给学派减税理论与政策评析 [J]. 经济学动态，2018（1）：125－134.

策等开展了研究，且研究成果主要以定性研究和宏观解释为主，对供给侧创新的机制和政策等的研究关注较少，亟须加强。

四是无论国内或国外，对战略性新兴产业供给侧创新机制与政策的研究，均较少涉猎。从国内外现有研究成果来看，尚未发现有学者系统地对战略性新兴产业供给侧创新的机制、效率、政策等进行研究，相关研究较为稀缺。同时，在研究方法上，由于国家尚未对战略性新兴产业创新情况进行专门统计，调研和数据获得困难，因此导致实证分析研究不多，远远不能引领和指导战略性新兴产业供给侧创新发展的实践。供给侧创新是培育和发展战略性新兴产业，提升自主创新能力、增强核心竞争力的关键。因此，在供给侧改革背景下，对战略性新兴产业供给侧创新的机制与政策进行研究，具有一定前沿性和先进性，有着重要的理论意义和实践价值。

1.3   研究内容和研究方法

1.3.1   研究内容

本书重点对推进战略性新兴产业供给侧创新的机制与政策进行研究，拟解决的关键问题主要有战略性新兴产业供给侧创新的效率、动力系统、运行机制、实现机制以及战略性新兴产业供给侧创新的典型案例分析和政策建议。希望通过对上述内容的研究，在理论上拓展和丰富战略性新兴产业有关理论体系，在实践上引领和指导我国战略性新兴产业的培育和发展。研究共分十章，各章内容如下。

第 1 章   引论。分析研究的背景和意义，提出研究的重要性和急需性。对战略性新兴产业、供给侧改革国内外研究文献进行综述和评价，对本书的研究内容、研究方法和技术路线进行介绍，并提出研究的创新之处。

第 2 章   战略性新兴产业供给侧创新的基本理论。对战略性新兴产业的概念和特征、战略性新兴产业供给侧创新的内涵与特征进行界定和分析，提出战略性新兴产业供给侧创新的理论逻辑，并对战略性新兴产业供给侧创新的环境因素进行分析。

第 3 章   我国战略性新兴产业供给侧创新现状与问题。从要素、产业和制度三大层面对我国战略性新兴产业供给侧创新的现状和问题进行分析。

第 4 章　战略性新兴产业供给侧创新效率评价及改进分析。在对战略性新兴产业供给侧创新效率评价内涵界定基础上，构建战略性新兴产业供给侧创新效率评价指标体系。运用 DEA 方法对其创新效率进行评价和分析，并对战略性新兴产业供给侧创新效率进行投入产出改进分析。

第 5 章　战略性新兴产业供给侧创新动力系统及其运行机制。在对战略性新兴产业供给侧创新动力模式分析基础上，根据产业发展差异和产业生命周期特征，对战略性新兴产业供给侧创新动力模式选择进行分析，构建战略性新兴产业供给侧创新动力系统并对战略性新兴产业供给侧创新动力系统的运行机制进行设计。

第 6 章　战略性新兴产业供给侧创新的实现机制。对战略性新兴产业供给侧创新的实现机制进行设计，重点对战略性新兴产业供给侧创新的动力机制、培育机制、能力机制、保障机制进行分析，构建战略性新兴产业供给侧创新的实现机制并进行模糊评价。

第 7 章　战略性新兴产业供给侧创新案例分析：以中国中车为例。以中国中车股份有限公司为典型案例，对战略性新兴产业供给侧创新的动力系统及其运行机制、实现机制等进行探索性案例研究。

第 8 章　战略性新兴产业供给侧创新的国际经验及启示。拟在对美国、英国、德国、日本、韩国等典型国家战略性新兴产业供给侧创新政策经验进行分析的基础上，得出对我国战略性新兴产业供给侧创新的启示。

第 9 章　推进战略性新兴产业供给侧创新的政策与建议。综合以上分析，从要素、产业、制度三大层面提出推进我国战略性新兴产业供给侧创新的具体政策与建议。

第 10 章　总结与展望。对主要研究内容进行总结，指出研究的不足和后续研究关注的重点和方向。

1.3.2　研究方法

整合研究所涉及的产业经济学、技术创新学、统计学、管理学等多门学科知识和方法，对推进战略性新兴产业供给侧创新的机制与政策进行研究，研究方法主要有以下几种。

1. 文献分析法

主要指通过对国内外研究文献的搜集、鉴别和整理，以形成对所研究问题的科学认识的方法。通过战略性新兴产业、供给侧改革、供给侧创新、典型国家战略性新兴产业供给侧创新经验等文献的搜集，获取有关战略性新兴产业供给侧创新的最新研究资料和发展态势，以全面地对其进行考察和分析。

2. 系统分析方法

将对战略性新兴产业供给侧创新的研究置于供给侧改革背景之下，揭示战略性新兴产业供给侧创新和供给侧改革之间的关联性，进而对推进战略性新兴产业供给侧创新的机制与政策进行系统分析。

3. 模型构建法

运用模型构建法对战略性新兴产业供给侧创新动力系统及其运行机制进行研究。对战略性新兴产业供给侧创新的动力模式、动力系统和运行机制等进行模型构建和阐释。构建战略性新兴产业供给侧创新的动力机制模型、培育机制模型、能力机制模型和保障机制模型，基于以上四大机制模型，构建战略性新兴产业供给侧创新实现机制模型，并对其进行模糊评价。

4. 专家访谈法

在确定战略性新新兴产业供给侧创新动力机制、培育机制、能力机制和保障机制等各机制影响因素时，主要通过对战略性新兴产业企业管理人员、政府管理部门人员、行业协会专家、高校和科研机构专家等进行访谈和实地调研，以对上述机制的主要影响因素进行全面了解。同时，在实现机制模型评价指标权重的确定上也重点参考专家的意见和建议，以保证研究的客观性和准确性。

5. 案例研究法

以中国中车股份有限公司为典型案例，对战略性新兴产业供给侧创新的动力系统及其运行机制、实现机制等进行探索性案例研究。

6. 其他研究方法

研究中将理论分析和实证分析、定性分析和定量分析、归纳分析与演绎分析、静态分析与动态分析等方法相结合，对战略性新兴产业供给侧创新的现状与问题、供给侧创新的效率评价以及推进供给侧创新的政策与建议等进行综合研究。

1.3.3　技术路线

根据以上研究内容和研究方法，本书的具体技术路线如图 1-2 所示。

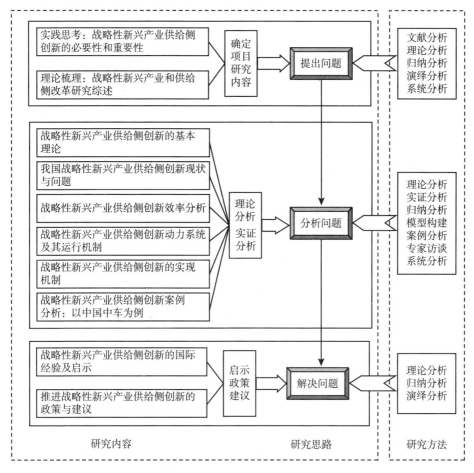

图1-2 技术路线

资料来源：作者自绘。

1.4 创 新 之 处

一是率先对战略性新兴产业供给侧创新进行研究，在研究视角上具有一定创新。现有供给侧改革研究重点关注传统产业，本书率先将供给侧创新应用于战略性新兴产业的发展和管理之中，对战略性新兴产业供给侧创新的效率、动力系统、运行机制和实现机制等进行系统研究，并提出了具体的政策和建议，弥补了现有研究的不足，为战略性新兴产业研究提供了新视角。

二是对战略性新兴产业供给侧创新效率进行评价和投入产出改进分析，拓展和丰富了现有研究内容。在对战略性新兴产业供给侧创新进行效率评价内涵界定的基础上，构建战略性新兴产业供给侧创新效率评价指标体系。运用DEA 方法中的 BCC 模型和超效率模型对战略性新兴产业供给侧创新效率进行评价和分析，并运用计量经济模型对战略性新兴产业供给侧创新效率进行了投入产出改进分析，在研究内容和方法上具有一定拓展和创新。

　　三是构建了战略性新兴产业供给侧创新的实现机制模型并进行评价，从要素、产业和制度三大层面提出了推进我国战略性新兴产业供给侧创新的政策与建议，弥补了现有研究的不足，具有一定的理论意义和实践价值。在对战略性新兴产业供给侧创新的动力系统及其运行机制进行系统分析的基础上，构建了战略性新兴产业供给侧创新的实现机制，并进行了模糊评价和分析。通过战略性新兴产业供给侧创新的典型案例分析和国际经验分析，提出了具体的政策和建议，一定程度上弥补了现有研究的不足，具有一定的理论意义和政策借鉴价值。

第2章 战略性新兴产业供给侧 创新的基本理论

本章将对战略性新兴产业供给侧创新的相关概念和特征、理论逻辑和环境因素等基本理论进行分析，为后续研究奠定基础。

2.1 战略性新兴产业的概念和特征

2.1.1 战略性新兴产业的概念界定

如前所述，关于战略性新兴产业的概念，各学者看法不一。有的学者将主导产业或战略性产业等同于战略性新兴产业，[①] 有的学者则将战略性新兴产业理解为新兴产业，[②] 有的学者则强调战略性新兴产业的新技术性、新兴性和战略性，[③] 但总的来讲，作为战略性新兴产业，应满足两个条件。一是战略性。战略性新兴产业通常采用突破性技术或新的商业模式，对社会经济发展具有重大引领和推动作用，其生命周期一般较长，可以在较长一段时期内创造良好的经济和社会效益。战略性新兴产业发展具有前瞻性、引领性和带动性，往往与政府发展战略高度契合，是政府重点支持的产业，在产业规划和管理中处于战略地位。二是新兴性。战略性新兴产业通常是伴随着突破性技术或新技术、新发明所产生的，一般采用新的商业模式，进而形成新的产业和部门，与传统产

① ［美］艾伯特·赫希曼. 经济发展战略 ［M］. 北京：经济科学出版社，1991：1－89；芮明杰，赵春明. 战略性产业与国有战略控股公司模式 ［J］. 财经研究，1999（9）：35－39.

② ［美］迈克尔·波特. 国家竞争优势 ［M］. 北京：华夏出版社，2002：21－120.

③ 万钢. 把握全球产业调整机遇，培育和发展战略性新兴产业 ［J］. 求是，2010（1）：11－16；华文. 集思广益：战略性新兴产业的科学内涵与领域 ［J］. 新湘评论，2010（11）：12－15；陈柳钦. 关于我国发展战略性新兴产业的几点思考 ［J］. 四川行政学院学报，2011（1）：83－88.

业有着较大不同，具有技术的新兴性、商业模式的新兴性、产业的新兴性等特征。但是需要指出的是，有些产业虽然是战略性产业，但并不是新兴产业，有些产业是新兴产业，但并不是战略性产业，因此，二者均不能等同为战略性新兴产业，战略性新兴产业的区分表见表2－1。

表2－1　　　　　　　　　　　　　战略性新兴产业区分

	战略性产业	非战略性产业
新兴产业	战略性新兴产业：节能环保、新一代信息技术、生物、高端装备制造、新能源、新材料、新能源汽车、数字创意、相关服务业等产业	非战略性新兴产业：电子信息、旅游、体育、会展服务、文化创意、现代传媒、健康养老、在线教育等产业
非新兴产业	战略性非新兴产业：交通、能源、农业、军工、化工、机械制造、船舶、石油、电力、水利、通信等产业	非战略性非新兴产业：食品、餐饮、纺织服装、零售、百货、住宿、家具制造、造纸印刷等产业

资料来源：根据相关资料整理。

综上所述，战略性新兴产业既不等同于战略性产业，也不等同于新兴产业，亦不是二者的简单叠加，而需要具备战略性和新兴性双重条件，同时，战略性新兴产业主要依靠突破性技术、新技术或新发明、新的商业模式驱动发展，是典型的创新驱动型产业。因此，本书将战略性新兴产业定义为：既具战略性又具新兴性，以新技术、新产业和新模式的创新和变革为基础，对经济社会发展具有重大战略引领作用的一种典型的创新驱动型产业。

2.1.2　战略性新兴产业的特征

各学者对于战略性新兴产业特征的理解仍然有较大不同。一般来讲，战略性产业具有全局性、长远性、引领性和稳定性等特点。新兴产业具有技术性、扩张性、效益性、渗透性和风险性等特点，如图2－1所示。但战略性新兴产业并不是二者的简单叠加，对其特征仍有待深入探究。

战略性新兴产业是战略性产业和新兴产业融合渗透发展的产物，其具有以下特征[1]。

---

[1]　闫俊周. 创新驱动：战略性新兴产业发展路径与政策 [M]. 北京：社会科学文献出版社，2019：24－27.

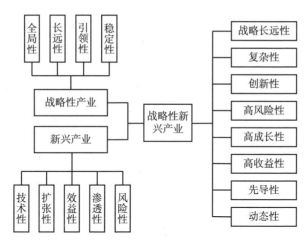

图 2 - 1　战略性新兴产业特征分析

资料来源：根据相关资料整理。

1. 战略长远性和复杂性

战略性新兴产业是新兴技术和新兴产业融合创新的产物，是引领未来经济社会发展的重要推动力量，是新常态和供给侧改革下推进产业结构调整升级、培育新动能的重要突破口，对国民经济发展和国家经济安全具有长远意义。同时，战略性新兴产业在形成、成长和发展过程中，由于采用突破性技术或原始性创新技术，其核心技术的形成是一个长期而复杂的过程。战略性新兴产业的形成还需要国家科技创新能力的支撑以及其他配套产业技术的支持和协同，才有可能实现技术的突破，这本身是一个复杂系统工程。此外，战略性新兴产业往往跨越多个产业和部门，需要整合多产业、多部门创新资源，产业形成本身具有复杂性。

2. 创新性和高风险性

创新性是战略性新兴产业的基本特征，但由于其主要采用突破性创新和原始性创新模式，创新资金投入较人，创新程度较高，创新的风险和不确定程度较高。在创新产品商业化过程中，由于产品的新兴性，市场培育成本较高，因此产品面临的市场风险和不确定性程度较高。同时，战略性新兴产业往往采用新的商业模式，新的商业模式通常需要较长时期的市场培育，投入成本较高，面临较高的商业风险。

3. 高成长性和高收益性

战略性新兴产业是适应经济社会重大需求而产生的创新驱动型产业，是一种高附加值产业。虽然在形成期规模较小，但成长速度较快，一旦产业技术和市场成熟，就会推动产业的高速增长，带来高收益和高利润。据国家信息中心统计，我国战略性新兴产业 A 股上市公司由 2008 年的 31 家快速增长至 2018 年 11 月的 1268 家，占上市公司总体比重达到 42.4%，总市值达 11.9 万亿元，营收增速比上市公司总体增速高 85.3%，研发投入强度比总体水平高 44.7%，利润率比总体水平高 12%，显示出高成长性和高收益性特征。

4. 先导性和动态性

战略性新兴产业是引领未来科技和产业发展的产业，引领和带动作用显著，一般是国家优先支持和发展的先导性产业和主导性产业，对于促进产业结构升级，推进供给侧改革，培育经济发展新动能具有重要作用。同时，战略性新兴产业不仅受政治、法律、经济、科技、社会文化等外部环境因素的制约和影响，亦会受企业战略、能力和资源等内部环境因素的影响，其发展和选择不是固定不变的，会根据内外部环境因素的变化进行动态调整，以主动适应潜在的新需求和新市场。

2.2　战略性新兴产业供给侧创新的内涵与特征

2.2.1　战略性新兴产业供给侧创新的内涵

习近平总书记指出，供给侧结构性改革的根本目的是提高社会生产力水平，落实好以人民为中心的发展思想，其主要通过制度和政策变革，促进产业结构的调整和升级，通过要素创新，提高资源配置效率，构建高质量供给体系，增加有效供给和高端供给，进而以更高的供给质量，更高的效率去更好地满足人民群众的需要。[①] 结合供给侧结构性改革的目的和内涵，本书将战略性新兴产业供给侧创新定义为：从战略性新兴产业供给端、生产端入手，通过供给端的创新解除供给约束，以实现要素资源优化配置，提高全要素生产率，以提升战略性新兴产业的供给质量和效益。

要准确理解战略性新兴产业供给侧创新的内涵，就有必要明晰战略性新兴产业供给侧创新和需求侧创新的区别。[②] 一是作用对象不同。战略性新兴产业

① 龚雯，许志峰，王珂. 解读供给侧结构性改革 [J]. 党史文苑，2016 (2)：6 - 8.
② 李停. 经济新常态下供给侧结构性改革的理论逻辑与路径选择 [J]. 现代经济探讨，2016 (6)：20 - 24.

供给侧创新的作用对象主要是企业的拥有者或投资人、员工。需求侧的作用对象主要是消费者，包括居民消费、企业采购和政府采购等消费需求。二是调控方式不同。供给侧创新调控的重点是供给结构和供给者本身的积极性。需求侧创新调控的重点是消费者的购买力和刺激产生新消费，形成新的消费结构。三是作用要素不同。供给侧创新主要对制度和管理、人口和劳动力、资本和金融、技术和创新、土地和资源等要素实施供给抑制解除和创新。[①] 需求侧创新则主要通过消费、投资、出口等要素的创新，产生新需求。四是政策手段不同。战略性新兴产业供给侧创新主要通过财政、税收、金融、产业、创新、制度变革等政策手段促进和提升供给侧质量，强调通过提高供给能力和质量，促进经济增长，其实施周期一般较长。需求侧创新则是通过财政、货币等刺激政策手段提升社会总需求、促进经济增长，其实施周期一般较短。表 2－2 列出了二者的主要区别。

表 2－2　　　　战略性新兴产业供给侧创新与需求侧创新的主要区别

区别内容	供给侧创新	需求侧创新
作用对象	企业拥有者或投资人、员工	居民消费、企业采购和政府采购
调控方式	供给结构和供给者本身的积极性	消费者的购买力刺激产生新消费，形成新的消费结构
作用要素	制度和管理、人口和劳动力、资本和金融、技术和创新、土地和资源等要素创新	消费、投资、出口等要素创新
政策手段	财政、税收、金融、产业、创新、土地等政策，强调通过提高供给侧能力和质量促进经济增长，实施周期一般较长	通过财政、货币等政策手段提升社会总需求促进经济增长，实施周期一般较短

资料来源：根据相关资料整理。

2.2.2　战略性新兴产业供给侧创新的特征

战略性新兴产业供给侧创新具有以下特征。

1. 长期性

传统的需求侧管理和创新，对经济的长期增长和可持续发展缺乏谋划，主要通过财政、货币等政策干预经济和产业的发展，管理见效快，对经济和产业

---

① 黄奕信. 供给侧改革视角下的中国战略性新兴产业发展战略研究 ［J］. 改革与战略，2016 （3）：54－57.

的作用比较明显，但同时也存在较大的副作用。战略性新兴产业供给侧创新则强调产业和经济的长期和可持续增长，重视市场在要素资源配置中的作用，通过推动要素创新，调整供给结构和供给者本身而实现经济效益和发展质量的提升，其实施周期一般较长，具有长期性特征。

2. 复杂性

战略性新兴产业供给侧创新不是对现有问题的简单修补，而是在综合考虑人口和劳动力、土地和资源、资本和金融、技术和创新、制度和管理等各要素创新资源的基础上，从体系性、协调性、规范性和针对性入手，对战略性新兴产业的供给主体、产业结构和政府政策进行综合设计，具有复杂性特征。

3. 效益性

战略性新兴产业供给侧创新主要通过供给端的创新解除供给约束，以实现要素资源优化配置，提高全要素生产率，提升战略性新兴产业的供给质量和效益。质量和效益是战略性新兴产业供给侧创新的中心，供给侧创新的目标不是简单的规模增长和数量扩张，而是通过要素资源创新、结构性转型和制度变革，实现生产效率的提升和高质量的增长，效益性是战略性新兴产业供给侧创新的核心特征。

4. 开放性

战略性新兴产业供给侧创新的核心目标是提升供给质量和效益，这就要求其以更快的响应速度、更好的质量、更低的成本去获得更多收益，以提升市场竞争力。战略性新兴产业供给侧创新不是封闭的自我创新，要充分利用分布在外部的各种要素、政策等资源进行创新。其对产品市场机遇、技术机遇的利用和把握大多是从市场出发的，这会产生更多适合市场的"有效供给"。同时，战略性新兴产业供给侧创新是对各种要素资源互动、整合、协同的过程，也是产业转型、政策创新协同统一的过程，这要求企业、所有者（供给主体）与合作伙伴建立互动开放的、有稳定联系的合作关系，以实现知识、信息等创新资源的共享，其具有开放性特征。

2.3　战略性新兴产业供给侧创新的理论逻辑

新常态下推进战略性新兴产业供给侧改革和创新是大势所趋。战略性新兴产业供给侧创新可从要素、产业和制度三个层面展开，其基本理论逻辑是要素升级、结构优化和制度变革"三位一体"，分别对应着创新、转型和改革，如图 2 - 2 所示。即以战略性新兴产业供给侧创新为切入点，以要素创新为手段，以改革的办法推进产业结构转型和升级，进而推动战略性新兴产业提质增效升级。

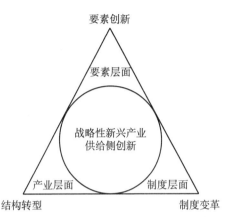

图 2 - 2　战略性新兴产业供给侧创新的"三位一体"逻辑

资料来源：根据相关资料绘制。

一是强调要素创新，增强供给侧动力。从供给侧创新角度来看，战略性新兴产业增长的动力源主要体现在劳动力、土地、金融、创新等要素。一般来讲，在经济发展的初级阶段，经济发展更多依靠投资驱动，人口和劳动力、土地和资源、资本和金融等要素对经济发展的推动力较强。而随着经济水平的发展，经济发展逐渐由投资驱动向创新驱动转变，技术和创新、制度和管理等要素的作用日益重要。在新常态和供给侧改革背景下，我国战略性新兴产业进入转型升级的新阶段，当前的产业结构、生产结构和供给结构已经难以满足社会新需求，必须通过要素创新推动战略性新兴产业的发展。要充分发挥产品创新、技术创新、制度创新和管理创新等对战略性新兴产业供给侧创新的牵引作用，提升集成创新和自主创新能力，完善价值链创新，打造创新型战略性新兴产业集群，提升战略性新兴产业竞争力。

二是强调结构转型，提升供给质量。战略性新兴产业供给侧创新的关键是供给主体的结构创新。只有供给主体充满市场活力、形成与时俱进的竞争力，才能形成供给侧改革的内生力量，源源不断地向市场提供更优的有效供给，不断激活市场需求，创造消费动力。① 战略性新兴产业要提高质量、效益和竞争

① 董小麟. 着力优化供给主体结构和市场环境 [N]. 南方日报，2016 - 3 - 14.

力，必须通过结构调整，优化调整区域布局，促进产业结构转型升级，增加有效供给。要加强国家对战略性新兴产业发展的顶层设计，优化区域发展布局，避免产业的同质化、低端化发展，推动不同区域统筹协调发展，增加有效供给；优化产业结构，加速产业转型升级，增加优质供给。推动战略性新兴产业发展方式从规模速度型粗放增长向质量效益型集约增长转变，发展要素从传统要素主导向创新要素主导转变，产业分工从价值链中低端向中高端转变，产品结构由单一低质低效向多样高质高效转变。发展高效优质的战略性新兴产业新产品，创造新供给，培育新需求，以有效供给引导消费需求，进而加速战略性新兴产业的转型升级。

三是强调制度变革，激发市场活力。习近平总书记指出，供给侧结构性改革本质是一场改革，要用改革的办法推进结构调整。制度变革是推动经济发展的重要"发动机"，在新常态下，要激发市场活力，推动战略性新兴产业供给侧创新，必须加快政府职能转变，推动政策制度创新。要转变政府职能，明确政府权力边界。在战略性新兴产业发展初期，注重需求侧管理，政府对产业资源配置和市场干预过多，导致无效供给过剩和高端产品供给不足，形成"供需错位"。供给侧改革和创新则强调政府转变职能，通过简政放权、深化政务商务事务便利化改革、优化行政服务机制等手段，限制政府权力边界，营造有利于创新创业的市场环境，激发市场活力。要持续推动政策制度创新，加快推进与战略性新兴产业发展的土地、财政、投融资、补贴、产权、政府采购、科技创新等制度和政策的实践探索和创新，营造良好的政策和制度环境，以增强战略性新兴产业发展的内生动力。

2.4　战略性新兴产业供给侧创新的环境因素

2.4.1　政治法律环境

习近平总书记、李克强总理多次在国家重要会议上强调要重点推进供给侧结构性改革。国家"十三五"规划纲要提出，以供给侧结构性改革为主线，扩大有效供给，满足有效需求，加快形成引领经济发展新常态的体制机制和发展方式。供给侧结构性改革已成为我国当前政治和经济活动中的一项重要内容。战略性新兴产业是推进供给侧结构性改革、培育发展新动能的重要战略工具。为推动战略性新兴产业发展，中央先后出台《国务院关于加快培育和发展战略性新兴产业的决定》《战略性新兴产业发展专项资金管理暂行办法》《"十三五"国家战略性新兴产业发展规划》等政策，发布了《战略性新兴产业分类（2018）》。针对战略性新兴产业各细分领域，中央和各地方政府制定了一系列的法律和政策，为战略性新兴产业供给侧创新营造了良好的政治法律环境。

2.4.2　经济环境

当前，全球经济和贸易低迷、国际市场动荡、中美贸易摩擦给我国带来不利影响。我国经济处于转型期，实体经济困难加大，经济下行压力较大。2015年，在党中央领导下，持续推进供给侧结构性改革，大力发展战略性新兴产业，加速孕育新动能，为经济增长提供了内生动力。财政政策和货币政策方面，中央继续实行积极的财政政策和稳健的货币政策，二者相互配合，协同发力，为供给侧结构性改革营造了稳定的宏观经济环境。产业政策方面，中央将战略性新兴产业作为推动供给侧结构性改革的重要推动力量，推动产业结构调整和升级，强化经济发展的内生动力。微观政策方面，则加快转变政府职能，通过简政放权、放管结合、优化服务，完善市场环境，激发市场活力、企业活力和消费潜力，增强经济发展的内生动力。上述一系列举措为战略性新兴产业供给侧创新提供了有利的经济环境。

2.4.3　社会文化环境

社会文化环境对战略性新兴产业供给侧创新具有重要影响。社会文化环境往往受社会主流文化的影响和制约，进而会影响消费者的偏好和消费决策选择。经过多年的宣传、培育和推广，大多数战略性新兴产业产品已为社会所熟知，具有新兴性、创新性、环保性的战略性新兴产业新产品逐渐为社会大众所接受，新能源汽车、新能源、新一代信息技术、节能环保等产品广受社会欢迎并取得了快速增长。依托战略性新兴产业而产生的新经济、新模式、新产业为社会大众提供了更大便利，因而广受社会大众欢迎。同时，随着研发和创新的观念逐渐深入人心，社会对创新的包容性在持续增长，战略性新兴产业的研发和创新可以获得社会、政府更多的支持，吸引更多的风险投资。此外，政府部门大力推进"大众创业，万众创新"，营造了良好的创新创业氛围，这也为战略性新兴产业供给侧创新提供了良好的社会文化环境支撑。

2.4.4　技术环境

　　当前，全球进入新一轮科技和产业革命的关键时期，信息技术革命持续深化，各类创新加速推进，物联网、云计算、大数据、人工智能等战略性新兴产业技术广泛运用于经济和社会各领域，为我国战略性新兴产业供给侧创新和发展提供了重要的战略机遇。近年来，我国深入贯彻实施创新驱动发展战略，持续加大研发经费投入，2018 年，我国 R&D 经费支出达 19657 亿元，研发投入强度达 2.18%。[①] 据国家信息中心统计，2014~2018 年，我国战略性新兴产业上市公司的研发投入强度比上市公司总体高出 50% 左右，战略性新兴产业领域的专利数量实现翻番增长。国家围绕战略性新兴产业，攻克了一批关键核心技术，发明专利拥有量年均增速达到 15% 以上，建成一批重大产业技术创新平台，实施了一批重大技术工程，部分产业创新能力处于世界领先水平，供给质量明显提升，构建了有利于战略性新兴产业创新发展的知识产权保护体系和创新政策体系，营造了良好的技术创新环境。

---

① 国家统计局. 中华人民共和国 2018 年国民经济和社会发展统计公报 [R]. 北京：国家统计局，2019：1 - 10.

第3章 我国战略性新兴产业供给侧创新现状与问题

本章重点从要素、产业和制度三大层面对我国战略性新兴产业供给侧创新现状与问题进行分析，以期对我国战略性新兴产业供给侧创新现状与问题有清楚的认识和了解。

3.1 我国战略性新兴产业供给侧创新现状

3.1.1 要素层面

从供给侧创新角度来看，支持战略性新兴产业发展的要素资源主要有人口和劳动力、土地和资源、金融和资本、技术和创新、制度和管理等要素。

1. 人才供给数量和质量持续提升

近年来，电子信息、互联网、物联网、智能装备、新材料、新能源汽车、生物医药等行业对战略性新兴产业人才的需求量呈上升趋势。在国家战略性新兴产业政策的大力支持下，各高校大力培养战略性新兴产业人才，新开设了一批互联网、大数据、生物医药、人工智能等专业，积极与战略性新兴产业企业开展产学研合作，甚至联合培养人才，提升了战略性新兴产业人才培养的数量和质量。同时，根据教育部公布的数据，近年来，高校毕业生人数持续增加，普通高校 2015～2018 年毕业生分别约为 680.9 万人、704.2 万人、735.8 万人、820 万人，2019 年预计高达 860 万人，研究生 2015～2017 年毕业生人数分别约为 55.2 万人、56.4 万人、57.8 万人，数量庞大的高校毕业生资源也为战略性新兴产业发展提供了充足的人才供给支撑。

2. 技术与创新供给逐步增强

近些年，国家和企业日益认识到技术创新的重要作用，持续加大研发创新投入，战略性新兴产业技术与创新供给能力逐步增强。2017 年，我国 R&D 经费支出、企业研发资金、规模以上工业企业研发经费支出分别约为 17606 亿元、13465 亿元、12013 亿元，研究与试验发展人员全时当量为 403.36 万人/年。[1] 据财政部网站信息，仅 2010～2013 年，中央财政支持战略性新兴产业研发创新资金就高达 70.5 亿元，带动地方政府、社会资本投入近 320 亿元，对战略性新兴产业研发创新发挥了巨大的推动作用。企业研发创新投入持续增长，据《2017 中国战略性新兴产业发展报告》统计，2015 年战略性新兴产业上市公司平均研发投入达到 1.53 亿元，是 2010 年的 1.9 倍，平均研发强度达到 6.21%，企业研发投入水平较 2010 年显著提升了 4.12%，明显高于上市公司平均 3.50% 的研发强度。在国家和企业研发创新投入的推动下，战略性新兴产业技术与创新供给能力持续提升，重大创新不断出现，国产大飞机 C919 研制成功并实现首飞、量子通信技术实现突破、永祥新能源建设全球最大多晶硅生产线、可燃冰试采获得成功等，在战略性新兴产业领域形成了一批具有核心技术和自主知识产权的标志性成果。

3. 金融和资本供给持续加大

战略性新兴产业的创新发展离不开金融和资本的大力支持。2012 年 12 月 31 日，财政部、国家发展改革委出台了《战略性新兴产业发展专项资金管理暂行办法》，随后，江苏、上海、深圳等省市先后也出台了发展专项资金支持政策，提供了有力的资金支撑。银行业资金支持力度也持续加大，据银监会统计，2017 年 1～9 月，国家开发银行和工行、农行、中行、建行、交行 5 个大型商业银行的战略性新兴产业贷款余额达 9385 亿元，新增 1317 亿元。江苏省、山东省、广东省、上海市等省份则通过加大政策扶持力度、努力引导金融机构扩大信贷投放规模、创新贷款担保方式等不断加大信贷支持力度。在资本市场方面，国家和各级地方政府进一步加大支持力度，推动战略性新兴产业企业规范改制，促进其在主板、创业板、中小板上市。大力拓展债务融资渠道、利用区域性股权交易市场融资等方式积极拓宽直接融资渠道。通过提供资金支持、风险保障、提供融资便利等，引导保险业积极参与战略新兴产业的发展，有效提升了战略性新兴产业的金融和资本供给水平。

---

[1]　国家统计局. 2018 中国统计年鉴［M］. 北京：中国统计出版社，2018：10 - 26.

4. 土地供给不断优化

战略性新兴产业用地具有研发用途比例高、用地需求多元化等特征，为支持新产业、新业态的发展，2015 年，国土资源部积极响应国家号召，联合国家发改委、科技部、工信部、住建部、商务部下发《关于支持新产业新业态发展促进大众创业万众创新用地的意见》，明确了新产业、新业态用地的类型，对新产业、新业态用地要创新供给形式和方法，制定差异化的政策和措施，支持其快速发展。同时，着力推进战略性新兴产业在现有开发区、产业集聚区集中布局，提升土地利用效率。推动高新区、经开区、新型工业化产业示范基地充分发挥战略性新兴产业集群发展的引领作用，促进土地高效利用。针对光伏产业用地量大的需求，国土资源部在《产业用地政策实施工作指引》中明确指出，对于光伏发电站项目使用未利用地布设光伏方阵的，可按原地类认定和管理，为光伏产业的发展提供了有力支撑。为支持战略性新兴产业的发展，用地形式也开始趋于多元化，战略性新兴产业开始采取长期租赁、先租后让、租让结合方式用地，土地供给结构和质量进一步优化。

3.1.2　产业层面

1. 产业规模持续壮大

《国家"十三五"战略性新兴产业发展规划》显示，"十二五"时期，我国战略性产业实现跨越式发展，产业增加值占 GDP 的比重达到 8% 左右，增速是同期 GDP 增速的两倍以上。根据《2019 中国战略性新兴产业发展报告》，2016 ~ 2018 年，规模以上工业战略性新兴产业增加值比上年分别增长 10.5%、11.0% 和 8.9%，投资额年均增速超过 8%，产业规模持续增大。2017 年新一代信息技术产业和生物医药产业业务收入分别达到 55000 亿元和 28000 亿元。节能环保、新能源、数字创意等产业随着国家支持政策的出台，进入快速发展轨道。新业态、新模式蓬勃发展。新材料、高端装备制造业利润增长较快，高端装备制造业、民用无人机、工业机器人等领域呈现出高速增长态势。

2. 细分产业快速增长

在新一代信息技术领域，太空量子通信技术取得突破，互联网科技问鼎全球。据国家信息中心网站显示：在互联网领域，2018 年 1 ~ 11 月互联网企业收入同比增长 19.7%，其中软件业务收入达 56092 亿元，同比增长 14.7%。在生物医药领域，2017 年 1 ~ 11 月，生物医药产业实现营业收入 29000 亿，增速为 11.9%，自主创新能力持续增强。在高铁、航天装备、核电装备等领域，核心技术得到突破，中国高铁装备遍及一百多个国家和地区。人工智能、物联网等细分领域与国际保持同步发展水平。新能源汽车技术持续提升，连续三年市场保有量全球第一，产销保持稳步增长。节能环保、新材料、数字创意产业等领域均实现了快速增长，战略性新兴产业创新驱动作用逐渐增强，已成为驱动我国经济社会发展的新引擎。[1]

3. 集聚化发展格局初步形成

战略性新兴产业发展呈现出明显的集聚化发展格局。一是战略性新兴产业向特定地域集聚。东部沿海、珠三角区域战略性新兴产业分布较为集中，发展速度较快。环渤海区域以北京、天津为核心，形成了以我国高新技术研发、设计与制造为一体的新兴产业集聚地。珠三角区域则以广州、深圳为中心，形成了生物、互联网、新能源、新材料、数字创意等产业的集聚地。截至 2017 年底，广州市战略性新兴产业领域高新技术企业数量超过 8700 家，位居全国第三，部分企业研发能力达到国际先进水平，[2] 国内外竞争优势明显。二是战略性新兴产业向区域内特定园区集中。产业主要向各类产业园区、产业集聚区、高新技术开发区、示范园区等专业园区集中，表现出显著的空间集聚特征。创新竞争能力持续提升，形成了一批主导产业突出，集聚效应明显，具有区域特色和国际竞争力的战略性新兴产业专业园区，如北京中关村科技示范园、通州国家环保园、成都通用航空产业园、郑州航空港区的智能终端产业园、西安市航空航天产业园区、武汉光谷国家光电子产业基地等。专业园区在创新、区位、资源、经济、人才等方面优势明显，成为我国战略性新兴产业的重要集聚地和策源地，具有较强的竞争优势。

4. 产业带动作用日益增强

国家信息中心统计显示，"2008～2017 年十年间，战略性新兴产业对经济增长的贡献度约为 20%，平均每年带动国内生产总值增长超过 1%"，有力地支撑了经济、社会和各区域的发展。东部地区战略性新兴产业规模持续壮大，2017 年 1～9 月，东部地区战略性新兴产业上市企业营收增速达 19.8%，成为引领东部地区产业和经济发展的重要力量，也是推动全国战略性新兴产业发展的主要力量。中部地区实现突飞猛进，形成了辐射全国的特色产业集聚区。2017 年 1～9 月中部地区战略性新兴产业上市公司营收增速达到 35.2%，同比增长 7.5%。河南的智能终端设备、湖北的光电子信息、湖南的数字创意等产

① 闫俊周. 新常态下战略性新兴产业创新驱动发展的路径选择 [J]. 企业经济，2016 (5)：147－151.

② 许鹏. 广州创新型城市发展报告 (2019) [M]. 北京：社会科学文献出版社，2019：23－35.

业，在全国成为具有显著特色和优势的产业集聚发展区。东北和西部地区正加速发展，贵州大数据、吉林生物医药等产业快速崛起，政策支持力度持续加大，2018 年 1~9 月东北地区战略性新兴产业上市公司营收增速达到 9.9%。

3.1.3　制度层面

制度变革是推动经济发展的重要发动机。为激发市场活力，推动战略性新兴产业供给侧创新，各级政府加快职能转变，持续推动政策制度创新，取得了较好效果。

1. 政府职能有效转变

党的十八大以来，中央政府深化"放管服"改革，切实加快转变政府职能，大力推进简政放权，最大限度减少行政审批，不断深化商事制度改革，积极创新监管方式，不断优化政府服务，提升政府效率，提高政府治理的规范化、制度化水平，营商环境逐步改善，为战略性新兴产业供给侧创新和发展提供了有力支撑。国务院组建国家战略性新兴产业部际联席会议制度平台，统筹支持战略性新兴产业的发展。战略性新兴产业企业专项债、新兴产业上市板块、企业贷款风险补偿试点等工作持续推进。国务院制定发布《国家新兴产业创业投资引导基金方案》《关于大力推进大众创业万众创新若干政策措施的意见》《国务院关于改革药品医疗器械审评审批制度的意见》等多个文件，从扶持政策体系、推进大众创业，万众创新、审批制度改革等多个层面制定了具体政策和措施，为战略性新兴产业供给侧创新和发展营造了良好的环境。

2. 培育体系基本形成

国务院出台了《关于加快培育和发展战略性新兴产业的决定》，先后制定了"十二五"和"十三五"国家战略性新兴产业发展规划，明确了发展的重点领域和方向，在重点工程、研发机构、研发经费、人才引进和培育等方面持续加大投入力度。国家持续加大对基础研究的投入，全面推进国家重大科技设施和平台建设，深入构建国际创新交流网络，启动和建设了一批战略性新兴产业国家工程中心、国家重点实验室和工程实验室，认定了一批国家级技术中心，推动和实施了一批战略性新兴产业重大项目和工程，通过基础研究实现原始性创新，突破了一批战略性新兴产业关键和共性技术，培育体系逐渐形成，为战略性新兴产业供给侧创新提供了良好支撑。

3. 政策环境不断优化

一是国家对战略性新兴产业发展强化顶层设计。"十三五"以来，2016 年版《战略性新兴产业重点产业和服务指导目录》《"十三五"生物产业发展规划（2016～2020)》《智能制造发展规划（2016～2020年)》《促进汽车动力电池产业发展行动方案》《大数据产业发展规划（2016～2020)》等一系列政策和规划的出台，为我国战略性新兴产业高质量发展指明了方向。二是重点对部分行业深化改革，加快推动战略性新兴产业的发展。创新药品审批模式，制定了《国务院关于改革药品医疗器械审评审批制度的意见》；汽车行业实施"双积分政策"，为相关产业发展提供了重大政策机遇。三是拓展战略性新兴产业发展的政策空间。《推动数字文化产业创新发展的指导意见》《互联网医院管理办法（试行）》《关于印发国家健康医疗大数据标准、安全和服务管理办法（试行）的通知》《增材制造产业发展行动计划（2017～2020年)》《免征车辆购置税的新能源汽车车型目录》《促进新一代人工智能产业发展三年行动计划（2018～2020年)》《"十三五"环境领域科技创新专项规划》等支持政策和措施的发布和实施，有效拓展了产业发展的政策空间，为战略性新兴产业供给侧创新和高质量发展带来了良好的发展机遇。

4. 地方政策加速落实

各省市地方政府积极响应国家号召，结合自身优势和特色，出台规划和方案，从财税、资金、土地多方面支持战略性新兴产业的发展，使其发展步入快车道。部分省市还制定和出台了具有自身特色的支持政策。例如，广州市发改委印发《广州市新兴产业发展资金管理办法》的 4 个配套实施细则，提出新兴产业发展资金将通过组建引导基金投资、直接股权投资、补助、补贴四类方式支持新兴产业。广州市政府早在 2014 年就开始对战略性新兴产业项目进行财政资金股权投资，首批投资高达 1.88 亿元人民币，2017 年，广州市拟 5 年内投百亿支持战略性新兴产业发展。① 深圳市制定了《深圳市战略性新兴产业发展专项资金扶持政策》《深圳市战略性新兴产业发展政策》等政策和措施，大力推进战略性新兴产业的发展。上海市则制定《上海市战略性新兴产业发展专项资金管理办法》《促进上海市生物医药产业高质量发展行动方案（2018～2020年)》等政策以加速推进战略性新兴产业的发展。

---

① 叶麦穗. 财政资金支持新兴产业，创新直投方式示范作用明显 [N]. 21 世纪经济报道，2017 - 6 - 22.

3.2　我国战略性新兴产业供给侧创新问题

3.2.1　要素层面

1. 创新基础薄弱

一是创新基础设施不完善。从全国来讲，除北京、上海、深圳等少数地区以外，战略性新兴产业的重大科技基础设施、创新载体建设仍然严重不足，中西部地区国家、省市级重点实验室、工程实验室等创新载体较少，远远不能满足战略性新兴产业的发展需要。二是自主知识产权较少，创新成果储备不足。我国战略性新兴产业高新技术产品进口额远高于出口额，在关键核心技术和产品上，自主知识产权较少。[①] 据统计，我国几乎 100% 的光纤制造装备、85% 的集成电路制造装备、70% 的数控机床、90% 的发电设备、95% 的医疗装备、75% 的绿色低碳环保关键技术都依赖进口。[②] 创新成果储备不足，不利于战略性新兴产业供给侧创新和发展。三是基础研发投入不足。2018 年全国基础研究经费 1118 亿元，仅占研究与试验发展经费总支出的 5.69%，[③] 一定程度上制约了战略性新兴产业的创新驱动发展。四是部分地区创新基础薄弱。东北三省、山西等地区，创新基础薄弱，企业研发和创新投入不足，战略性新兴产业发展速度缓慢，产业多处于中低端环节，技术层次较低，缺乏创新动力，战略性新兴产业后续发展乏力。

2. 创新投入不高

一是国家创新投入不足。长期以来，我国采取高投入、高消耗、低产出的粗放型增长方式，对创新投入的重视程度不够，创新投入水平不高。2018 年，我国 R&D 经费支出 19657 亿元，研发投入强度达到 2.18%，[①] 但仍远低于 2010 年以色列 4.38%、瑞典 3.37%、芬兰 3.78%、美国 3.07%、日本 3.0% 的水平。二是企业创新投入较低，动力不足。企业作为技术创新的主体地位尚

---

① 闫俊周. 战略性新兴产业培育和发展的趋同性研究——基于我国东、中、西六个省份的多案例分析 [J]. 技术经济与管理研究，2017（5）：104 – 107.

② 李剑力. 我国企业自主创新的障碍与对策 [J]. 学习论坛，2009（2）：38 – 41.

③④ 国家统计局. 中华人民共和国 2018 年国民经济和社会发展统计公报 [R]. 北京：国家统计局，2019：1 – 10.

未真正发挥，不少战略性新兴产业企业创新投入较少。部分战略性新兴产业企业则由于资金压力和融资困难，会进一步压缩对创新的投入；各省市还有为数不少的战略性新兴产业企业从事组装加工等低端生产环节，技术层次较低，技术储备不足，创新能力较低，导致创新热情和动力不足。此外，战略性新兴产业企业的创新成果没有得到有效保护，市场产品仿制、假冒较多，创新投入得不到应有的回报，一定程度上也影响了企业的创新投入热情。

3. 创新能力较弱

我国战略性新兴产业虽然具有一定规模，但原始创新能力严重不足，自主创新能力不强。一是关键核心技术和高端装备严重依赖进口，在创新驱动发展上受制于人。大多数战略性新兴产业整体技术水平与国际先进水平仍有较大差距，拥有核心知识产权的重大关键技术和核心技术不多。重大成套设备、高端机床、高铁关键零部件、航空发动机等产品对国外的依附度较高。芯片、集成电路几乎全部依靠进口，工业机器人核心零部件主要被国外行业巨头垄断。在高端医疗设备、传感信息、纳米材料、太阳能光伏、风电装备、新型环保、智能电网等核心技术领域仍然受制于人，亟须形成一批有自主知识产权的创新产品。二是发明专利数量整体质量有待提升。截至 2016 年 12 月，我国战略性新兴产业发明拥有量为 42.9 万件（含港澳台），占我国全部发明拥有量的比重为 37%，但有核心竞争力的发明专利数量不多，在国际上申请专利的数量较少，专利实施率则不足 10%，制约着企业创新能力的提升。[①] 三是不少战略性新兴产业企业仍然没有设立研发机构，研发投入和创新动力不足。2017 年，我国规模以上企业中有研发活动的企业占比仅有 27.4%，[②] 部分战略性新兴产业企业仍居于产业链的低端环节，创新投入严重不足，未设立专门的研发机构。四是科技成果转化率较低，对科技创新能力的支撑不够。据调查，我国高科技成果商品转化率为 25%，产业转化率为 7%，与美国、日本、韩国等差距甚远。国家"863"计划通过鉴定的成果中，仅有 38.2% 得到应用，形成产品不到 10%，产生较大经济效益的只有 2.5%，其余的近 90% 科技成果未进行任何转化。[③]

① 国家知识产权局规划发展司. 战略性新兴产业专利统计报告（2017）［R］. 北京：国家知识产权局，2017：1 - 10.

② 国家统计局. 2018 中国统计年鉴［M］. 北京：中国统计出版社，2018：10 - 26.

③ 何声贵，陈洪转. 政府扶持新兴产业发展政策的国际借鉴［J］. 科技进步与对策，2012，29（11）：96 - 99.

4. 创新人才缺乏

战略性新兴产业在发展中，创新型人才严重不足。特别是有关战略性新兴产业发展的高级技术人才、领军人才、高素质技能人才和高端经营管理人才严重匮乏，对战略性新兴产业供给侧创新形成较大制约。战略性新兴产业人才的培养是一个长期系统工程，涉及国家教育体制的改革和创新，目前高校所培养的毕业生没有充分与企业需求有效结合，与企业要求有一定距离。同时，一些战略性新兴产业企业存在人才"重引进轻培养"的问题，引进时采取高薪、高福利等举措吸引人才，但是花费时间和资金培养人才的企业却不多见，不利于战略性新兴产业人才的可持续成长。战略性新兴产业大量企业处于形成成长期，工作环境和条件有待提升，也会导致人才外流，加剧高端人才的流失。

5. 创新资金不足

融资难、创新资金不足是国内战略新兴产业发展普遍面临的问题。由于战略性新兴产业具有周期长、风险高等特点，资金回收周期较长，加之业务发展快，因此导致发展资金不足。在融资上，则主要依靠银行贷款进行间接融资，直接融资比重小，而银行贷款有限，远不能满足企业大量新增投资需求。同时，随着国内经济发展速度放缓，银行信贷难度增加，银行信贷投放仍然以重资产行业为主，不少银行实施授信政策调整、追加抵押担保等举措以降低风险、完成考核任务，极大地影响了对战略性新兴产业的信贷投放，致使战略性新兴产业特别是中小企业、民营企业普遍存在着融资难、融资贵问题。因此，我国战略性新兴产业的供给侧创新亟待在金融支持、科技金融支持等方面得到加强。

3.2.2　产业层面

1. 产业同构化形成大量无效供给

在中央政策的推动下，战略性新兴产业迎来重大发展机遇，但由于缺乏总体规划和顶层设计，不少地方政府在培育和发展战略性新兴产业上并没有真正结合自身优势和特色进行规划和建设，而是一哄而上，争取相关利益。在产业的选择上过于盲目，大部分地区均从 2010 年国务院确定的七大战略性新兴产业中选择两三种产业作为重点发展产业，甚至有地区将七大产业均作为重点发展产业，造成主导产业不明显，重点优势不突出，导致战略性新兴产业遍地开花、集中度低、产业规模较小、产业选择严重雷同、重复建设等现象严重，产业同构化问题严重,进而造成部分战略性新兴产业供过于求。① 在新能源产业领域,全国有 100 多个城市提出打造新能源产业基地。在新兴的机器人、人工智能等领域也存在严重的重复建设问题。国内有 20 多个省市将机器人作为重点产业,机器人公司数量由 2012 年的不足 300 家迅速增长到 2016 年的 3400 家,但真正掌握核心技术、建有生产基地、具有国际竞争力的企业不足 30 家。②

2. 高端产品供给不足造成供给短缺

我国大多数战略性新兴产业高端产品仍处于供给不足或供不应求的状态。例如,早在 2007 年我国就已经成为全球最大的太阳能电池和组件生产国,但国内主流厂商的电池生产设备几乎都进口自德国、荷兰等国且在核心技术上受制于人。③ 同时,由于大部分战略性新兴产业处于培育和发展期,技术研发投入较少,缺乏技术积累,核心知识产权被国外垄断,导致产品供给质量不高,与国外产品相比,竞争力不强,进而由于供给质量不高形成大量的无效供给。

3. 产业结构和布局不合理限制有效供给

要形成有效的生产供给,必须注重产业结构和产业布局的合理化。而我国战略性新兴产业在发展中,产业布局缺乏统一规划,布局不合理,对生产供给造成不良影响。例如,新能源领域,由于装机规模增幅较大,而装机地消纳能力不足,外送能力有限,导致一方面是国家大量鼓励新能源替代,调整能源结构,另一方面则是新能源领域弃风、弃光、弃水、弃核现象不断,造成产能过剩和巨大浪费。④ 同时,在战略性新兴产业体系的构建上,则表现为各地方政府重招商引资,轻产业培育和产业链构建,使其生产供给环节与配套服务环节、低端投资环节与高端创新环节、传统产业改造提升与新兴产业培育发展环节不平衡,产业链上的分工合作和创新服务较少,造成只见园区项目,不见产业集聚,限制了战略性新兴产业的持续有效供给。

4. 有效创新不足制约有效供给

"有效创新不足"是制约战略性新兴产业"有效需求不足"和"有效供给不足"的关键。目前,我国战略性新兴产业在创新发展上仍然存在着创新投入产出不匹配、创新资源配置效率较低、产学研用结合不紧密、自主创新能力较弱、高端创新型人才缺乏、高端产品创新不足等障碍和问题,造成有效创新供

① 闫俊周. 战略性新兴产业培育和发展的趋同性研究——基于我国东、中、西六个省份的多案例分析 [J]. 技术经济与管理研究, 2017 (5): 104 – 107.

② 赛迪研究院. 2018 年中国战略性新兴产业展望 [J]. 高科技与产业化, 2018 (1): 12 – 17.

③ 边慧. 新能源装备制造: 欠缺的不止是技术 [N]. 中国科学报, 2015 – 10 – 27.

④ 章轲. 弃风、弃光、弃水: 新能源"三弃"正持续恶化 [J]. 第一财经, 2017 (3): 14 – 16.

给不足。因此，我国战略性新兴产业的发展必须重视要素创新，强化资源配置，提升全要素生产率，通过制度创新和变革化解创新约束，激励创新活力，有效提升创新能力，增加有效创新供给，以实现创新驱动发展和战略性新兴产业有效供给提升的紧密对接。

5. 产业环境不佳制约供给质量

我国战略性新兴产业尚处于成长期，产业链尚不完整，产业链协同发展质量不高。以新能源汽车为例，尽管我国新能源汽车保有量处于全球领先水平，但动力电池等配套设施或服务并未与其形成协同发展的格局。如动力电池的性能、充电桩的充电功率等并不能很好地支撑新能源汽车发展。在战略性新兴产业进入方面，民营企业仍面临不公平待遇，融资十分困难。战略性新兴产业在发展上各地各自为政，缺乏统一规划和布局，创新资源分散，整合能力不强，产业整体竞争力较弱，各地区战略性新兴产业发展重点不突出，缺乏与自身实际的有效结合，趋同现象严重，产业预警和风险管控缺失，专利纠纷事件频现，与传统产业改造需求未实现充分对接，相关产品终端需求没有得到充分发掘和培育等，造成产业发展并未处于良好的环境，制约供给质量的提升。

3.2.3　制度层面

1. 体制机制制约发展

我国存在着科技与经济"两张皮"现象，创新资源分散，碎片化、封闭化特征明显。在体制上，部门分割，各地各自为政，缺乏统筹规划和分工布局，政府在宏观管理上缺乏有效的决策协调机制，激励和约束机制不健全，导致创新效率不高，创新能力不强，同质化发展严重。在财税政策方面，中央资金使用和管理分散，尚未建立起稳定的投入支持机制。在税收、金融政策方面，相关政策不够完善，激励和支持效果有限，战略性新兴产业发展急需的创新创业投资、上市、发行债券等支持制度和措施尚不完善。同时，在政府引导机制方面，政府服务职能仍亟待提升，不少地方政府职能还存在着错位、越位、缺位现象，行政干预问题依然存在，导致市场和企业的主导作用并未充分发挥。不少地区营商成本较高，激励和约束制度不完善，营商环境亟须改善和提升，战略性新兴产业的供给侧创新和发展仍面临着体制机制的束缚。

2. 服务体系亟待健全

健全的服务体系有利于提升战略性新兴产业供给侧创新能力，但总体来讲，我国战略性新兴产业创新服务体系仍不健全。一是创新服务平台欠缺，尤其是高水平的国家级、省级创新平台较少。二是创新服务体系不完善。产学研合作水平较低，缺乏良好的合作机制，企业所需的科技成果转化服务、技术服务、管理服务、高端人才服务严重匮乏。三是金融服务体系不完善。战略性新兴产业大多是科技型企业和中小企业，主要为轻资产型企业，科技金融创新体系不完善，科技创新和金融创新的融合度不够，导致其外部融资较为困难。四是创新环境有待完善。有利于国内外创新型人才集聚、高端技术人才创业创新的环境有待完善，创新氛围和创新文化有待进一步提升。公平公正的市场竞争环境尚未真正形成，假冒仿制现象仍然存在，对战略性新兴产业知识产权的保护有待进一步加强。

3. 政策体系亟须完善

推进与战略性新兴产业发展密切相关的土地、财政、投融资、补贴、产权、政府采购、科技创新等制度和政策的实践探索和创新，营造良好的政策和制度环境，是促进战略性新兴产业供给侧创新发展的内生动力。但目前我国战略性新兴产业供给侧创新的政策体系还不完善。一是我国现行土地供应及管理政策仍存在空白点，需要更完善合理的配套土地政策。二是财税和补贴等政策的科学性有待提升。财税、补贴等政策的效率不高，政策实施效果有待提升，支持力度和结构有待优化，亟须通过调查研究，制定更合理的财政支持及补贴政策。三是战略性新兴产业投融资仍面临融资难、融资贵等困境，有待制定更为合理的投融资政策。四是有关战略性新兴产业知识产权的政策有待进一步完善和普及。此外，与战略性新兴产业供给侧创新相关的政府采购政策、科技创新政策等也亟须完善。

4. 政策实施质量不高

我国制定的战略性新兴产业政策较多，但存在政策制定质量不高和实施效果不佳等问题。例如，工信部在 2016 年 12 月 29 日、2017 年 1 月 23 日相继公布《新能源汽车推广应用推荐车型目录》（第五批）、《新能源汽车推广应用推荐车型目录》（2017 年第一批），一个月内公布两套政策，给新能源汽车企业研发、生产等造成较多问题。2017 年 8 月、2018 年 4 月相继公布《免征车辆购置税的新能源汽车车型目录》，政策在短期内多次变动给企业造成诸多不利。此外，各省市产业政策的出台和实施多仅是对国家政策的传达，时间间隔一般较短，尽管传达较为及时，但政策趋同现象严重，并未结合自身发展基础和资源禀赋等实际情况制定差异化的实施政策，导致政策实施质量不高。此外，有的地区还存在将高端食品制造业、电梯制造等产业划归战略性新兴产业以增加其比重，或者不结合本地资源禀赋，盲目按照国家层面的规划和目录选择战略性新兴产业，造成产业同构现象严重，导致一些政策实施效果不佳。

5. 管理水平有待提升

面对国内战略性新兴产业领域新技术、新模式、新业态等的高速更新与变化，政府监管手段和制度变化较慢，导致现有的监管手段和制度并不能适应战略性新兴产业的快速发展。一是尚未建立有效的统计监测体系。建立科学合理的战略性新兴产业统计监测指标体系，有利于对产业发展现状和问题进行准确把握，进而可为国家战略性新兴产业相关管理部门的宏观决策和调控提供科学依据，而现有统计体系针对战略性新兴产业的统计指标和数据不够完善。二是管理方式尚不能适应新经济发展的需要。战略性新兴产业新技术、新模式、新业态快速涌现，对政府的管理提出了严峻挑战。三是国家对产业预警和风险管控的管理缺失。受中央和地方政策连续刺激，国有、民营大中小企业盲目进入，导致一些产业投资和产能过剩，不利于战略性新兴产业的供给侧创新和可持续发展。政府监管部门有必要定期发布产能信息，合理引导战略性新兴产业的规划和布局，加强风险管控，以推进战略性新兴产业的高质量发展。

第4章　战略性新兴产业供给侧创新效率评价及改进分析

在推进战略性新兴产业供给侧创新过程中，关键是供给侧创新要素资源的整合，核心目标是创新效率的提升。因此，如何对战略性新兴产业供给侧创新效率进行科学评价，近年来我国战略性新兴产业创新效率及变化趋势如何，哪些因素影响我国战略性新兴产业供给侧创新效率的提高，已成为推进我国战略性新兴产业供给侧创新所必需应对和亟待解决的问题。本章将构建战略性新兴产业供给侧创新效率评价指标体系，运用 DEA 方法对我国战略性新兴产业供给侧创新效率进行评价，并构建回归模型，对其供给侧创新效率进行投入产出改进分析。

4.1　战略性新兴产业供给侧创新效率评价的内涵

战略性新兴产业供给侧创新主要从供给端、生产端入手，通过供给端的创新实现要素资源优化配置，提高全要素生产率，以释放新需求，创造新供给。[①] 创新效率一般指创新行为的投入与产出的比值，创新投入和创新产出是制约创新效率的关键。战略性新兴产业供给侧创新效率是指战略性新兴产业供给侧（生产端）创新的投入和产出的比值，其创新投入主要体现为供给端创新资源的投入和已有创新成果的积累，创新产出则主要体现为新需求、新业绩和新的创新成果的取得。战略性新兴产业供给侧创新效率评价是指通过合理设定战略性新兴产业供给侧创新的投入指标和产出指标，运用一定方法对其创新

---

① 贾康，苏京春．"三驾马车"认知框架对接供给侧的结构性动力机制构建 [J]．全球化，2015（3）：63 – 70．

投入和创新产出的效率进行评价。对于战略性新兴产业而言，开展供给侧创新效率评价有助于对现有创新投入和创新产出进行合理评估，有助于帮助发现供给侧创新活动中所存在的问题，进而为供给侧创新指明方向和重点。同时，通过战略性新兴产业供给侧创新效率的投入产出改进分析，可对其创新投入冗余和产出不足进行改进，进而优化创新资源配置，提升供给侧创新的质量和效率，实现高质量发展。

4.2　战略性新兴产业供给侧创新效率评价指标的选择原则

如何科学合理的选择战略性新兴产业供给侧创新效率评价指标，对评价结果是否客观和准确具有重要影响。本书在评价战略性新兴产业供给侧创新效率过程中遵循以下原则。

一是全面性和科学性原则。在战略性新兴产业供给侧创新评价过程中，所选择的创新投入和创新产出指标既要全面准确地反映战略性新兴产业供给侧创新活动，又要反映其与供给侧创新效率之间的紧密联系，以便于发现影响供给侧创新的因素和问题，从而提供有针对性的对策和建议。

二是目标性和重要性原则。所选择的评价指标均围绕对战略性新兴产业供给侧创新效率评价这一目标展开，且所选择指标能为供给侧创新效率提升提供有效的决策信息。同时，在选择创新投入和创新产出指标时，优先选择相对重要的指标。

三是实时性和可操作性原则。所选择的评价指标均有时效性较强的动态数据，便于搜集、追踪、比较和分析。同时，评价方法和评价指标具有较强的可操作性，能够运用一定的科学方法对评价指标进行评估。

4.3　战略性新兴产业供给侧创新效率评价指标的选取

有关战略性新兴产业供给侧创新效率评价的研究成果较少，本书借鉴冯宗宪等①、罗小芳、李柏洲、② 乔威威等③、王红建等④、黄海霞、张治河、⑤ 刘晖等⑥、刘迎春⑦、王新等⑧等有关战略性新兴产业创新效率的研究成果，基于指标数据的可得性，选取以下评价指标考察战略性新兴产业供给侧创新效率，各个指标的具体定义、处理方法和变量出处见表4-1。

表4-1 评价指标的定义与说明

指标属性	指标名称	符号	指标说明	变量出处和处理方法
投入指标	政府补贴	Sub	当期政府补贴总额/期末资产总额	王红建（2015）
	全时研发人员人数	R&D_FTE	全时研发人员人数/企业总人数	冯宗宪等（2011）
	研发投入强度	R&D_IE	研发内部支出/当年企业主营业务收入	冯宗宪等（2011）
	当年已有专利数量	NIPO	当年已获得的发明、实用新型和外观设计数量之和	刘晖等（2015）
	当年申请专利数量	NIPA	当年申请的发明、实用新型和外观设计数量之和	黄海霞、张治河（2015）

---

① 冯宗宪，王青，侯晓辉. 政府投入、市场化程度与中国工业企业的技术创新效率 [J]. 数量经济技术经济研究，2011（4）：3-18.

② 罗小芳，李柏洲. 市场新产品需求对大型企业原始创新的拉动机制—基于国内市场与国外市场比较的实证研究 [J]. 科技进步与对策，2013（4）：73-76.

③ 乔威威，罗鄂湘，钱省三. 基于DEA的企业技术创新效率研究——以上海战略性新兴产业为例 [J]. 技术与创新管理，2014（6）：562-631.

④ 王红建，李青原，刘放. 政府补贴：救急还是救穷——来自亏损类公司样本的经验数据 [J]. 南开管理评论，2015（8）：42-53.

⑤ 黄海霞，张治河. 中国战略性新兴产业的技术创新效率——基于DEA-Malmquist指数模型 [J]. 技术经济，2015（1）：21-27.

⑥ 刘晖，乔晗，胡毅，刘秩芳. 我国战略性新兴产业技术创新效率研究 [J]. 系统工程理论与实践，2015（9）：2296-2303.

⑦ 刘迎春. 中国战略性新兴产业技术创新效率实证研究——基于DEA方法的分析 [J]. 宏观经济研究，2015（1）：43-48.

⑧ 王新，毛慧贞，李彦霖. 经理人权利、薪酬结构与企业业绩 [J]. 南开管理评论，2015（1）：130-140.

续表

指标属性	指标名称	符号	指标说明	变量出处和处理方法
产出指标	市场需求增长率	LnSales	销售收入的自然对数	罗小芳、李柏洲（2013）
	当年专利授予数量	NIPG	当年被授予的发明、实用新型和外观设计数量之和	乔威威等（2014）刘迎春（2015）
	会计业绩	ROE	加权平均净资产收益率，等于扣除非经营性损益后的净利润/加权平均净资产	王新等（2015）
	市场业绩	RET	每股收益率，考虑现金红利再投资的个股回报率	王新等（2015）

资料来源：根据相关资料整理。

需要特别指出的是，CSMAR 数据库中将专利划分为发明、实用新型和外观设计专利三种，但从已收集到的数据中可观察出实用新型和外观设计专利数量相对较少，故此处将三者数量求和，共同构成专利数量。

4.4　战略性新兴产业供给侧创新效率评价方法

对于创新效率评价，一般采用参数法和非参数法。[①] 参数法主要以随机前沿生产函数分析法（SFA）为代表，非参数法主要以数据包络分析法（DEA）为代表。与 SFA 方法相比，DEA 方法具有较多优点，在使用 DEA 方法时不用事先预估生产函数，也不用事先确定各投入和产出评价指标的权重，不受指标量纲性的影响和制约，因此，在创新效率评价中，DEA 方法使用较为广泛。DEA 方法主要包括 BCC 模型和超效率分析模型。由于战略性新兴产业供给侧创新具有长期性、复杂性和高创新性等特点，投入产出关系较为复杂，生产函数关系事先难以确定，适宜采用 DEA 方法评价创新效率，故本书选用 DEA 方法中的 BCC 模型和超效率分析模型对战略性新兴产业供给侧创新效率进行评价。

---

① 刘晖，乔晗，胡毅，刘秩芳. 我国战略性新兴产业技术创新效率研究［J］. 系统工程理论与实践，2015（9）：2296－2303.

4.4.1　BCC 模型

运用 DEA 方法能够对所有已知决策单元（DMU）投入产出的相对合理性和有效性做出判断，[①] 通常采用 BCC 模型，在此用 D_1 表示。

$$(D_1): \min[\theta - \varepsilon(\sum S_j^- + \sum S_k^+)]$$

$$\sum \lambda_i X_i + S_j^- = \theta X_0$$

$$\sum \lambda_i y_i - S_k^+ = Y_0$$

$$\sum \lambda_i = 1$$

$$\lambda_i \geqslant 0, \ i = 1, \ 2, \ \cdots, \ n$$

$$S^- \geqslant 0, \ S^+ \geqslant 0$$

在模型 D_1 中，当 $\theta^* = 1$，且 $S_j^- = 0$，$S_k^+ = 0$ 时，DEA 效率值等于 1，表示决策单元 DEA 有效，表明任何一种投入要素都不能减少；当 $\theta^* = 1$，而 $S_j^- \neq 0$，$S_k^+ \neq 0$ 时，决策单元为弱 DEA 有效；当 $\theta^* < 1$，且 $S_j^- \neq 0$，$S_k^+ \neq 0$ 时，决策单元为 DEA 无效。在 BCC 模型中可将创新总效率（total efficiency，TE）划分成纯技术效率（pure technical efficiency，PTE）和规模效率（scale efficiency，SE），且 TE = PTE × SE。[②]

4.4.2　超效率模型

BCC 模型在使用中存在一定限制，无法分析 DEA 有效决策单元的效率值高低以及总体决策单元的排名情况。为克服 BCC 模型的局限，安德森和彼得森（Anderson and Petersen，1993）提出了 DEA 超效率分析法。[③] 为更好地反映各产业创新效率的排名情况，本书拟在 BCC 模型分析基础上，采用 DEA 超效率分析模型对战略性新兴产业八大产业供给侧创新效率进行分析。DEA 超效率分析模型的基本原理可用图 4 - 1 表示。

---

①② 杨祎. 服装类上市企业营销绩效实证研究［D］. 郑州航空工业管理学院，2017.

③ Anderson P, Petersen N C. A procedure for ranking efficient unit in data envelopment analysis［J］. Management Science，1993，39（10）：1261 - 1264.

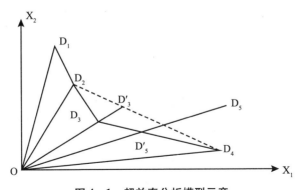

图 4 – 1　超效率分析模型示意

资料来源：Anderson P，Petersen N C. A procedure for ranking efficient unit in data envelopment analysis [J]. Management Science，1993，39（10）：1261 – 1264.

图 4 – 1 中，X_1 与 X_2 代表投入要素，决策单元 D_1、D_2、D_3、D_4 表示已达到 DEA 有效的四个不同的要素组合，其综合效率值均等于 1。而对于 DEA 无效决策单元 D_5，其综合效率值 $\theta_5 = |OD_5'| / |OD_5|$ 是小于 1 的。超效率模型意义在于：在现有技术水平保持一定条件下，有效决策单元 D_1、D_2、D_3、D_4 的投入要素等比例扩大 θ_i 倍时，其 DEA 仍然有效。[①] 超效率分析模型在此用 D_2 表示：

$$(D_2)：\min\left[\theta - \varepsilon\left(\sum S_j^- + \sum S_k^+\right)\right]$$

$$\sum \lambda_i X_i + S_j^- \leqslant \theta X_0$$

$$\sum \lambda_i y_i - S_k^+ = Y_0$$

$$\sum \lambda_i = 1$$

$$\lambda_i \geqslant 0，i = 1，2，\cdots，n$$

$$S^- \geqslant 0，S^+ \geqslant 0$$

D_2 和 D_1 式的差异在于，当评价某个特定的决策单元时，会将其与其他决策单元的线性组合进行比较。当 $\theta_i \geqslant 1$ 时，决策单元 i_0 是 DEA 有效的；当 $\theta_i < 1$ 时，决策单元 i_0 是 DEA 无效的。

4.5　战略性新兴产业供给侧创新效率评价结果

4.5.1　样本选择与数据来源

据国家信息中心统计，2011～2015年，A股战略性新兴产业新增公司比重占同期A股新上市公司总数的45.5%，营收超过2.6万亿元，总市值达到16.8万亿元，战略性新兴产业已成为上市公司的主导力量和我国经济发展的重要支撑，因此，以战略性新兴产业上市公司作为研究样本具有较强的代表性。根据国家最新战略性新兴产业概念股划分方式以及《战略性新兴产业分类(2018)》中所明确规定的战略性新兴产业九大分类，考虑到战略性新兴产业中相关服务业上市公司样本较少，本书以新一代信息技术、节能环保等八大产业为重点，筛选出2013～2017年我国沪深A股上市的战略性新兴产业公司作为初始研究样本。对初始样本相关数据缺失及ST股票予以剔除，最终得到有效样本296个，其中八大战略性新兴产业公司数量见表4-2，样本初始数据来源于CSMAR和WIND数据库，并抽取了部分样本数据与上市公司年报进行比对，对错误数据进行了修正。

表4-2　　　　　　样本选择和战略性新兴产业细分产业分布情况

产业类别	样本数量（个）	占比（%）
节能环保产业	88	29.73
新能源产业	76	25.68
新一代信息技术产业	33	11.15
数字创意产业	23	7.77
新材料产业	23	7.77
高端装备制造产业	22	7.43
生物产业	20	6.76
新能源汽车产业	11	3.72
合计	296	100.00

资料来源：根据相关资料整理。

4.5.2 描述性统计分析

表4-3为主要变量的描述性统计。其中政府补贴均值为0.0231，说明平均而言当期政府补贴约占企业期末总资产的2.31%，同时也意味着政府补贴平均可以提升企业资产报酬率（ROA）2.31个百分点。全时研发人员人数（R&D_FTE）和研发内部支出（R&D_IE）变量的标准差分别为13.0055和6.0941，表明战略性新兴产业上市公司在研发人员与研发费用的投入方面不稳定。当年已有专利数量（NIPO）、当年申请专利数量（NIPA）、当年专利授予数量（NIPG）变量的标准差较大，表明战略性新兴产业上市公司在专利方面差异较大。市场需求增长率（LnSales）、会计业绩（ROE）、市场业绩（RET）的标准差则相对不高，意味着这几项变量处于相对稳定状态。

表4-3　　　　　　　　　　变量的描述性统计

变量名	观察值	平均值	标准差	最小值	最大值
Sub	1480	0.0231	0.0660	0.0000	1.8495
R&D_FTE	1480	14.4344	13.0055	0.0000	84.7900
R&D_IE	1480	5.1629	6.0941	0.0000	137.4500
NIPO	1480	294.9885	1350.7180	0.0000	21040
NIPA	1480	77.5095	328.7125	0.0000	6528
LnSales	1480	9.4404	0.5751	7.3602	11.9385
NIPG	1480	55.6561	212.6887	0.0000	3967
ROE	1480	0.1512	1.7387	0.0003	66.5353
RET	1480	0.4950	0.6103	0.0007	5.8446

资料来源：STATA统计输出。

4.5.3 BCC模型评价结果

基于上述2013~2017年我国沪深A股296家战略性新兴产业上市公司数据，运用DEA-Solver Pro5.0软件在BCC模型下对我国战略性新兴产业供给侧创新效率进行分析，可以直观地发现战略性新兴产业供给侧创新效率的整体变化趋势和各细分产业供给侧创新效率的详细情况，如表4-4所示。

表 4－4   2013～2017 年战略性新兴产业供给侧创新效率及变化趋势

年份	创新总效率（TE）	纯技术效率（PTE）	规模效率（SE）	DEA 有效企业个数占比（%）	规模效率递增企业个数占比（%）	规模效率递减企业个数占比（%）
2013	0.604	0.626	0.965	14	35	51
2014	0.632	0.656	0.961	34	16	50
2015	0.680	0.712	0.956	38	13	49
2016	0.532	0.587	0.924	31	7	62
2017	0.511	0.565	0.915	28	7	65
均值	0.592	0.629	0.944	29	16	55

资料来源：DEA－SOLVER Pro 统计输出。

1. 战略性新兴产业供给侧创新效率及变化趋势分析

从供给侧创新总效率来看，2013～2017 年，我国战略性新兴产业供给侧创新效率整体水平不高，供给侧创新总效率平均值仅为 0.592。供给侧总效率五年数值均小于 1，表明我国战略性新兴产业供给侧创新效率未达到 DEA 有效。从发展变化趋势来看，创新总效率先由 2013 年的 0.604 增至 2015 年的 0.680，再降至 2016 年的 0.532 和 2017 年的 0.511，说明我国战略性新兴产业供给侧创新总效率呈现先缓慢增加后降低的倒 U 形趋势。从达到 DEA 有效的企业来看，2013～2017 年，我国 A 股上市的绝大多数战略性新兴产业企业未达到 DEA 有效，在 1480 个决策单元中，达到 DEA 有效的决策单元仅有 267 个，其中 2013 年 56 个，2014 年 66 个，2015 年 70 个，2016 年 34 个，2017 年 41 个，也呈现出先增加后降低的倒 U 形趋势，且每年达到 DEA 有效的企业占每年企业总数量的比例均不足 1/4，这也是导致我国战略性新兴产业供给侧创新总效率偏低的重要原因。

从纯技术效率来看，2013～2017 年，我国战略性新兴产业纯技术效率五年平均值为 0.629，高于创新总效率的均值 0.592，但仍未达到 DEA 有效。从五年变化趋势来看，由 2013 年的 0.626 增长至 2015 年的 0.712 后，出现缓慢下降趋势，降至 2016 年的 0.587 和 2017 年的 0.565，纯技术效率呈现出先增加后降低的倒 U 形趋势，同时，从表 4－4 可以看出，我国战略性新兴产业供给侧创新总效率较低主要是因为其纯技术效率水平较低。纯技术效率是指在既定投入资源条件下提供相应产出的能力，说明现阶段我国战略性新兴产业供给侧创新的投入产出水平较低，亟须提高投入产出效率，以提高供给侧创新总效率。

从规模效率来看，2013～2017 年，我国战略性新兴产业规模效率五年平均值为 0.944，仍然小于 1，没有达到 DEA 有效，但规模效率水平要远高于创新总效率和纯技术效率，比二者更接近于 DEA 有效。从变化趋势来看，由 2013 年的 0.965 下降至 2017 年的 0.915，呈缓慢下降趋势，但整体来讲，波动幅度不大。从规模效率区间来看，五年来规模效率递增的企业个数占比呈下降趋势，规模效率递减的企业个数占比则表现出先降低后增加的 U 形趋势，规模效率递增的企业个数与规模效率递减的企业个数的比重由 2013 年的 1∶1.5 快速增长至 2017 年的 1∶9.3，这说明我国战略性新兴产业的产业集中度逐步提高，产业结构逐步优化改善，规模效率水平整体较高，在战略性新兴产业供给侧创新效率的提升上，应重点关注纯技术效率的改善和提升。

2. 战略性新兴产业分产业供给侧创新效率分析

战略性新兴产业八大细分产业供给侧创新效率发展变化趋势如图 4－2 所示。评价指标值采用 2013～2017 年每个产业的均值，运用 DEA－Solver Pro5.0 软件，可得出战略性新兴产业八大产业 2013～2017 年度产业纵向供给侧创新效率值，如表 4－5 所示。

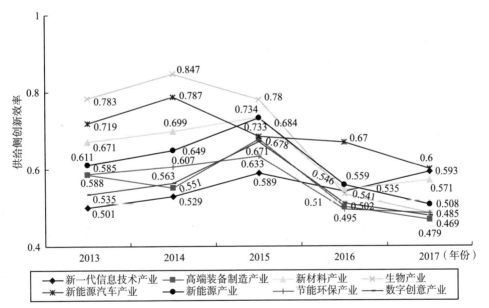

图 4－2 2013～2017 年战略性新兴产业八大产业供给侧创新效率变化趋势

资料来源：根据 DEA－SOLVER Pro 统计输出整理。

表 4-5　　战略性新兴产业八大产业 2013～2017 年供给侧创新效率情况

战略性新兴产业	年份	创新总效率（TE）	纯技术效率（PTE）	规模效率（SE）
新一代信息 技术产业	2013	0.501	0.530	0.958
	2014	0.529	0.558	0.941
	2015	0.589	0.626	0.943
	2016	0.541	0.614	0.898
	2017	0.593	0.620	0.953
高端装备 制造产业	2013	0.585	0.614	0.958
	2014	0.551	0.593	0.941
	2015	0.678	0.724	0.942
	2016	0.502	0.580	0.899
	2017	0.469	0.547	0.868
新材料产业	2013	0.671	0.698	0.964
	2014	0.699	0.711	0.974
	2015	0.734	0.770	0.958
	2016	0.546	0.617	0.899
	2017	0.571	0.658	0.876
生物产业	2013	0.783	0.801	0.970
	2014	0.847	0.883	0.959
	2015	0.780	0.819	0.948
	2016	0.535	0.642	0.871
	2017	0.485	0.610	0.824
新能源汽车产业	2013	0.719	0.772	0.936
	2014	0.787	0.842	0.932
	2015	0.684	0.818	0.859
	2016	0.670	0.751	0.893
	2017	0.600	0.729	0.861

续表

战略性新兴产业	年份	创新总效率（TE）	纯技术效率（PTE）	规模效率（SE）
新能源产业	2013	0.611	0.626	0.974
	2014	0.649	0.669	0.967
	2015	0.733	0.750	0.976
	2016	0.559	0.601	0.934
	2017	0.508	0.549	0.925
节能环保产业	2013	0.588	0.603	0.973
	2014	0.607	0.625	0.970
	2015	0.633	0.659	0.962
	2016	0.495	0.531	0.953
	2017	0.485	0.521	0.947
数字创意产业	2013	0.535	0.567	0.938
	2014	0.563	0.592	0.951
	2015	0.671	0.702	0.950
	2016	0.510	0.571	0.927
	2017	0.479	0.521	0.907

资料来源：DEA – SOLVER Pro 统计输出。

从图 4 - 2 和表 4 - 5 可以看出，2013 ~ 2017 年，战略性新兴产业八大主要细分产业的规模效率均超过 0.82，保持较高水平，集中度较高，变化幅度较小，变化趋势不明显，对各产业供给侧创新总效率的影响水平较为稳定。生物、数字创意、新能源汽车、节能环保产业、新能源五个产业的供给侧创新总效率和纯技术效率均呈现先增加后降低的倒 U 形趋势，新一代信息技术产业、新材料产业的供给侧创新总效率和纯技术效率均呈现先上升后下降再上升的波动趋势，高端装备制造产业供给侧创新总效率和纯技术效率则呈现先下降后上升再下降的波动趋势。从以上八大产业的供给侧创新总效率发展趋势可知，八大产业的供给侧创新总效率与纯技术效率基本具有同步变化趋势，纯技术效率是影响供给侧创新总效率的关键因素。

4.5.4　超效率模型评价结果

由于 BCC 模型分析无法探讨 DEA 有效决策单元的效率值高低以及总体决

策单元的排名情况，故本书运用 DEA – Solver Pro5.0 软件对各产业进行 DEA 超效率分析（进行超效率分析时，无效决策单元的生产前沿面并不发生变化，其综合效率值不变），求出 θ_i 值，可得出战略性新兴产业各八大产业供给侧创新效率排名情况，具体结果见表 4 – 6 和图 4 – 3。

表 4 –6　　　　　　　　　　　超效率分析结果

DMU	2013	2014	2015	2016	2017	平均值
数字创意产业	0.463	0.522	0.618	0.412	1.700	0.743
新材料产业	0.951	0.800	0.734	0.526	0.432	0.689
生物产业	0.770	0.954	0.843	0.433	0.352	0.670
新能源汽车产业	0.590	0.670	0.534	0.586	0.672	0.610
新能源产业	0.586	0.669	0.859	0.467	0.420	0.600
节能环保产业	0.502	0.550	0.528	0.388	0.354	0.464
高端装备制造产业	0.471	0.428	0.590	0.351	0.294	0.427
新一代信息技术产业	0.399	0.452	0.42	0.427	0.398	0.419

注：判别规则为当 $\theta_i \geqslant 1$ 时，DEA 有效；当 $\theta_i < 1$ 时，DEA 无效，θ_i 值越大，效率越高。
资料来源：DEA – SOLVER Pro 统计输出。

由表 4 –6 可知，战略性新兴产业八大细分产业供给侧创新效率排名在 2013～2017 年呈动态变化趋势。2013 年新材料产业、生物产业供给侧创新总效率较高，分列第一和第二名。2014 年生物产业供给侧创新总效率超过新材料产业，居第一名。2015 年，新能源产业、生物产业和新材料产业供给侧创新总效率较高，分列前三名。2016 年，新能源汽车产业和新材料产业供给侧创新总效率较高，居第一和第二名。2017 年，数字创意产业创新效率迅猛提升，供给侧创新总效率居第一名。

从 2013～2017 年平均值来看，战略性新兴产业八大产业的供给侧创新总效率整体水平并不高，五年供给侧创新总效率平均值最高为 0.743，均未达到 DEA 有效。具体来说，2013～2017 年，数字创意产业供给侧创新总效率平均值最高，达到 0.743，排名第一。新材料产业、生物产业、新能源汽车产业、新能源产业的供给侧创新总效率平均值较高，均超过 0.600，分列第二名至第五名。节能环保产业、高端装备制造产业供给侧创新总效率平均值处于中下游水平，分列第六名和第七名。新一代信息技术产业创新总效率平均值排最后一名，其供给侧创新总效率较低，仅有 0.419，处于较低水平。战略性新兴产业八大产业供给侧创新总效率排名如图 4 - 3 所示。

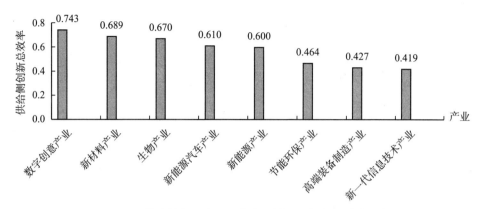

图 4 - 3　战略性新兴产业八大产业供给侧创新总效率排名

资料来源：DEA - SOLVER Pro 统计输出。

　　分产业来看，新一代信息技术产业的供给侧创新总效率在五年中均处于较低水平，均在 0.500 以下，均未达到 DEA 有效。高端装备制造产业的供给侧创新总效率在五年中则处于 0.500 左右，且呈现先上升后下降的倒 U 形趋势，变化趋势和生物产业变化趋势一致，但其整体水平低于生物产业。新能源产业、节能环保产业的供给侧创新总效率在五年中也呈现先上升后下降的倒 U 形趋势，且处于中下游水平。新材料产业的供给侧创新总效率在五年中基本均高于 0.500，但呈下降趋势，由 2013 年的 0.951 接近 DEA 有效一直下降到 2017 年的 0.432。新能源汽车产业的供给侧创新总效率在五年中均超过 0.500，在发展趋势上具有波动性，具体表现为先由 2013 的 0.590 上升为 2014 年的 0.670，又在 2015 年和 2016 年小幅下降，在 2017 年上升为 0.672，但并未达到 DEA 有效。数字创意产业的供给侧创新总效率在五年中的变化趋势和新能源汽车产业相同，呈现先上升后下降再上升的波动趋势，且 2017 年效率值为 1.700，达到 DEA 有效。

　　总的来说，2013～2017 年，战略性新兴产业八大产业供给侧创新总效率均值均小于 1，未达到 DEA 有效，说明战略性新兴产业在创新资源投入和产出方面存在较大问题，应对此进行投入产出改进分析，以有针对性地进行调整改进。

4.6   战略性新兴产业供给侧创新
效率的投入产出改进分析

根据上述分析，可得出各决策单元供给侧创新效率值的大小，但对于如何改进以使各决策单元达到 DEA 有效，还应对各决策单元的投入产出效率进行分析，找出其中投入冗余和产出不足的具体指标，据此予以有针对性的改进。下面将从 DEA 有效决策单元和 DEA 无效决策单元两个方面分别展开改进分析。

4.6.1   投入冗余率和产出不足率分析

对于 DEA 无效的决策单元，可以进行投入产出改进分析。为更好地体现那些未达到 DEA 有效的战略性新兴产业上市公司的供给侧创新资源的投入产出效率，以下将投入冗余指标和产出不足指标按照发生频率的高低进行分组排列，结果详见表4 - 7 和表4 - 8。

表4 - 7　　　　　战略性新兴产业供给侧创新的投入冗余率　　　　　单位：%

排名	指标名称	发生频率
1	全时研发人员人数（R&D_FTE）	88.76
2	政府补贴（Sub）	87.63
3	研发投入强度（R&D_IE）	49.60
4	当年已有专利数量（NIPO）	46.76
5	当年申请专利数量（NIPA）	44.70

资料来源：DEA - SOLVER Pro 统计输出。

由表4 - 7 可看出，全时研发人员人数（R&D_FTE）指标的冗余现象发生最为频繁，在未达到 DEA 有效的战略性新兴产业上市公司中，有88.76% 的上市公司该项指标出现冗余，表明绝大多数上市公司在激励研发人员提升供给侧创新效率方面存在缺失，可能是绩效考核制度不完善、激励和管理不到位等原因导致研发人员工作积极性不高。政府补贴（Sub）指标冗余率为87.63%，表明未达到 DEA 有效的上市公司对政府补贴资金的监督与控制力度较小，从而造成政府补贴资金浪费严重，导致冗余率偏高。研发投入强度（R&D_IE）冗余率为 49.60%，处于较高水平，表明大部分战略性新兴产业上市公司的研发资金使用效率不高，需加强研发资金使用的规划、监督和管理。作为体现战略性新兴产业上市公司知识存量的指标，当年已有专利数量（NIPO）冗余率为 46.76%，表明已有专利参与创新活动程度小，贡献效率较低，也体现出多数战略性新兴产业上市公司在知识管理方面存在缺失。当年申请专利数量（NIPA）指标冗余率为 44.70%，虽然当年申请专利数量对企业创新效率的影响通常具有一定滞后性，但也说明战略性新兴产业上市公司仍需不断提高技术创新成果转化率，降低在无效或低效专利上的资源投入。

表 4 - 8　　　　　战略性新兴产业供给侧创新的产出不足率　　　　单位：%

排名	指标名称	发生频率
1	会计业绩（ROE）	60.35
2	市场业绩（RET）	58.86
3	市场需求增长率（LnSales）	25.89
4	当年专利授予数量（NIPG）	6.27

资料来源：DEA - SOLVER Pro 统计输出。

由表 4 - 8 可看出，会计业绩（ROE）和市场业绩（RET）的产出不足频率均在 50% 以上，表明战略性新兴产业上市公司的创新投入对会计业绩和市场业绩的提升未发挥有效促进作用。市场需求增长率（LnSales）指标产出不足频率为 25.89%，当年专利授予数量（NIPG）指标产出不足频率为 6.27%，表明绝大多数未达到 DEA 有效的战略性新兴产业上市公司在当年的创新成果产出水平与相应的经济效益转化能力方面还存在一定的不足。

4.6.2　投入冗余和产出不足的回归分析

为进一步揭示投入冗余指标与产出不足指标间的互动关系及影响强度，本书以公司规模（Size）、行业特征（Industry）、年份（Year）作为控制变量，构建以下四个回归模型，其中公司规模由期末公司总资产的自然对数获得。

$$LnSales = \alpha_0 + \alpha_1 \times Sub + \alpha_2 \times R\&D\_FTE + \alpha_3 \times R\&D\_IE + \alpha_4 \times NIPO$$
$$+ \alpha_5 \times NIPA + \alpha_6 \times Control + \varepsilon \qquad (4-1)$$
$$NIPG = \beta_0 + \beta_1 \times Sub + \beta_2 \times R\&D\_FTE + \beta_3 \times R\&D\_IE + \beta_4 \times NIPO$$

$$+ \beta_5 \times NIPA + \beta_6 \times Control + \mu \tag{4-2}$$

$$ROE = \gamma_0 + \gamma_1 \times Sub + \gamma_2 \times R\&D\_FTE + \gamma_3 \times R\&D\_IE + \gamma_4 \times NIPO$$
$$+ \gamma_5 \times NIPA + \gamma_6 \times Control + \zeta \tag{4-3}$$

$$RET = \delta_0 + \delta_1 \times Sub + \delta_2 \times R\&D\_FTE + \delta_3 \times R\&D\_IE + \delta_4 \times NIPO$$
$$+ \delta_5 \times NIPA + \delta_6 \times Control + \upsilon \tag{4-4}$$

1. 相关性分析

考虑到变量之间相关性可能导致共线性问题，对主要变量之间的相关性进行了分析，具体结果见表4-9。

表4-9　　　　　　　　　　　　　相关性分析结果

变量	LnSales	NIPG	ROE	RET	Sub	R&D_FTE	R&D_IE	NIPO	NIPA
LnSales	1.0000								
NIPG	0.3739***	1.0000							
ROE	0.0192	0.0004	1.0000						
RET	0.4273***	0.3103***	0.1681***	1.0000					
Sub	0.0222	0.0559**	−0.0034	−0.0285	1.0000				
R&D_FTE	−0.1935***	0.0122	−0.0098	−0.0774***	0.0700***	1.0000			
R&D_IE	−0.2379***	0.0264	0.0286	−0.0584**	0.0471*	0.3033***	1.0000		
NIPO	0.3523***	0.7591***	−0.0026	0.1961***	0.0124	0.0367	0.0528*	1.0000	
NIPA	0.3502***	0.9149***	0.0012	0.3053***	0.0458*	0.0395	0.0251	0.7072***	1.0000

注：*表示$p<0.1$，**表示$p<0.05$，***表示$p<0.01$。
资料来源：STATA 统计输出。

从表4-9可以看出，当年已有专利数量（NIPO）、当年申请专利数量（NIPA）均与市场需求增长率（LnSales）、当年专利授予数量（NIPG）、市场业绩（RET）在1%或5%水平上显著正相关，说明提高当年已有专利数量（NIPO）和当年申请专利数量（NIPA）均有利于市场需求增长率（LnSales）、当年专利授予数量（NIPG）、市场业绩（RET）的提升。全时研发人员人数（R&D_FTE）、研发投入强度（R&D_IE）则均与市场需求增长率（LnSales）、市场业绩（RET）显著负相关，即全时研发人员人数（R&D_FTE）、研发内部支出（R&D_IE）水平的提升并未对市场需求增长率（LnSales）、市场业绩（RET）产生显著促进作用，反而起到显著抑制作用。政府补贴（Sub）与当年专利授予数量（NIPG）在5%水平上显著正相关，但政府补贴（Sub）与会计业绩（ROE）、市场业绩（RET）负相关，且不显著。政府补贴（Sub）、全时研发人员人数（R&D_FTE）、当年已有专利数量（NIPO）均与会计业绩（ROE）负相关，研发投入强度（R&D_IE）、当年申请专利数量（NIPA）则均与会计业绩（ROE）正相关，但均不显著。总的来看，各变量相关系数绝对值均介于 0 到 1 之间，不存在多重共线性问题。

2. 回归分析

运用 Stata15.0 软件，对上述模型，运用最小二乘法进行回归分析，为避免极端值对回归分析结果的影响，对主要连续变量在 1% 水平上进行了 Winsorize 双边缩尾处理。同时，为避免不同指标量纲差异等导致系数差异较大，对数据进行了标准化处理。另外，通过方差膨胀因子分析后发现两个模型各变量之间的 VIF 值均小于 10，因此，可初步判断由这些解释变量所构成的回归模型可以避免多重共线性对参数估计的干扰。回归分析结果见表 4 - 10。

表 4 - 10　　　　　　　　　　　　　回归分析结果

指标	模型 1 LnSales	模型 2 NIPG	模型 3 ROE	模型 4 RET
Sub	0.0515 ***	- 0.0103	0.0837 ***	- 0.0182
	4.5000	- 1.0500	3.1800	- 0.7400
R&D_FTE	0.0392 ***	0.0360 ***	0.0099	0.0317
	3.0400	3.2500	0.3300	1.1400
R&D_IE	- 0.1286 ***	- 0.0207 *	- 0.0270	- 0.0366
	- 9.9700	- 1.8700	- 0.9100	- 1.3100
NIPO	0.0150	0.2160 ***	- 0.0201	- 0.0060
	0.9500	15.9000	- 0.5500	- 0.1700
NIPA	0.0021	0.7563 ***	- 0.0270	- 0.0298
	0.1400	55.9500	- 0.7400	- 0.8700
Size	0.8696 ***	- 0.0078	0.1882 ***	0.3787 ***
	71.7800	- 0.7500	6.7600	14.4700
_cons	0.1195 ***	- 0.0873 **	0.1554 *	0.2302 ***
	2.9800	- 2.5400	1.6900	2.6600

续表

指标	模型 1	模型 2	模型 3	模型 4
	LnSales	NIPG	ROE	RET
Industry/Year	控制	控制	控制	控制
R^2	0.8219	0.8689	0.0578	0.1682
$Adj - R^2$	0.8198	0.8674	0.0468	0.1585
P	0.0000	0.0000	0.0000	0.0000

注：＊表示 $p < 0.1$，＊＊表示 $p < 0.05$，＊＊＊表示 $p < 0.01$；系数下方数值为 t 值。
资料来源：STATA 统计输出。

在四个模型中，政府补贴（Sub）与市场需求增长率（LnSales）、会计业绩（ROE）均显著正相关，说明政府对战略性新兴产业上市公司的补贴有助于其市场需求增长率（LnSales）和会计业绩（ROE）的提升，起到了一定的"帮助之手"作用。政府补贴（Sub）与当年专利授予数量（NIPG）、市场业绩（RET）均负相关，但并不显著，说明政府补贴（Sub）的增加并没有促进其当年专利授予数量（NIPG）、市场业绩（RET）的提升。全时研发人员人数（R&D_FTE）与市场需求增长率（LnSales）、当年专利授予数量（NIPG）均显著正相关，虽与会计业绩（ROE）、市场业绩（RET）均正相关，但均不显著，说明提升全时研发人员人数（R&D_FTE）对战略性新兴产业上市公司市场需求增长率（LnSales）、当年专利授予数量（NIPG）均具有显著促进作用，但对其会计业绩（ROE）、市场业绩（RET）的促进作用不显著。研发投入强度（R&D_IE）与市场需求增长率（LnSales）、当年专利授予数量（NIPG）显著负相关，与会计业绩（ROE）、市场业绩（RET）均负相关，但均不显著，说明研发投入强度（R&D_IE）的增加明显不利于其市场需求增长率（Ln-Sales）、当年专利授予数量（NIPG）的提升，且研发投入强度（R&D_IE）的增加会抑制其会计业绩（ROE）、市场业绩（RET）的提升，尽管这种抑制作用并不显著。

当年已有专利数量（NIPO）与当年申请专利数量（NIPA）和四个被解释变量的关系基本一致，具体来看，二者均与当年专利授予数量（NIPG）显著正相关，与市场需求增长率（LnSales）正相关但不显著，与会计业绩（ROE）和市场业绩（RET）均呈负相关关系，但均不显著，说明提升当年已有专利数量（NIPO）、当年申请专利数量（NIPA）能显著促进当年专利授予数量（NIPG）的增加，但二者对市场需求增长率（LnSales）的促进作用并不显著；

且二者对会计业绩（ROE）和市场业绩（RET）均表现出一定的抑制作用。企业规模（Size）与市场需求增长率（LnSales）、会计业绩（ROE）、市场业绩（RET）均显著正相关，说明扩大企业规模（Size）有利于战略性新兴产业上市公司市场需求增长率（LnSales）、会计业绩（ROE）、市场业绩（RET）的提升；企业规模（Size）与当年专利授予数量（NIPG）负相关，但并不显著，即扩大企业规模（Size）并不利于战略性新兴产业上市公司的当年专利授予数量（NIPG）的提升，尽管这种作用并不显著。

3. 稳健性检验

为了保证研究结论的可靠性，本书做了以下稳健性检验。借鉴郭泽光等的做法，用当期营业总收入的自然对数（Lngr）替代市场需求增长率（LnSales）指标，用总资产收益率（ROA）替代市场业绩（RET）指标。[①] 借鉴李小平等的做法，用人均研发投入对数（LnR&D）替代研发投入强度（R&D_IE）。[②] 仍然采用最小二乘法，所得回归结果见表 4 - 11。除变量系数略有差异外，其整体结果与上述研究结论基本一致，说明上述研究结论具有较强的稳健性。

表 4 - 11　　　　　　　　　　　稳健性分析

指标	模型 1	模型 2	模型 3	模型 4
	Lngr	NIPG	ROA	RET
Sub	0. 0430 ***	- 0. 0118	- 0. 0581 **	- 0. 0202
	3. 7400	- 1. 2100	- 2. 1900	- 0. 8200
R&D_FTE	- 0. 0334 ***	0. 0274 ***	0. 0963 ***	0. 0074
	- 2. 7500	2. 6500	3. 4500	0. 2800
LnR&D	- 0. 0791 ***	- 0. 0002	0. 0243	0. 0381
	6. 8600	- 0. 0200	0. 9200	1. 5400
NIPO	0. 0224	0. 2173 ***	- 0. 0091	- 0. 0040
	1. 4100	16. 0000	- 0. 2500	- 0. 1200
NIPA	- 0. 0040	0. 7555 ***	- 0. 0008	- 0. 0317
	- 0. 2500	55. 8500	- 0. 0200	- 0. 9300

① 郭泽光，敖小波，吴秋生. 内部治理、内部控制与债务契约治理 [J]. 南开管理评论，2015（1）：45 - 51.

② 李小平，周记顺，王树柏. 中国制造业出口复杂度的提升和制造业增长 [J]. 世界经济，2015（2）：31 - 57.

续表

指标	模型 1	模型 2	模型 3	模型 4
	Lngr	NIPG	ROA	RET
Size	0. 8750 ***	− 0. 0063	0. 0734 ***	0. 3785 ***
	71. 7200	− 0. 6100	2. 6100	14. 4700
_cons	0. 1052 ***	− 0. 0881 **	0. 3031 ***	0. 2255 ***
	2. 6100	− 2. 5600	3. 2600	2. 6100
Industry/Year	控制	控制	控制	控制
R^2	0. 8192	0. 8686	0. 0380	0. 1685
$Adj - R^2$	0. 8171	0. 8671	0. 0268	0. 1589
P	0. 0000	0. 0000	0. 0000	0. 0000

注：* 表示 $p < 0.1$，** 表示 $p < 0.05$，*** 表示 $p < 0.01$；系数下方数值为 t 值。
资料来源：STATA 统计输出。

4.7　对提升战略性新兴产业供给侧创新效率的启示

综合以上分析，可得出如下结论。

一是我国战略性新兴产业供给侧创新总效率、纯技术效率整体水平较低，均呈倒"U"型变化趋势。供给侧创新总效率低下主要源于纯技术效率低下，国家应重点关注纯技术效率和创新总效率的提升和改善。规模效率整体水平较高，但整体表现出缓慢下降趋势，表明我国战略性新兴产业的产业集中度较高，整体产业结构、创新效率正处于优化升级阶段。

二是战略性新兴产业八大产业规模效率较高，变化趋势不明显。生物产业、新能源汽车产业、新能源产业、节能环保产业、数字创意产业五个产业的供给侧创新总效率和纯技术效率均呈倒"U"型结构，新一代信息技术产业、新材料产业的供给侧创新总效率和纯技术效率均呈现先上升后下降再上升的波动趋势，高端装备制造产业供给侧创新总效率和纯技术效率则呈现先下降后上升再下降的波动趋势。战略性新兴产业供给侧创新总效率的提高受纯技术效率发展水平的制约，二者具有同步发展趋势。

三是战略性新兴产业八大产业供给侧创新总效率具有较大差异性。战略性新兴产业供给侧创新效率的超效率分析排名结果显示，2013～2017 年，数字创意产业供给侧创新总效率平均值最高，达到 0.743，排名第一。新材料产业、生物产业、新能源汽车产业、新能源产业的供给侧创新总效率平均值较高，均超过 0.600，分列第二名至第五名。节能环保产业、高端装备制造产业供给侧创新总效率平均值处于中下游水平，分列第六名和第七名。而新一代信息技术产业供给侧创新总效率平均值排最后一名，仅有 0.419，处于较低水平。

四是全时研发人员人数（R&D_FTE）、研发投入强度（R&D_IE）、政府补贴（Sub）、当年已有专利数量（NIPO）、当年申请专利数量（NIPA）投入冗余率较高，是导致战略性新兴产业供给侧创新效率不高的主要因素。上述结果表明绝大多数战略性新兴产业上市公司在激励研发人员提升创新效率、管理和使用企业内部研发资金与政府补贴、提高申请成效和已有专利质量等方面存在缺失。会计业绩（ROE）和市场业绩（RET）的产出不足频率较高，均在 50% 以上，表明绝大多数未达到 DEA 有效的战略性新兴产业上市公司在当年的创新成果产出水平与相应的经济效益转化能力方面均存在一定的不足。

五是政府补贴与市场需求增长率、会计业绩均显著正相关，说明政府对战略性新兴产业上市公司的补贴有助于其市场需求增长率和会计业绩的提升，起到了一定的"帮助之手"作用。全时研发人员人数与市场需求增长率、当年专利授予数量均显著正相关，虽与会计业绩、市场业绩均正相关，但均不显著。研发投入强度与市场需求增长率、当年专利授予数量显著负相关，与会计业绩、市场业绩均负相关，但均不显著。当年已有专利数量与当年申请专利数量均与当年专利授予数量显著正相关，均与市场需求增长率正相关但不显著、均与会计业绩和市场业绩呈负相关关系，但也均不显著。企业规模与市场需求增长率、会计业绩、市场业绩均显著正相关，与当年专利授予数量负相关，但并不显著。

根据上述结论，要推动我国战略性新兴产业供给侧创新效率的提升，需重点关注以下三方面。

一是重点关注纯技术效率的提升。我国战略性新兴产业供给侧创新总效率与纯技术效率具有同步变化趋势，创新总效率低下主要源于纯技术效率低下的影响，国家应重点关注纯技术效率的改善和提升，进一步优化资源配置，提升创新能力和创新效率，推动产业结构的优化升级。

二是实施分业支持政策。我国战略性新兴产业八大产业供给侧创新总效率差距较大，发展趋势不一，应加快推进分业支持政策，加快推进各产业创新效率的提升。对于创新总效率领先的数字创意产业，应加快创新发展步伐，将其发展成具有国际竞争力的产业。对于创新总效率较高的新材料、生物、新能源汽车、新能源等产业，应持续加大研发创新支持力度，在关键技术领域构建竞争优势，提升其国际化竞争能力。对于节能环保产业、高端装备制造产业，要加大培育和扶持力度，全面提升产业水平，促进其规模化发展和创新效率的提升。对于新一代信息技术产业，要力争在薄弱环节实现系统性突破，提升融合创新能力，拓展网络经济发展新空间。

三是强化供给侧创新管理。对于战略性新兴产业的供给侧创新，要坚持市场主导和政府引导相结合的方式，以供给创新为导向，优化创新资配置，强化企业自主创新的主体地位，鼓励企业加大研发和人才投入，并重点提升企业研发资源和人才使用效率。强化政府补贴政策的创新管理，持续提高资源配置效率，同时不断提升已有专利和申请专利的质量和经济效益，全面促进投入产出效率的提升，大力推进大众创业、万众创新，营造有利于创新创业的社会环境，激发战略性新兴产业企业创新的活力，进而推动供给侧创新效率的提升。

第5章 战略性新兴产业供给侧创新动力系统及其运行机制

供给侧创新的推进、运行和实施涉及多个主体，受多种因素的作用和影响，在多种动力模式的推动和相互传导作用下，形成了战性新兴产业供给侧创新的动力系统及其运行机制。

5.1 战略性新兴产业供给侧创新动力模式

动力模式是指由推动战略性新兴产业供给侧创新的各种动力所形成的模式。由于战略性新兴产业供给侧创新动力的多样性，其动力模式也表现出多样性。战略性新兴产业供给侧创新动力模式的典型模式主要有五种。

5.1.1 技术创新推动模式

技术创新推动模式是指主要依靠技术创新推动战略性新兴产业供给侧创新的模式。在此种模式中，由大学、科研院所和企业等机构产生的重大技术和发明在推动战略性新兴产业供给侧创新过程中起决定作用。该模式认为，战略性新兴产业的产生和发展往往是建立在重大前沿科技突破基础上的，战略性新兴产业供给侧创新的主要动力来源于重大的新兴技术和新发明，并且这些新兴技术和新发明通过与传统产业、新兴产业的有机融合，可以间接地满足市场上的潜在需求，一定程度上可以说是通过激发市场上的潜在需求而创造新的需求。

技术创新推动模式主要起源于由重大科技创新、科技突破所产生的新兴技术和新发明。战略性新兴产业供给侧创新并不是去满足现有的需求，而主要是由新兴技术、新发明等创造出来新的需求。通过供给侧创新，这些新兴技术和新发明可以引导、创造和产生大量的社会新需求。如以"互联网＋"为代表的移动互联网、云计算、大数据、物联网等与现代制造业、商业的高度融合，改变着人们原有的生产和生活方式，满足着人们和社会发展的潜在需求。技术创新推动模式过程模型见图5-1。

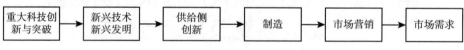

图5-1　技术创新推动模式过程模型

资料来源：根据相关资料绘制。

在该种模式下，推动战略性新兴产业供给侧创新的动力往往是重大的科技创新与突破，研发周期长，资金投入高，创新难度大，新兴技术和新发明的产生往往是长期积累的结果，高水平的科学家和研发人员在供给侧创新中扮演重要角色。该模式在战略性新兴产业的形成期、成熟期和衰退期（新生期）都具有重要影响，尤其在战略性新兴产业的形成期具有关键作用。同时，该种模式所产生的新兴技术和新发明在推动战略性新兴产业形成的同时，一般也会对传统产业、其他相关产业产生较大的带动效应。

5.1.2　市场需求拉动模式

市场需求拉动模式是指主要通过市场需求拉动战略性新兴产业供给侧创新的模式。不少学者认为，技术创新受社会需求的制约①，市场需求是推动技术创新的主要动力。在此种模式下，需求产生供给，供给促进需求，需求与供给在市场的调控下自动实现均衡。由社会、用户等所产生的市场需求在推动战略性新兴产业供给侧创新过程中起关键作用，战略性新兴产业供给侧创新应紧密围绕市场需求展开，通过了解、解决和满足社会和用户的需求，提升供给侧创新的成功率。

在市场需求拉动模式下，社会、用户等新需求的出现，促使企业进行研究和开发，从而推动供给侧创新，通过制造和营销去解决和满足社会和用户的需求。如华为首款5G折叠屏手机就是通过准确识别用户对手机折叠屏、大屏幕的需求，通过研究开发和创新，成功研究折叠屏技术，以更好地满足市场需

① Im S, Workman Jr. J P. Market Orientation, creativity, and new product performance in high-technology firms [J]. Journal of Marketing, 2004, 68 (2): 114-132; Schmookler J. Invention and economic growth [M]. Cambridge: Harvard University Press, 1996: 1-20.

求。市场需求拉动模式过程模型见图5-2。

图5-2 市场需求拉动模式过程模型

资料来源：根据相关资料绘制。

在该种模式下，推动战略性新兴产业供给侧创新的主要是社会与用户的需求，研发周期相对较短，资金投入相对低，创新难度不是很大，创新成效一般比较明显。供给侧创新成果除了符合技术发展规律外，还要主动适应产业和经济发展规律，企业经营者对市场需求的准确识别在供给侧创新过程中至关重要。在市场拉动模式下，创新资源配置效率较高，有利于推动相关产业的融合创新和互动发展，对于处于成长期、成熟期的战略性新兴产业具有较强推动作用。但是该种模式有可能延缓产业成长速度，不利于从根本上调整产业结构、推进产业的变革。

5.1.3 技术创新与市场需求交互作用模式

实际上，单纯的技术创新推动模式或市场需求拉动模式，对于战略性新兴产业供给侧创新来讲，都只在一定范围和条件下适用。不少学者认为技术创新过程是复杂的、非线性的，不能仅仅确定一种推动因素。[1] 在大多数情况下，技术创新是技术创新推动与市场需求拉动的交互作用和有机结合。此种模式中，重大的新技术、新发明和社会新需求通过交互作用和影响共同推动供给侧创新。战略性新兴产业供给侧创新一方面需要新兴技术上的突破，另一方面还需与新的市场需求进行有效结合。例如，新能源汽车产业的发展一方面得益于新能源汽车整车电控、动力电池系统、电机驱动与传动系统等新兴技术的突破，另一方面也得益于环境保护严格、能源衰竭等引致的大量社会需求，二者共同推动了新能源汽车产业的供给侧创新和发展。技术创新与市场需求交互作用模式过程模型见图5-3。

---

① Mowery D C, Rosenberg N. The influence of market demand upon innovation: a critical review of some recent empirical studies [J]. Research Policy, 1979, 8 (2): 102-153.

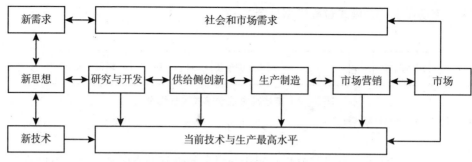

图 5-3　技术创新与市场需求交互作用模式过程模型

资料来源：根据相关资料绘制。

在该种模式下，新技术与新需求交互作用，共同推动战略性新兴产业的供给侧创新。技术供给影响需求，市场需求作用于技术供给，创新既要符合技术发展规律，同时也要符合产业和市场发展规律，研发周期相对较短，创新相对容易，企业家和技术拥有者在创新中扮演重要角色。该模式在战略性新兴产业的成长期和成熟期具有重要影响，可快速地推动战略性新兴产业的成长和发展。但是，该种模式要求企业对技术和市场要有较强的掌控和协同能力。

5.1.4　政府推动模式

政府推动模式是政府部门采取一定的政府政策支持战略性新兴产业供给侧创新，以推动企业进入战略性新兴产业，进而形成先发优势。特别是在战略性新兴产业发展初期，创新失败率高，投入高，收益低，企业面临高风险较高，不愿意进入。政府政策干预和引导有利于企业进入战略性新兴产业，进而促进新兴产业的快速发展。在此种模式中，由政府主导的财政、税收、金融、土地、政府采购等多方面的政策支持发挥着关键影响。在政府政策支持和推动下，企业进入战略性新兴产业的创新收益会增加，企业会改变策略选择，倾向于加大对战略性新兴产业的创新投入，进而推动战略性新兴产业的供给侧创新和发展。例如，我国各级政府大力推动新能源产业，大力支持和推广光伏、风电产业，使我国短时间内成为光伏和风电生产大国。政府推动模式过程模型见图 5-4。

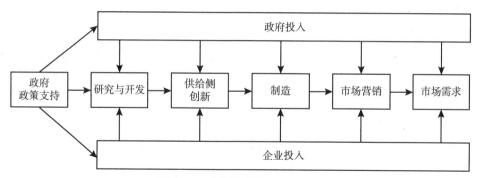

图 5-4　政府推动模式过程模型

资料来源：根据相关资料绘制。

在该种模式下，推动战略性新兴产业供给侧创新的动力主要是大量的政府支持政策。该模式对于处于初创期或形成期的战略性新兴产业具有加速推动作用，有利于产业加快形成规模，实现后发超越。在此种模式下，政府需要投入大量的资源，还要注重与关联产业的协同和发展，才有可能取得较好的效果。这种模式是目前政府推动战略性新兴产业供给侧创新常用的动力模式之一，但是该模式对市场干预过多，如支持和引导不当，易产生资源浪费严重、配置效率低等问题，还有可能造成供过于求，造成供给侧创新的无效供给等局面。像我国的光伏、风电等领域由于政府干预过多，均出现了过剩现象。

5.1.5　企业利益驱动模式

企业利益驱动模式是指企业为实现利润最大化而自愿推动战略性新兴产业供给侧创新的一种模式。企业在利益的驱动下，会主动增加研发和创新投入，研发和生产新产品，实施工艺和流程创新，实施供给侧创新，进而在质量、成本和效益等方面超越竞争对手，以获取更强的竞争优势。例如，在我国人工智能领域，腾讯、阿里巴巴、百度等为代表的互联网企业都大力增加人才和研发投入，以构筑在人工智能领域的竞争优势。其中，百度每年研发投入高达 100 亿元人民币，绝大部分投入到人工智能的研发上。在此种模式下，企业是推动战略性新兴产业供给侧创新的主要力量。特别当企业认为某些战略性新兴产业领域对企业自身发展十分重要，可以带来更高的利益和更强的竞争优势时，企业就会选择率先进入该战略性新兴产业。利益驱动模式过程模型见图 5-5 所示。

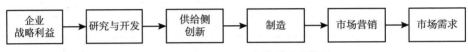

图 5 - 5   企业利益驱动模式过程模型

资料来源：根据相关资料绘制。

在该种模式下，企业在其中发挥着关键作用，企业对战略利益的选择和判断是推动战略性新兴产业供给侧创新的动力。对于不同的产业和创新项目，企业需要投入的研发创新资金规模差异较大，此外，研发的周期长短、创新的难易程度也存在显著的差异。该模式对于处于成长期、成熟期的战略性新兴产业具有加速推动作用，也有利于提升企业的供给侧创新能力和技术水平，有利于加速产业的发展。但是在该模式下，一方面中小企业可能会由于创新资金不足而退出；另一方面也会由于大企业的创新资源过于集中而出现产业垄断，进而影响整个产业的发展。对于企业利益不强而社会利益较强的战略性新兴产业，则难以吸引企业进入。对于战略性新兴产业的供给侧创新，完全由企业利益驱动模式推动有可能会造成社会利益的损害。

5.1.6　动力模式比较分析

根据上述分析，可进一步对以上五种模式进行比较，见表 5 - 1。

表 5 - 1　　　　　　战略性新兴产业供给侧创新动力模式比较

名称\类别	技术创新推动模式	市场需求拉动模式	技术创新与市场需求交互作用模式	政府推动模式	企业利益驱动模式
创新动力	新兴技术新发明	市场需求	技术创新与市场需求合成	政府政策	企业战略利益
技术供给关系	技术创新推动供给侧创新	需求促进供给侧创新	技术创新与市场需求综合促进供给侧创新	政府政策促进供给侧创新	企业利益驱动供给侧创新
创新资金投入	大	较低	适中	较低	具有差异性
创新周期	长	较短	短	短	具有差异性
创新难度	难	较难	较易	易	具有差异性
创新规律	技术发展规律	经济发展规律	技术发展规律与经济发展规律合一	政府干预	市场经济

续表

名称　　类别	技术创新推动模式	市场需求拉动模式	技术创新与市场需求交互作用模式	政府推动模式	企业利益驱动模式
创新主体	科学家或科研人员	企业经营者	企业家、技术拥有者	政府	企业
成果应用	难	易	易	易	易
创新效果	技术体系变化	易于商品化	技术需求相互促进	加速创新	驱动创新
适用范围	形成期、成熟期、衰退期（新生期）	成长期成熟期	成长期成熟期	初创期形成期	成长期成熟期

资料来源：根据相关资料整理。

5.2　战略性新兴产业供给侧创新动力模式选择

战略性新兴产业供给侧创新动力模式受多种因素和条件的制约和影响，在不同的条件下，其动力模式选择具有较大的差异。

5.2.1　基于产业发展差异的动力模式选择

战略性新兴产业供给侧创新动力模式的选择受产业发展实力的作用和影响。当一国某一新兴产业具有较强的产业发展实力时，其更倾向于选择市场需求拉动模式和企业利益驱动模式。反之，则更易选择技术创新推动模式和政府推动模式。我国确定了节能环保、新能源等产业为战略性新兴产业。但因各产业所具备的技术基础、研发能力、生产规模和市场优势的不同，各产业在发展实力上存在较大差异。因此，对于战略性新兴产业各细分产业，我国需根据其发展实力的不同，选择与其相适应的供给侧创新动力模式，本书重点对以下战略性新兴产业八大产业的动力模式进行分析。

（1）生物产业。作为最具市场潜力和增长最快的产业，我国生物产业具有较好的产业基础和研发创新能力。我国已在功能基因组、蛋白质工程、植物反应器、生物芯片、干细胞等领域取得重大突破，近年来专利保持快速增长，在某些领域已达到国际先进水平，供给侧创新能力较强。我国生物产业市场广阔，增长较快，但生产与市场潜力有待进一步挖掘和开发。美国、日本、澳大利亚三国在生物产业研发创新方面处于全球领导地位，我国与上述三国存在一定的技术差距，可选取技术创新推动模式，进一步加大在基础研究、应用基础研究等原始性创新方面的投入，加大对生物产业前沿领域和关键技术的研发，增强原始创新能力，以缩小与先进国家的差距。同时，可通过政府推动模式和企业利益驱动模式，大力推进生物产业的产业化和规模化发展，持续增强企业自主创新能力，打造具有国际竞争力的产业创新体系，培育具有世界先进水平的生物企业。

（2）新能源产业。近些年，我国新能源产业发展较快，已成为世界光伏生产第一大国，生产制造和出口贸易能力较强，但新能源产业关键和核心技术缺失，供给侧创新能力相对较弱，国内市场容量较小，90%以上的产量依靠出口，使技术和市场均受制于国外。我国大部分光伏企业的产品集中在硅片、电池片和电池组件上，加之相关组装和生产，而有关高纯度晶体硅提纯技术、新型光伏材料、光伏材料加工设备等研发和生产技术则掌握在德国、日本、美国等国家手中，我国则处于技术模仿和追赶阶段。由于核心技术和上游的原材料和产品均掌握在国外手中，市场也主要在国外，在相当长一段时期，我国新能源产业的比较竞争优势仍体现在加工生产环节。因此，现阶段，应以技术创新推动模式和市场需求拉动模式为主，广泛开展国际科技交流和合作，通过整合产业链，加大研发投入，提升供给侧能力，逐步突破国外对新能源产业技术和市场的封锁。同时，鉴于部分新能源产业已经供给过剩，国家在采用政府推动模式时，应注意合理配置资源，提升政府管理效率。

（3）节能环保产业。近年来，国家对节能减排重视程度日益提升，标准逐步提高。节能环保产业迎来大的发展机遇，市场需求将逐步扩大。但是我国节能环保产业整体发展仍较为落后，具有核心技术和国际竞争力、能够引领产业发展的创新型企业较少，供给侧创新能力整体较弱。关键设备和产品的技术水平与日本、美国、德国、韩国等技术先进国家技术差距较大，关键核心技术储备不足，导致国内市场上高端设备和产品较少，而低端设备和产品过剩。因此，对于节能环保产业，可采取技术创新推动模式提升供给侧创新能力，也可通过技术创新与市场需求交互作用模式，将技术和市场需求有效结合，推进产业的创新和发展。

（4）新材料产业。近年来，新材料产业发展迅猛，技术创新成果进入快速增长阶段。2006年以后，我国新材料产业创新比较活跃，专利申请量增长较快，呈现强劲的发展势头，供给侧创新能力较强。但日本、美国在新材料方面研发实力强，处于国际领先地位，我国虽然追赶势头较强，但整体上与日本、美国等发达国家差距较大，特别是在高性能、高附加值产品方面。此外，高校、科研院所申请专利数量虽然较多，但转化率一直较低。因此，对于新材料产业，一方面，可考虑采取技术创新推动模式，加大研发投入，积极开展产学研合作，提升供给侧创新能力。另一方面，也可考虑采取市场需求拉动模式和企业利益驱动模式，通过我国大量的市场需求，激发企业供给侧创新的动力。

（5）新能源汽车产业。近年来，在国家政策的推动下，我国新源汽车产业发展较快，在新能源领域的研发和创新活动较多，技术创新成果呈现快速增长趋势，截至 2015 年 12 月 31 日，我国新能源汽车领域专利申请总量累计达84091 件，占全球总申请量的 19%，排名全球第三，位居美国、日本之后，与美国、日本、德国等先进国家的技术水平相当，[①] 尤其是比亚迪汽车，在新能源汽车某些领域处于世界领先水平。同时，我国市场容量较大，汽车生产企业生产和制造能力较强，但由于市场价格过高，市场推广存在较大困难。因此，对于新能源汽车产业来说，一方面可采用技术创新推动模式，进一步提升原始创新能力，实现技术的突破和跨越，大幅降低生产和市场价格。另一方面可通过市场需求拉动模式和政府推动模式，研发出经济可行的产品，提升供给侧创新能力，做大做强产业规模和市场规模。

（6）高端装备制造产业。高端装备制造是国家综合竞争力的重要体现，也是外国对中国技术封锁的重点。近些年，我国装备制造业研发创新活动较为活跃，2008 年专利数量达到 30000 件以上。2014 年以来，公开专利总量已超过日本、美国同期专利数量，技术追赶速度明显加快，供给侧创新能力较强。总体来讲，美国、日本、德国在高端装备制造领域处于国际领先地位。我国装备制造业能力较强，产业规模较大，市场规模较大，但一些大型的高端装备如航空装备、航天装备、海洋装备、风电装备、核电装备大多要依赖从上述国家进口。如我国现有核电技术设备国产化率最高达到 85%，但是很多核心零部件及原材料都是从国外引进。高端装备制造业拥有自主知识产权和自主品牌的技术和产品还不多，在核心技术上依然受制于人。因此，对于高端装备制造产业，可采取技术创新推动模式，重点提升原始创新、集成创新能力，进而突破和掌握关键核心技术。

（7）新一代信息技术产业。该产业是我国重点发展和突破的产业，在战

---

① 中国汽车工程研究院股份有限公司等. 中国汽车产业知识产权发展报告（2016）［M］. 北京：社会科学文献出版社，2016：33 - 56.

略性新兴产业发展中具有特殊地位。近年来，我国新一代信息技术产业的研发和创新活动较为活跃，专利申请量稳步增加，已处于国际先进水平，与美国、日本等先进国家差距在不断缩小，供给侧创新能力较强。我国新一代信息技术产业生产制造优势明显，是全球最大的电子信息产业制造基地，市场需求广阔，在通信、智能终端制造、数字电视等方面实现了技术突破和跨越。华为、中兴等企业技术竞争优势明显，新一代信息技术产业国际竞争优势较为明显。因此，对于新一代信息技术产业的供给侧创新，应以技术创新推动模式为主，提升研发和创新能力，同时，可采取市场需求拉动模式和技术创新与市场需求交互模式，增强市场与技术的结合，提高市场占有率。

（8）数字创意产业。2016 年，国家正式将数字创意产业纳入战略性新兴产业，VR、网络文学、动漫、游戏、电竞、AI 等细分领域呈现迅猛增长态势，产业规模在 2020 年将超过 80000 亿元。近几年，国内腾讯、百度、阿里巴巴等企业看重数字创意产业的良好发展前景，重金布局投资 VR、AI、游戏、网络文学、在线教育等产业，并推动数字创意产业与传统互联网和移动互联网的融合创新，促进了数字创意产业的快速发展。各互联网企业巨头资金实力雄厚，研发、集成创新能力较强，相关技术储备较多，供给侧创新能力较强，竞争优势较为明显，可采取技术创新推动模式、企业利益驱动模式等推动技术的突破，实现产业的快速发展。

综合以上分析，可对以上八大战略性新兴产业供给侧创新的特点和动力模式选择进行归纳，见表 5 - 2。

表 5 - 2   基于产业发展差异的我国战略性新兴产业供给侧创新动力模式选择

战略性新兴产业	供给侧创新优势	生产优势	市场优势	综合实力	主要动力模式
生物产业	较强	中	较小	较强	技术创新推动模式 政府推动模式 企业利益驱动模式
新能源产业	较弱	较强	较弱	较弱	技术创新推动模式 市场需求拉动模式
节能环保产业	较弱	一般	较弱	较弱	技术创新推动模式 技术创新与市场需求交互作用模式
新材料产业	一般	一般	较弱	较弱	技术创新推动模式 市场需求拉动模式 企业利益驱动模式

续表

战略性新兴产业	供给侧创新优势	生产优势	市场优势	综合实力	主要动力模式
新能源汽车产业	强	较强	一般	较强	技术创新推动模式 市场需求拉动模式 政府推动模式
高端装备制造产业	较强	一般	一般	较强	技术创新推动模式
新一代信息技术产业	强	强	较强	较强	技术创新推动模式 市场需求拉动模式 技术创新与市场需求交互模式
数字创意产业	强	强	强	较强	技术创新推动模式 企业利益驱动模式

资料来源：根据相关资料整理。

5.2.2　基于产业生命周期的动力模式选择

产业生命周期理论认为，每个产业都有生命周期，会经历一个由成长到衰退的演变过程，产业生命周期一般包括形成期、成长期、成熟期和衰退期（新生期）四个阶段。由于产业发展的资源禀赋、技术水平和供给侧创新能力的差异，战略性新兴产业在每个发展阶段所采取的供给侧创新动力模式也呈现出较大的差异性，见图 5－6。

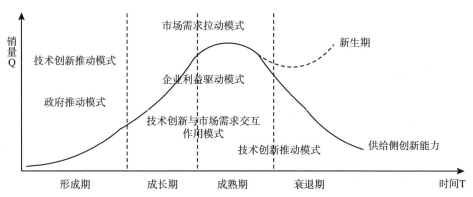

图 5－6　战略性新兴产业生命周期与供给侧创新动力模式选择

资料来源：根据相关资料绘制。

　　从图5-6可以看出，战略性新兴产业生命周期与供给侧创新动力模式密切相连。在形成期，主要是新产品创意和概念形成，研发、生产及新产品投入市场。在该阶段，产品技术有待完善和提升，消费者对新产品的认知度较低，面临着较高的技术、市场风险。在供给侧创新动力模式上，可选择技术创新推动模式和政府推动模式。在成长期，产品和技术逐步成熟，产品逐渐被用户认可和接受，用户需求呈现出多样性，更多的企业进入战略性新兴产业，此阶段可以根据产业发展的不同情况，采取市场需求拉动、技术创新与市场需求交互作用、企业利益驱动等模式。在成熟期，技术发展较为成熟，市场已发展成熟，企业的供给侧创新能力达到最高，市场开始出现衰减趋势，新的技术正在孕育。在该阶段，企业可结合内外部环境变化情况，当新技术正在孕育时，选用技术创新推动模式，加速技术的成熟。当市场产生新的潜在需求时，选用市场需求拉动模式，创新技术供给以满足市场上的新需求。同时，也可采用企业利益驱动、技术创新与市场需求交互作用等动力模式去推动产业的创新和发展。在衰退期，市场急剧下降，原有的技术可能随时被替代，新一轮的产品技术开始萌芽，产业进入新生变革期，在此阶段，主要可采取技术创新推动模式，通过技术创新创造供给，进入新一轮的产业成长期。

5.3　战略性新兴产业供给侧创新动力系统构建

5.3.1　动力系统的界定

　　战略性新兴产业供给侧创新动力系统是指以提升战略性新兴产业供给侧创新能力为目的，通过一定的机制和制度模式等关联方式，由影响战略性新兴产业供给侧创新动力模式的各因素组成的相互联系、相互作用的系统。按动力模式的不同，战略性新兴产业供给侧创新系统可分为技术创新推动力系统、市场需求拉动力系统、技术创新与市场需求交互作用力系统、政府推动力系统和利益驱动力系统等子系统。每个子系统会通过传导作用于动力系统，进而会形成更为复杂的网络结构和系统。构建战略性新兴产业供给侧创新系统的关键是使其系统的结构和功能目标满足战略性新兴产业供给侧创新发展的要求。

5.3.2　动力系统的功能及特征

1. 动力系统的功能

动力系统的功能主要体现在以下三方面。

一是有利于形成战略性新兴产业供给侧创新合力。在战略性新兴产业供给侧创新过程中，供给侧创新会受到技术创新、市场需求、政府政策、企业战略利益等多种力量的作用和影响。构建战略性新兴产业供给侧创新动力系统，有助于整合各种力量和资源，形成创新合力，进而推动供给侧创新。

二是有利于提升战略性新兴产业供给侧创新能力和效率。我国不少区域的新兴产业供给侧创新能力低下，创新效率较低，创新质量不高。主要在于没有协调好各种动力的关系，没有形成方向一致的合力，甚至有些动力会对战略性新兴产业的供给侧创新和发展形成反作用，不利于产业结构的调整和供给侧创新能力的提升。通过构建战略性新兴产业供给侧创新动力系统，可以更好地协调不同的动力，使其朝同一方向发展，更精准地把握在不同时期各动力施加的速度和强度，进而有利于提升供给侧创新能力和效率。

三是有利于对战略性新兴产业供给侧创新要素资源和政策进行优化配置。在供给侧创新过程中，财税、金融、产业、技术创新、土地等供给侧创新要素资源由于缺乏统一的协调和规划，导致各类创新政策和要素资源并没有发挥深层次的推动作用，甚至有的要素资源和政策由于存在过度使用、粗放使用或不当使用等现象，会约束或阻碍供给侧创新。通过供给侧创新动力系统的构建，对各种供给侧创新要素和政策资源进行整合，优化资源配置，有利于提升供给侧创新效率，加速战略性新兴产业的发展。

2. 动力系统的特征

战略性新兴产业供给侧创新动力系统具有整体性、开放性、层次性、动态性等特征。

一是整体性。战略性新兴产业供给侧创新动力系统包括不同的子系统，各个子系统经过作用形成更为复杂的动态系统，具有整体性特征。构建供给侧创新动力系统也有利于从整体上把握各个子系统，有利于系统的协调和统一。

二是开放性。各个动力主体和各个动力因素经过相互作用、相互影响最终形成供给侧创新动力系统。而各个动力主体和各个动力因素本身又会受到各种外部因素的影响，不断地与外界进行着物质、能量与信息的交换，具有开放性特征。同时，供给侧创新系统通过劳动力、技术和资金等供给侧创新要素的流动和交换，也可从合作伙伴、竞争对手处获得互补性的资源和资产，有利于其供给侧创新能力的进一步提升。

三是层次性。战略性新兴产业供给侧创新动力系统由各个相互联系、相互作用的子系统组成的，而构成各个子系统的要素本身又可以细分为更低一级的系统，具有层次性特征。各个系统和要素所处的层次不同，系统的属性、结构和功能也会不同。

四是动态性。战略性新兴产业供给侧创新动力系统受政府政策、经济、技术、市场等内外部环境因素的影响，动力系统必须进行及时的调整。同时，动力系统内各个动力子系统和影响因素也处在持续变化之中，系统具有动态性特征。

5.3.3　动力系统的构建

如上所述，动力系统由技术创新推动力系统、市场需求拉动力系统、技术创新与市场需求交互作用力系统、政府推动力系统和企业利益驱动力系统五个子系统构成。技术创新推动力系统是由对技术创新推动力具有重要影响的因素构成的系统，主要影响因素包括新兴技术和新兴产品、现有产品和技术的升级、新兴技术与传统产业的融合。市场需求拉动力系统是由对市场需求拉动力有重要影响的因素构成的系统，主要影响因素包括新需求的产生、旧需求的更替和需求规模的增加。技术创新与市场需求交互作用力系统是由上述对技术创新推动力和市场需求拉动力共同作用的影响因素构成的系统，主要影响因素包括上述影响因素的总和。政府推动力系统是由对政府推动力具有重要影响的因素构成的系统，主要影响因素包括新兴产业战略、新兴产业政策、现有产业战略和产业政策的调整。企业利益驱动系统是由对企业利益驱动力具有重要影响的因素构成的系统，主要包括企业的战略目标和定位、企业家精神和市场需求等影响因素。上述五个子系统既相互影响又相互作用，共同形成了供给侧创新动力系统，同时，该动力系统会受到国内外宏观环境、产业环境和企业内部环境因素的影响。战略性新兴产业供给侧创新动力系统结构模型如图 5-7 所示。

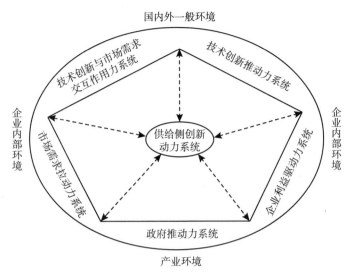

图 5 - 7　战略性新兴产业供给侧创新动力系统"五力"结构模型

资料来源：根据相关资料绘制。

5.4　战略性新兴产业供给侧创新动力系统的运行机制设计

5.4.1　运行机制的分类及运行机理

根据前文，可将战略性新兴产业供给侧创新的动力模式划分为技术创新推动力、市场需求拉动力、技术创新与市场需求交互作用力、政府推动力和企业利益驱动力五种推动战略性新兴产业供给侧创新的力量。在战略性新兴产业供给侧创新的不同时期，这五种力量作用和影响各不相同，在对其运行机制进行设计时，应综合考虑以上五种力量。本书综合考虑分析以上五种力量，将战略性新兴产业供给侧创新动力系统的运行机制设计为以下五种：以技术创新与政府推动力为主导的供给侧创新启动机制，以市场需求拉动力为主导的供给侧创新放大机制，以技术创新与市场需求交互作用力为主导的供给侧创新增强机制，以企业利益驱动力为主导的供给侧创新扩展机制，多种动力相融合的供给侧创新综合作用机制。

战略性新兴产业供给侧创新系统的运行机理，就是让五种动力充分发挥作用，共同推动战略性新兴产业的供给侧创新。一般来讲，在战略性新兴产业的形成期，通过技术创新推动力和政府推动力的发挥，共同推动供给侧创新启动机制的运行。随着产业供给侧创新能力的提升，在战略性新兴产业的成长期，以市场需求拉动力为主导的供给侧创新放大机制开始运行。同时，技术创新和市场需求二者通过交互作用进一步放大和增强了供给侧创新能力。在形成期和成熟期，企业出于对战略利益的追逐，企业利益驱动力系统发挥作用，形成供给侧创新的扩展机制。在衰退期和新生期，从供给侧创新启动机制开始，进入新一轮机制运行。值得注意的是，上述各机制作用的发挥并不仅仅局限在某一生命周期，或者必须按上述生命周期的阶段顺序运行上述机制。因各战略性新兴产业在不同生命周期阶段资源禀赋的差异性，各阶段运行的机制具有较大差异性。同时，战略性新兴产业也会同时受到多种动力的综合作用，进而形成供给侧创新的综合作用机制。战略性新兴产业供给侧创新动力系统的运行机理如图 5-8 所示。

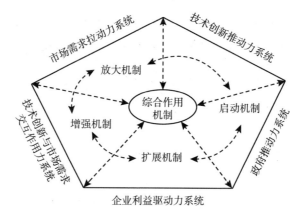

图 5-8　战略性新兴产业供给侧创新动力系统的运行机理

资料来源：根据相关资料绘制。

5.4.2　技术创新与政府推动力为主导的供给侧创新启动机制

1. 启动机制的内涵和功能

启动是指发动、开动的意思。启动机制则包括启动的目的、启动的功能和启动的模式等。技术创新与政府推动力为主导的供给侧创新启动机制是指充分利用技术创新推动力和政府推动力共同启动战略性新兴产业供给侧创新。其中技术创新和政府在其中扮演着重要角色，启动机制的主要功能体现在以下三个方面。

一是通过启动机制，启动供给侧创新。技术创新推动模式和政府推动模式是推动供给侧创新的主导力量。通过新兴技术、新发明和政府推动政策的供给，可以启动供给侧创新，使战略性新兴产业企业步入供给侧创新的轨道。

二是通过启动机制，推动供给侧创新进程。在新兴技术、新发明和政府政策的作用下，战略性新兴产业会主动将技术创新和政府政策等资源与已有的技术、资金、信息等创新资源进行整合，主动提升供给侧创新能力，进而推动供给侧创新进程。尤其是在战略性新兴产业形成期，政府的推动会加速供给侧创新进程。

三是通过启动机制，推动供给侧创新机制的运行。在启动机制的作用下，进一步推动放大机制、增强机制、扩展机制、综合作用机制等的运行和融合，进而进一步加速供给侧创新进程。

2. 启动机制的作用过程

以技术创新与政府推动力为主导的供给侧创新启动机制作用过程如图 5 - 9 所示。在新兴技术、新发明和政府支持政策的推动力作用下，企业整合现有的技术、资金、政策等创新资源，通过研究与开发，启动供给侧创新。

图 5 - 9　战略性新兴产业供给侧创新的启动机制

资料来源：根据相关资料绘制。

3. 启动机制的模式

以技术创新与政府推动力为主导的供给侧创新启动机制主要有以下四种模式。

一是"新兴技术 + 优势创新资源"模式。主要指企业在新兴技术和新发明的推动下，将企业现有的优势创新资源与新兴技术、新发明有机融合，进行研究开发，进而启动供给侧创新。

二是"新兴技术 + 新兴产业"模式。主要指企业借助或联合大学、科研院所取得重大或具有突破性的科技创新成果，将新兴技术、新发明进行产业转化，通过研究开发，启动供给侧创新，使新兴技术和新兴产业有机融合，形成战略性新兴产业。

三是"政府推动＋优势创新资源"模式。主要指政府机关结合当地的优势资源、产业和技术等创新资源优势，在某些特定的战略性新兴产业领域制定有竞争力的研发政策和措施，引导和吸引企业针对上述领域加大资金、研发人员的投入力度，驱动企业启动供给侧创新，进而培育和发展战略性新兴产业。

四是"政府推动＋引入创新资源"模式。主要指政府部门通过制定有竞争力的政府支持政策，引入新兴的先进技术并与本地资源、产业等优势有机结合，以培育战略性新兴产业，启动战略性新兴产业供给侧创新。但该模式一般难度较大，政府在其中发挥着关键主导作用。

5.4.3 市场需求拉动力为主导的供给侧创新放大机制

1. 放大机制的内涵和功能

市场需求拉动力为主导的供给侧创新放大机制是指充分利用市场需求对技术创新的拉动作用，通过其放大对供给侧创新的促进作用。在供给侧创新启动机制运行以后，放大机制就成为推动供给侧创新的主导力量。随着战略性新兴产业由形成期逐步步入成长期，国内外市场需求对供给侧创新的拉动作用越来越明显，在大量市场需求的拉动下，企业进一步加大研发投入，推动供给侧创新，创新的产出效应会被放大。放大机制在供给侧创新过程中的功能主要体现在以下方面。

一是通过放大机制，实现创新倍增效应。在战略性新兴产业供给侧创新活动中，市场需求对供给侧创新的拉动会促使企业加大研发资金和人员的投入，增加创新供给，创新供给的增加会加快企业推出新产品的速度，可以更好地满足市场需求。新产品市场的扩大、市场利润的增加会进一步推动企业的研发投入，提升供给侧创新能力，进而使企业的供给侧创新进入良性循环，实现创新的倍增效应。

二是通过放大机制，实现创新加速效应。在速度制胜的市场竞争中，企业为满足市场需求，会主动整合内外部创新资源，大幅增加研发投入，以增强供给侧创新能力，实现创新加速，快速推出适应市场需求的新产品。而新产品市场需求的增长又会进一步增强市场拉动力量，加速企业的供给侧创新，进而实现创新加速效应。

2. 放大机制的作用过程

以市场需求拉动力为主导的供给侧创新放大机制作用过程如图 5 - 10 所

示。在市场需求拉动力的作用下，企业整合现有创新资源，加大研发投入，实现创新的倍增效应和加速效应，而市场需求的扩大又会进一步增强市场拉动力，提升供给侧创新能力，进而放大创新的倍增效应和加速效应。

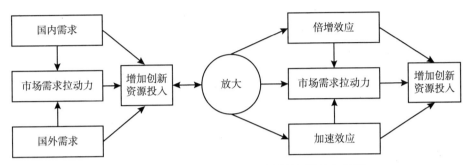

图 5 – 10　战略性新兴产业供给侧创新的放大机制

资料来源：作者自绘。

3. 放大机制的模式

以市场需求拉动力为主导的供给侧创新放大机制主要有以下两种模式。

一是叠加放大模式。在市场需求拉动力的作用下，产生各种关联需求，国内外用户的需求会引发企业和政府的投资需求，企业和政府的投资需求又会进一步引发关联企业的需求，在各种需求力量的叠加和作用下，会进一步增加市场需求的牵引力和推动力，进而产生叠加放大效应，推进供给侧创新的进程。

二是递增放大模式。在供给侧创新系统中，消费需求的拉动会导致创新资源投入的增加，进而会产生第一次放大效应。在放大效应的作用下，倍增效应和加速效应产生，进一步加大市场需求拉动力，促进创新资源投入的增加，进而产生二次放大效应。在战略性新兴产业形成发展过程中，按照上述路径，递增效应逐步放大，推进战略性新兴产业的供给侧创新。

5.4.4　技术创新与市场需求交互作用力为主导的供给侧创新增强机制

1. 增强机制的内涵和功能

技术创新与市场需求交互作用力为主导的供给侧创新增强机制是指综合利用技术创新的推动作用和市场需求的拉动作用推动战略性新兴产业的供给侧创

新。在供给侧创新启动机制和放大机制运行以后，战略性新兴产业进入成长期和成熟期，战略性新兴产业的供给侧创新往往会受到技术推动力和市场需求拉力的综合作用，共同加快推动供给侧创新的进程。增强机制的功能主要体现在以下两个方面。

一是通过增强机制，提升供给侧创新效率。在技术创新与市场需求交互作用模式下，战略性新兴产业的供给侧创新往往是技术创新与市场需求的交互作用和有机结合，取得的创新成果容易被市场认可和接纳。市场认可度较高，供给侧创新的投入和产出效率较高，有利于企业获得较高的经济利益，实现高质量发展。

二是通过增强机制，提升供给侧创新能力。在前述交互作用模式下，技术供给影响市场需求，市场需求作用于技术供给，企业对技术发展规律和市场发展规律的把控能力持续增强，有利于提升企业的供给侧创新能力，加速战略性新兴产业的成长和发展。

2. 增强机制的作用过程

以技术创新与市场需求交互作用力为主导的供给侧创新增强机制作用过程如图 5-11 所示。在技术创新推动力和市场需求拉动力的交互作用下，企业整合现有创新资源，加大研发投入，实现供给侧创新效率和能力的提升，进而加速战略性兴产业的成长和发展。

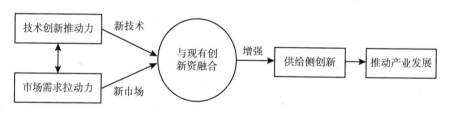

图 5-11 战略性新兴产业供给侧创新的增强机制

资料来源：根据相关资料绘制。

3. 增强机制的模式

以技术创新与市场需求交互作用力为主导的供给侧创新增强机制主要有以下两种模式。

一是持续增强模式。战略性新兴产业在供给侧创新过程中，可从技术创新（现有技术、新兴技术）和市场需求（现有需求、新兴需求）两个维度给予创新反馈。供给侧创新的过程，也是技术创新和市场需求持续刺激和反馈的过程。两种因素的综合作用和刺激，持续推动供给侧创新。

二是间接增强模式。在战略性新兴产业供给侧创新过程中，技术创新和市场需求在某些时间点或时间段对供给侧创新的作用并不是持续不断的，有时存在持续增强作用，有时则存在间断增强作用。间断增强模式只是在某些时间段或时间点对供给侧创新产生强刺激和强反馈作用，在某些时间段和时间点的增强作用则较小。

5.4.5　企业利益驱动力为主导的供给侧创新扩展机制

1. 扩展机制的内涵和功能

以企业利益驱动力为主导的供给侧创新扩展机制是指以企业利益驱动力为主导力量推动供给侧创新的运行模式。在该机制模式下，企业基于战略利益的考量，不断扩展供给侧创新的范围和空间，以获得市场竞争优势，进而推动供给侧创新进程。在产业成长和成熟期，启动机制和放大机制的作用随着战略性新兴产业的发展逐步衰减，企业将面临更多的发展机遇和利润空间，供给侧创新扩展机制将成为推动供给侧创新的主导力量。扩展机制在供给侧创新中的功能主要体现在两个方面。

一是通过扩展机制，实现全产业链创新能力的提升。在战略性新兴产业的成长期和成熟期，企业的供给侧创新能力持续增强，通过拓展供给侧创新的范围和空间，企业将实现全产业链创新能力的快速提升，进而形成独特的竞争优势。随着供给侧创新能力和竞争优势的增强，企业又可以在更大的范围和空间内拓展发展空间，形成扩散和辐射效应。

二是通过扩展机制，实现产业的快速增长。企业在战略利益的驱动下，会持续加大研发投入，提升供给侧创新能力，进而在市场竞争中取得竞争优势，甚至驱动市场规模的增长，带动战略性新兴产业在更大范围内取得发展，吸引技术、资金、人才等创新要素流向企业和产业，从而实现战略性新兴产业的快速增长。

2. 扩展机制的作用过程

以企业利益驱动力为主导的供给侧创新扩展机制作用过程如图 5 - 12 所示。在企业战略利益的驱动下，企业利用现有创新资源，加大研发投入，持续拓展创新的范围和空间，整合更多的创新资源，推动供给侧创新能力的提升，加速战略性新兴产业的发展。

图 5 - 12   战略性新兴产业供给侧创新的扩展机制

资料来源：根据相关资料绘制。

3. 扩展机制的模式

供给侧创新扩展机制主要有以下三种模式。

一是产业链创新扩展模式。企业在战略利益的驱动下，围绕产业链，不断扩展创新的范围和空间，通过产业链的延伸，围绕产业链创新的关键环节进行供给侧创新，并将供给侧创新嵌入到产业链的各个环节，使产业链和供给侧创新链协同发展，通过产业链创新，构筑产业竞争优势，以实现企业的战略利益。

二是合作创新扩展模式。主要指企业出于战略发展利益的考量，与企业、高校、科研院所等机构进行合作研发和创新，以整合资源，扩展提升供给侧创新能力的行为。在该种模式下，各合作方通常基于共同利益和共同目标，通过资源共享和优势互补，共同推动供给侧创新。各合作方共同参与，共同投入，共担风险，共享创新的成果。该种模式有利于发挥各合作方的优势，供给侧创新效率较高，有利于创新成果快速推向市场，是企业供给侧创新扩展机制中的一种重要模式。

三是集群式创新扩展模式。在战略性新兴产业发展的成熟期，随着核心企业供给侧创新能力的提升，核心企业与产业链上的同一产业或相关产业，以专业分工和协作为基础，以产业集群为载体，围绕产业链开展集群式创新。该模式有利于集群内的相关企业利用核心技术和能力，通过合作创新和技术扩散，带动集群内战略性新兴产业中的中小企业创新能力的提升和发展，同时，通过专业化和分工合作创新优势的发挥，有利于提升供给侧创新的速度和效率。

5.4.6   多种动力相融合的供给侧创新综合作用机制

1. 综合作用机制的内涵和功能

多种动力相融合的供给侧创新综合作用机制是指在上述多种动力的综合影响和作用下，共同形成整体合力，推动战略性新兴产业的供给侧创新。综合作用机制的核心是通过技术创新推动力、市场需求拉动力、政府推动力和企业利益驱动力等多种动力的融合，共同推进供给侧创新。实际上，在供给侧创新过程中，在创新的不同阶段，并不仅仅受一种创新动力的影响，而是在上述多种动力的交互和综合作用下，形成了多种动力相融合的创新动力系统。综合作用机制的主要功能体现在两个方面。

一是通过综合作用机制，加速供给侧创新的技术融合和供给。在多种动力的综合作用下，有关技术创新的各种技术、知识、信息、市场、政策等资源通过相互作用，加速融合和扩散，共同推进创新，有利于推动产生更适应市场需求的创新成果。

二是通过综合作用机制，扩展供给侧创新的范围和空间。在多种动力的推动和影响下，供给侧创新的扩散效应和带动效应进一步加大，供给侧创新将会打破企业和产业界限，在多个企业和相关产业间扩散，创新的带动作用进一步增强，创新的空间和范围得到大幅扩展。

2. 综合作用机制的作用过程

多种动力相融合的供给侧创新综合作用机制的发生过程如图 5 - 13 所示。在技术创新推动力、市场需求拉动力、政府推动力和企业利益驱动力的综合作用下，企业整合各种创新资源，推动技术、市场、政策支持、相关企业、产业等多方面的融合，共同推动供给侧创新能力的提升。

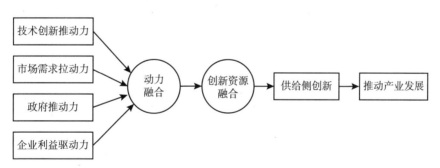

图 5 - 13　战略性新兴产业供给侧创新的综合作用机制

资料来源：根据相关资料绘制。

3. 综合作用机制的模式

多种动力相融合的供给侧创新综合作用机制主要有以下两种模式。

一是联动协调综合作用模式。主要指在战略性新兴产业供给侧创新中，通过建立联动协调机制，对技术创新、市场、企业利益、政府政策等各种动力和资源进行协调，以形成合力，共同推动战略性新兴产业的发展。在该种模式下，政府部门和行业主导机构发挥着较为关键的作用，通过其协调各种政策和资源，推动战略性新兴产业的供给侧创新。由于市场变化和各企业战略利益的不同，协调难度往往较大。

二是网络化综合作用模式。主要指在多种动力的综合作用下，战略性新兴产业创新要素在更大范围和空间内流动，供给侧创新要素可在全球范围内进行资源选择和配置。供给侧创新进入多主体、跨行业、跨区域、跨组织网络化协同创新发展阶段，有利于协同企业外部和内部资源协同推进供给侧创新，有利于企业国际化研发能力的提升。

第6章 战略性新兴产业供给侧
创新的实现机制

供给侧创新的动力系统和运行机制保证了战略性新兴产业供给侧创新的发展动力和有效运行，但要实现战略性新兴产业供给侧创新的成功，则需要实现机制提供有效保障。

6.1 战略性新兴产业供给侧创新的实现机制设计

战略性新兴产业供给侧创新的实现机制是指为提升供给侧创新成效，对各种创新资源和影响因素进行整合和机制设计，以使其相互配合、相互联系、相互作用，进而激发企业供给侧创新的活力和动力；使其保持创新机能，以提升供给侧创新的效率和质量。结合战略性新兴产业供给侧创新实际和企业访谈情况（访谈提纲见本书附录1），本书主要从动力机制、培育机制、能力机制、保障机制等方面着手，对战略性新兴产业供给侧创新的实现机制进行设计，如图6-1所示。

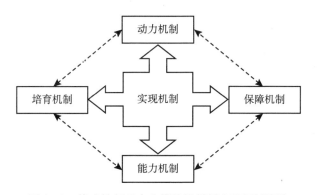

图6-1 战略性新兴产业供给侧创新实现机制设计

资料来源：根据相关资料绘制。

如图 6 - 1 所示，上述四种机制并不是孤立的，各种机制在发挥自身功能的同时，各种机制之间是相互影响、相互联系、相互协调、相互支撑和相互促进的。战略性新兴产业供给侧创新实现机制的实现需要上述四种机制的有效支撑和保障。动力机制有利于激发战略性新兴产业供给侧创新的活力和动力；培育机制可以为供给侧创新提供资源、要素等方面的支撑，提升供给侧创新能力，加速战略性新兴产业成长；能力机制决定着供给侧创新能力的强弱，是实现机制的核心；保障机制则能够增强供给侧创新动力，提升供给侧创新能力，为供给侧创新的基本运行提供保障。战略性新兴产业供给侧创新活动的实现是以上四种机制共同作用的结果。

6.2　战略性新兴产业供给侧创新的动力机制

6.2.1　动力机制的功能

动力机制是指由推动供给侧创新各种动力和因素的组成结构、因素之间的相互关系及其功能设定。技术创新推动力、市场需求拉动力、技术创新与政府需求交互作用力、政府推动力、企业利益驱动力等多种动力模式在其中发挥着关键作用。动力机制对于优化创新资源配置，激发和保持创新的活动和动力，发挥各动力和影响要素的联系和协同作用，推动供给侧创新具有重要作用，是战略性新兴产业供给侧创新的前提和保证。

6.2.2　动力机制因素分析

供给侧创新动力机制的影响因素主要包括技术创新推动、市场需求拉动、企业利益驱动和政府推动等方面。

1. 技术创新

重大的科技创新和技术突破对战略性新兴产业的供给侧创新具有重要推动作用，是推动战略性新兴产业产业结构升级、持续创新和发展的主要动力和内在原因。从科技和产业发展历史来看，重大的科技创新和技术突破往往会引致新兴产业的产生和成长。影响技术创新的主要因素包括科技创新能力、新兴技术和新发明等方面。

（1）科技创新能力。科技创新能力是指高校、科研院所、企业、自然人等创新主体在某一科学技术领域所具备的研发创新优势和综合实力。科技创新能力是决定战略性新兴产业技术创新能力和水平高低的关键因素，是推动其高质量发展的关键。[①] 要推动战略性新兴产业的供给侧创新，我国必须重视整体科技创新能力的提升，加快科技创新体制构建，进一步加大基础和应用基础研究支持力度，提升原始创新能力，增加核心技术供给能力。

（2）新兴技术和新发明。新兴技术、新发明是驱动战略性新兴产业发展的重要力量。新兴技术、新发明与产业的有效结合才能推动战略性新兴产业的创新和发展。当前，世界新一轮产业和科技革命正在孕育，要推动我国战略性新兴产业的供给侧创新，必须重视人工智能、云计算、大数据、基因科学、机器人、新材料等领域的新兴技术和新发明，提升供给侧创新能力，加速产业化发展，以在未来世界战略性新兴产业的竞争中取得优势。

2. 市场需求

市场需求对供给侧创新具有拉动作用。一是市场需求会拉动战略性新兴产业的供给侧创新。只要市场上有新需求，这些需求就会促进企业整合创新资源，加大研发和创新力度，通过新技术和新产品来满足新的需求。二是供给创新又会反作用于需求。在供给侧改革背景下，供给创新又会刺激潜在需求，创造新需求，进而拓展需求的空间和范围，使新供给和新需求协同发展。在供给侧创新背景下，市场需求可分为新产品需求和潜在产品需求。

（1）新产品需求。新产品需求可分为两类。一是指企业通过技术创新开发出市场上没有的新产品，以满足市场上的需求。新产品的开发往往要在准确识别用户需求的基础上，经历从 0 到 1 的艰难研发创新过程，开发出满足市场需求的产品。该类需求的存在，会拉动战略性新兴产业的供给侧创新。二是企业为获得市场竞争优势，主动开发出新产品以满足市场对新产品的需求，以在竞争中获得先发优势。

（2）潜在产品需求。潜在产品需求是指用户对某种产品存在消费欲望，但由于市场上难以提供理想的产品，因而未显示出来的消费需求。在此种背景下，战略性新兴产业就要针对这些潜在产品需求，通过供给侧创新，研发出适应用户需求的产品或服务，以将这些潜在需求转化为具体的现实需求。战略性新兴产业往往可以利用拥有的新兴技术和新发明，与已有产业和技术进行融合

[①]　秦竟芝，高建华. 广西战略性新兴产业科技创新能力建设探讨［J］. 广西教育学院学报，2016（1）：58 - 63.

创新，开发出适应这些潜在需求的产品，而潜在产品需求市场的扩大又会进一步增加企业的创新供给。

3. 企业利益

企业利益是企业推进供给侧创新的内生动力，对加速供给侧创新进程有着重要意义，其对供给侧创新的推动作用主要体现在三个方面。一是通过整合企业内外部创新资源，推动人才、技术、资金、信息、政策等创新资源的集聚和融合，进而通过资源优化配置，发挥创新资源的协同作用，推动供给侧创新。二是企业作为供给侧创新的主体，在供给侧创新中居于主体和核心地位。三是企业出于战略利益的驱动，会持续拓展供给侧创新的范围和空间，进而推动战略性新兴产业供给侧创新向更高水平和更高质量迈进。企业利益驱动力主要包括企业实力、企业战略和目标、企业家精神等因素。

（1）企业实力。企业实力主要指企业在研发、资金、生产、管理、营销等方面的综合能力。如果企业实力较强，资源较多，则其可以覆盖整个市场范围。如果企业实力有限，资源不足，则其往往适合实行集中化竞争战略。企业实力在一定程度上会决定企业在供给侧创新上的资源投入规模，对战略性新兴产业供给侧创新的实现水平形成制约。

（2）企业战略和目标。企业战略事关企业发展全局，企业在制定战略过程中，会通过对内外部环境的分析，结合外部发展机遇和威胁、自身优势和不足，选择与其自身实力相适应的经营领域和产品，以在市场竞争中获得竞争优势。企业的战略和目标决定了供给侧创新的范围、模式和路径，也决定了企业对供给侧创新投入的规模和重视程度。

（3）企业家精神。熊彼特首先提出企业家精神这一概念，并认为其最重要的特质就是"创造性破坏"。大部分研究者都认为企业家精神在创新中发挥着关键作用。[①] 企业家精神主要包括创新精神、冒险精神和合作精神，其中创新精神是企业家精神的灵魂。作为一个企业家，要通过对企业内部环境的分析，把握外部机会，利用内部优势，打破常规，提升创新能力，持续对技术、管理、商业模式等进行变革和创新，激发企业创新的活力和潜能。

4. 政府推动

政府部门通过制定产业发展战略和规划、出台产业政策、优化产业服务和管理，可以有效调动企业供给侧创新的积极性，对于激发和推动战略性新兴产业供给侧创新具有重要推动作用。政府通过产业政策组合，可以改变企业对供

---

① 吕爱权，林战平. 论企业家精神的内涵及其培育 [J]. 商业研究，2006 (7)：92 - 95.

给侧创新收益的预期，进而会对企业供给侧创新行为产生影响。政府推动因素的影响主要体现在以下三个方面。

（1）产业发展战略。产业发展战略是一个国家或区域对战略性新兴产业未来发展的长期性、全局性谋划，主要包括产业发展规划、产业选择、产业布局等内容，是一个国家或区域战略性新兴产业发展的指导性文件。我国出台了《国务院关于加快培育战略性新兴产业的决定》，在"十二五"和"十三五"期间，制定了相应的发展规划，发布了《战略性新兴产业重点产品和服务指导目录》，将5大领域8个产业、40个重点方向下的174个子方向作为重点发展领域和方向，为战略性新兴产业发展指明了方向，对于引导全社会资源投向，优化资源配置，推进供给侧创新具有积极意义。

（2）产业支持政策。主要指国家和地方政府支持政策，涵盖产业、创新、土地、税收、投融资等多个方面。如在新能源汽车领域，自2008年以来，国家及地方政府政府部门出台了《节能与新能源汽车产业发展规划》《关于加快新能源汽车推广应用的指导意见》《关于免征新能源汽车车辆购置税的公告》《关于调整完善新能源汽车推广应用财政补贴政策的通知》等两百多项政策，构建了较为全面的产业支持政策体系，从产业发展的宏观统筹、推广应用、行业管理、财税优惠、技术创新、基础设施等方面全面推动了我国新能源汽车产业的创新和发展。

（3）产业服务和管理。产业服务和管理主要指政府通过构建服务平台，制定管理政策，以加速战略性新兴产业的发展。如政府构建的商事服务信息、基础研究和创新、中介服台、创新创业服务等平台发挥了良好的支撑作用。而政府制订的有关战略性新兴产业的发展计划、重点领域和重点方向目录、产业的组织管理、产业监测和指导等管理服务则能较好地发挥政府对战略性新兴产业的引导作用，对于提升供给侧创新能力，推进战略性新兴产业的可持续发展具有积极意义。

6.2.3　动力机制模型

结合以上分析，可构建出战略性新兴产业供给侧创新的动力机制模型，见图6-2。

从图6-2可以看出，战略性新兴产业供给侧创新的实施与动力机制紧密相连，其受技术创新推动力、市场需求拉动力、企业利益驱动力和政府推动力等多种力量和因素的影响，通过上述多种力量和因素的综合作用和影响，共同推动战略性新兴产业供给侧创新的启动和实施。

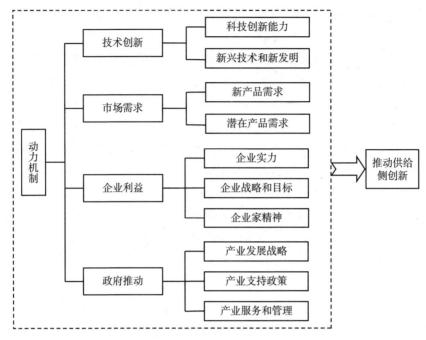

图 6 - 2　战略性新兴产业供给侧创新的动力机制模型

资料来源：根据相关资料绘制。

6.3　战略性新兴产业供给侧创新的培育机制

6.3.1　培育机制的功能

　　战略性新兴产业的培育和发展是一项复杂性、系统性工程，会受到多种内外部环境因素的制约和影响，且各因素之间通过相互影响、相互作用共同推动战略性新兴产业的创新和发展。战略性新兴产业的培育过程不仅是产业在质、量上的演进上升过程，同时也是供给侧创新能力增强和提升的过程。战略性新兴产业供给侧创新的培育机制是指为提升战略性新兴产业供给侧创新能力，各利益主体对人、财、物等创新资源做出的各类引导决策和激励制度安排。战略性新兴产业供给侧创新的培育机制对于促进创新资源集聚，培育和提升供给侧创新能力发挥着重要功能。

6.3.2 培育机制因素分析

战略性新兴产业供给侧创新的培育机制主要受以下因素影响。

1. 研发创新体制

战略性新兴产业供给侧研发创新活动具有资金投入多、复杂程度高、创新难度大、风险系数高等特点。政府通过引导政策构建有利于战略性新兴产业供给侧研发创新的体制就显得特别重要。研发创新体制主要受以下三方面因素的影响。

（1）创新主体。在战略性新兴产业供给侧创新中，政府要强化企业作为供给侧创新主体的地位和作用，通过政策设计，破除创新体制机制障碍，降低企业供给侧创新的成本和风险，使企业真正成为供给侧创新的投入、组织和实施主体。充分发挥高校、科研院所、新型研发组织等各类创新主体的作用，在政策设计上对大、中、小型企业、国有和民营企业平等对待，降低或取消不利于中小企业、民营企业进入的各种壁垒和限制，营造兼容并包的创新氛围，以充分调动各类创新主体的积极性，提升供给侧创新能力和水平。

（2）创新体系。构建创新体系是提升供给侧创新能力的重要手段。战略性新兴产业创新体系主要由企业、高校、科研院所、金融机构、科技中介、政府部门等机构组成，通过创新网络将分布在上述机构的知识和资源联系起来，协同推进战略性新兴产业的供给侧创新。创新体系主要包括以企业为主体的技术创新体系、以高校和科研院所为主体的知识创新体系、以政府为主体的制度创新体系和以金融、以科技中介机构为主体的创新服务体系。融合上述创新体系资源，构建政产学研金服一体化的创新生态体系，对于支撑供给侧创新发展，提升供给侧创新能力具有重要意义。

（3）创新激励政策。战略性新兴产业供给侧创新的高风险性和高投入性决定了在其形成期和成长期很大程度上要依靠政府的资助。政府部门通过设立战略性新兴产业创新发展基金，扶持技术公共研发平台建设，加大研发补贴力度，提供税收优惠和减免，支持产学研协同创新，推动关键技术和产品创新等措施，有助于激发企业创新的内生动力，有利于加速供给侧创新的进程。

2. 市场培育体制

战略性新兴产业在发展初期，由于技术和市场的不确定性，商业模式尚不成熟，市场尚处于于培育期，企业进入市场的成本较高。政府部门通过相关政策，刺激和扩大潜在市场需求，对战略性新兴产业的培育和供给侧创新就显得至关重要。市场培育体制主要受需求激励政策、公共需求拉动、政府采购等因素影响。

（1）需求激励政策。需求激励政策实质是通过价格补贴、税收优惠和贷款支持等政策，降低企业购买战略性新兴产业产品的成本，以刺激消费者购买战略性新兴产业产品。战略性新兴产业在发展初期，由于研发投入高，市场较小，产品价格较高，因此，通过一定措施降低消费者所承担的价格，有利于快速增加战略性新兴产业产品的市场需求。像我国的新能源、新能源汽车、节能环保等产业，国家通过上述方式，刺激需求，推动了上述产业的快速发展。同时，需求激励政策可以有效引导面向需求的战略性新兴产业供给侧创新活动，有利于引导企业集聚创新资源，实现供给侧创新能力的提升。

（2）公共需求拉动。政府通过规划和基础设施投资等手段可直接拉动对战略性新兴产业产品的巨大市场需求，并推动企业进行供给侧创新。如我国高铁的规划和建设、5G通信的规划和建设、海水淡化、智能电网、新能源发电、充电设备、政府支持建设的战略性新兴产业公共项目与示范项目等，都有力地带动了战略性新兴产业的创新和发展。

（3）政府采购。国外实践证明，政府采购是扶持和培育新兴产业的重要政策工具。政府要有针对性的培育新兴产业市场，鼓励和支持战略性新兴产业产品进入政府采购目录，对战略性新兴产业自主创新产品，在同等条件下实行优先采购。通过政府采购，不仅会降低企业的市场风险和创新风险，也有利于通过政府采购拉动市场需求，激励战略性新兴产业供给侧创新的积极性。

3. 人才配置体制

战略性新兴产业具有高技术性和复杂性特征，是典型的智力密集型产业。战略性新兴产业在培育和发展过程中，要保证高水平的专业技术人才、营销管理人才、高技能人才等的有效供给，必须从培育、引进、激励等环节入手，构建充满活力的人才配置体制，以吸引、留住和用好人才。人才配置体制主要受人才培育、人才引进和人才激励等因素的影响。

（1）人才培育。我国战略性新兴产业方面的专业技术人才、经营管理人才、高技能人才缺口均较大，难以适应战略性新兴产业迅猛发展的需要，更制约了供给侧创新能力的提升。国家主管部门应定期发布战略性新兴产业紧缺人才目录，适时调整人才政策，围绕战略性新兴产业重点领域和方向，构建重点紧缺人才开发和培养体系。推动高校新增战略性新兴产业相关专业，鼓励企业与高校、科研院所联合培养紧缺人才，以有效解决人才供给难题。

（2）人才引进。人才的引进和使用要有国际视野，要创新人才引进机制，面向海内外选拔和引进人才，要按照"不求所有，但求所用"的人才引进观念，在全球范围内配置人才资源。鼓励战略性新兴产业人才根据市场需求自由流动。鼓励高校、科研院所人才利用技术优势与战略性新兴产业企业开展兼职、技术咨询、短期服务等多种形式合作，以充分利用各种人才资源，推进供给侧创新。

（3）人才激励。人才激励机制对于充分发挥各类人才的才能、提升供给侧创新成效具有重要影响。企业和政府部门要创新人才激励机制，树立重能力、重业绩、重贡献的用人观念，鼓励创新创业。创新激励形式，完善知识产权、技术入股政策，完善人才配套与保障工作，解决创新人才的后顾之忧，通过构建物质激励、成就激励、发展激励等多维激励为一体的激励机制，以充分调动各类人才创新的积极性和主动性。

6.3.3　培育机制模型

结合上述对战略性新兴产业供给侧创新培育机制和影响因素的分析，可构建战略性新兴产业供给侧创新的培育机制模型，见图 6 - 3。

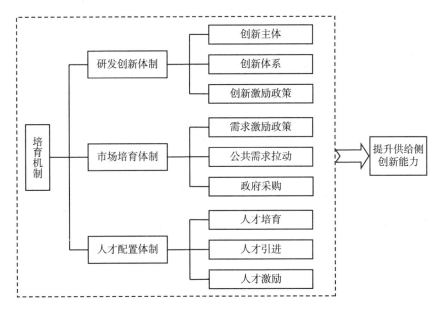

图 6 - 3　战略性新兴产业供给侧创新的培育机制模型

资料来源：根据相关资料绘制。

从图 6 - 3 可以看出，战略性新兴产业供给侧创新的培育机制主要受研发创新体制、市场培育体制、人才配置体制等因素的作用和影响，是上述因素共同影响和作用的结果，培育机制对于提升供给侧创新能力具有重要影响。

6.4   战略性新兴产业供给侧创新的能力机制

6.4.1   能力机制的功能

能力机制在供给侧创新中发挥着关键作用，是供给侧创新实现机制的核心机制，决定着实现机制的实现程度和功能作用的发挥，① 一定程度上决定着战略性新兴产业供给侧创新能否实现。

6.4.2   能力机制因素分析

能力机制主要受创新资源整合能力、自主创新能力和市场实现能力三方面因素的影响和作用。

1. 创新资源整合能力

创新资源整合能力是指战略性新兴产业企业对不同来源、不同内容的资源进行选择、配置和融合的能力。创新资源整合能力是企业优化资源配置，提升核心竞争力的重要手段。通过创新资源的整合可以找到供给侧创新与用户需求的最佳结合点，进而获得竞争优势。创新资源整合能力主要包括两个方面。

（1）研发资源整合能力。研发资源整合能力是供给侧创新能力的核心体现，决定着供给侧创新能力的强弱和实现的程度。研发资源能力主要体现在研发投入强度、研发人员数量、其他与研发相关的资金和人员投入。其中研发投入强度是指战略性新兴产业企业投入的研发资金总额占销售收入或营业收入的比重，在创新资金中居主导地位。研发人员是指企业专门用于支持研发的创新人才或专业技术人才。其他与研发相关的资金和人员投入主要指企业从外部获得可以用于企业研发的资金和人员，主要包括政府研发补贴、外部创新资金投入和外部可利用的研发人员。

---

① 林平凡. 论自主创新能力与企业持续发展 [J]. 广东社会科学，2006（2）：47 - 52.

（2）知识资源整合能力。在知识快速流动和开放式创新成为主流趋势的今天，任何企业都不可能拥有有关创新的全部知识和能力，更多的创新知识分布于企业的外布，因此，在战略性新兴产业供给侧创新过程中，如何整合内、外部知识资源和信息，并运用于企业的创新就变得至关重要。

2. 自主创新能力

自主创新能力是指战略性新兴产业在供给侧创新中具有自我创新的能力，是能力机制中的核心能力。自主创新能力主要包括以下三种。

（1）原始性创新能力。原始性创新主要指在基础研究、应用技术研究、新兴技术研究等方面取得的突破性技术和发明，是战略性新兴产业供给侧创新成果的最主要体现，原始性创新成果往往会对经济社会发展起到巨大推动作用。原始性创新能力在自主创新中居于核心位置，是战略性新兴产业自主创新能力的最重要体现。

（2）集成创新能力。相比原始性创新，集成创新可以有效整合各种创新要素和资源，更快速地开发出适应市场需求的产品，进而取得更大的市场份额，创造更大的经济效益。集成创新具有较大灵活性，研发周期相对较短，对于推动战略性新兴产业的创新和快速发展具有积极作用。特别是对于发展中国家而言，原始性创新难度较大，通过集成创新能力的提升，可以提升供给侧创新能力，缩小与发达国家之间的技术差距。

（3）引进消化吸收再创新能力。引进消化吸收再创新是指通过引进国外先进技术资源，在消化吸收的基础上，实施再创新。该种方式普遍为发展中国家所采用，以快速提升自身的技术水平。我国在战略性新兴产业供给侧创新中，在某些领域或产业链的某些环节，由于技术水平较为落后，可考虑采取此种方式引进先进技术，通过消化吸收再创新以实现技术的追赶。该种方式容易形成对国外技术的依赖，应重点提升引进技术后的消化吸收再创新能力，以逐步形成具有自主知识产权的产品。

3. 市场实现能力

战略性新兴产业供给侧创新的成功并不仅体现为技术上的领先或成功，而更重要的是体现在市场上的成功。因此，市场实现能力就成为衡量战略性新兴产业供给侧创新实现程度的重要指标。市场实现能力主要受以下三个因素的影响。

（1）市场开拓能力。主要指企业开拓新市场的能力。由于战略性新兴产业的产品所面向的市场往往是新兴市场或潜在市场，市场开拓和进入难度较大，这就要求企业必须具有较强的市场开拓和创新能力。

（2）市场营销能力。市场营销能力在一定程度上决定着企业的市场竞争力。战略性新兴产业在供给侧创新和发展中，同样需要通过明确产品研发战略和目标、确定市场定位、构建营销队伍、建设营销渠道、实施营销推广等措施，扩大企业产品的影响力和覆盖面，增强企业竞争优势，推动企业的持续增长。

（3）市场竞争能力。市场竞争能力是指企业所具有的综合竞争能力，是企业在资源、技术创新、营销、管理、市场等各方面竞争实力的综合体现。市场竞争能力与战略性新兴产业企业供给侧创新能力密切关联，如果企业供给侧创新能力较强，能研发出适应市场需求、创新性较强的产品，则会增强企业的市场竞争能力。企业市场竞争能力的提升，有助于增加市场份额，提升企业的经济效益，拓展供给侧创新所需的资金、人才、市场信息等资源，反过来又会加速推进企业的供给侧创新。

6.4.3 能力机制模型

综合以上对能力机制的影响因素的分析，可构建战略性新兴产业供给侧创新的能力机制模型，见图6-4。

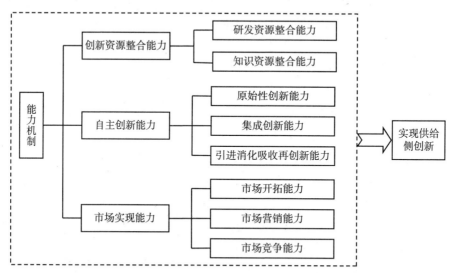

图6-4 战略性新兴产业供给侧创新的能力机制模型

资料来源：根据相关资料绘制。

从图6-4可以看出，战略性新兴产业供给侧创新的能力机制由创新资源整合能力、自主创新能力和市场实现能力构成，其中创新资源整合能力是能力机制形成的基础，自主创新能力在能力机制中居于核心位置，市场实现能力则是创新资源整合能力与自主创新能力的最终体现。能力机制是实现机制的核心机制，能力的强弱，对战略性新兴产业供给侧创新的实现发挥着重大影响。

6.5　战略性新兴产业供给侧创新的保障机制

6.5.1　保障机制的功能

战略性新兴产业供给侧创新的保障机制是指为战略性新兴产业供给侧创新提供各种物质和精神等保障条件的机制。保障机制有利于增强供给侧创新的动力，提升供给侧创新的培育成效，增强供给侧创新能力，为供给侧创新的运行和实现提供基本保障，在战略性新兴产业供给侧创新实现机制中发挥着不可或缺的作用。

6.5.2　保障机制因素分析

战略性兴产业供给侧创新的保障机制主要受政府保障、社会保障和企业保障三大层面因素的影响。

1. 政府保障

主要指政府部门在战略性新兴产业供给侧创新中所提供的政策支持体系、市场环境、知识产权保护、创新载体建设等方面的支持和服务。

（1）政策支持体系。主要包括财政、税收、金融、投融资、土地等政策的制定和完善。创新财税政策支持和补贴方式，引导民间投资、风险投资基金、创新创业投资基金投向战略性新兴产业领域。设立战略性新兴产业创新发展专项资金，支持战略性新兴产业供给侧创新。强化金融产品和服务创新，拓展融资渠道，鼓励各类金融机构优先支持战略性新兴产业的发展，制定有利于战略性新兴产业发展的用地政策和土地规划。通过构建政策支持体系，营造良好的政策发展环境。

（2）市场环境。营造公平公正的市场环境对战略性新兴产业供给侧创新具有重要意义。针对战略性新兴产业领域，要制定和完善反垄断法规，严厉打击不正当竞争行为。在战略性新兴产业发展中，要打破地区封锁和行业垄断，推进各类公共服务信息平台的建设，加大对违法行为的监管和惩处力度，建立公平公正、有利于市场要素流动的竞争机制和市场环境。

（3）知识产权保护。针对战略性新兴产业创新中出现的新模式、新技术和新业态，要持续创新知识产权保护机制，加大对知识产权的保护力度，保护企业合法权益。同时，要加强对战略性新兴产业关键技术领域的知识产权布局、完善知识产权的发展和运用机制，提升企业知识产权的价值和收益，通过知识产权保护激发战略性新兴产业企业的创新热情和活力。

（4）创新载体建设。创新载体是推进战略性新兴产业供给侧创新的重要支撑。国家应重点支持和推动一批战略性新兴产业国家、省级工程实验室、工程技术研究中心、创新中心、各类创新研发平台、创新创业平台、公共服务平台、产业技术联盟等创新载体的建设，强化对战略性新兴产业供给侧创新的基础支撑，有效提升企业的供给侧创新能力。

2. 社会保障

主要指在社会层面为战略性新兴产业供给侧创新提供的保障，主要包括社会创新文化和社会创新环境等方面。

（1）社会创新文化。习近平总书记提出，要让创新在全社会蔚然成风。全社会要增强对创新文化的认知，增强创新观念，营造勇于创新、尊重创新、宽容失败的良好创新氛围。通过持续推动体制机制改革，激发全民创新意识、构建有利于创新的激励机制，形成有利于战略性新兴产业供给侧创新的社会创新文化和良好社会氛围。

（2）社会创新环境。社会创新环境是指在供给侧创新过程中，对创新主体具有影响的各种社会因素的总和，尤其是社会对创新行为的态度。创新是一个民族进步的灵魂，是一个国家兴旺发达的不竭动力，要充分重视创新对社会的巨大推动作用，增强全社会的创新意识，构建富有活力的创新生态系统，完善技术创新政策法律和支撑体系，加强创新的国际交流和合作，营造良好的创新创业环境，提升创新能力，推动战略性新兴产业供给侧创新的高质量发展。

3. 企业保障

企业保障指从企业层面为战略性新兴产业供给侧创新所提供的条件和支持。主要包括人才、资金和组织等方面的保障。

（1）人才保障。供给侧创新活动的主体是人，战略性新兴产业供给侧创新的推进离不开各类人才的支撑，企业应构建良好的人才保障机制。要注重战略性新兴产业专业技术人才、营销管理人才、高技能人才等各类人才的培养和管理，建立有利于吸引人才、留住人才、稳定人才的激励政策和措施，营造尊重知识、尊重人才、尊重创造的氛围，使战略性新兴产业各类人才各尽所能，协力推动战略性新兴产业的供给侧创新。

（2）资金保障。战略性新兴产业供给侧创新具有高风险和高投入特征。企业要保证供给侧创新的可持续性和成功，必须有充分的资金保证。企业要创新资金筹集方式，通过自有资金、股东投资、银行贷款、上市融资、风险投资等多种方式筹集到必需的创新资金，以保障供给侧创新的有效运行。

（3）组织保障。战略性新兴产业要建立供给侧创新的组织保障机制，成立专门的研发部门，配备必要的人员和资金，专门从事研发创新活动。同时，要强化与外部组织的研发合作，整合内外部创新资源，积极组建和参加战略性新兴产业创新联盟，鼓励跨地区、跨组织的产学研合作，持续推进开放式创新，提升供给侧创新的质量和效率。

6.5.3　保障机制模型

根据以上对战略性新兴产业保障机制和因素的分析，本书构建了战略性新兴产业供给侧创新的保障机制模型，见图 6－5。

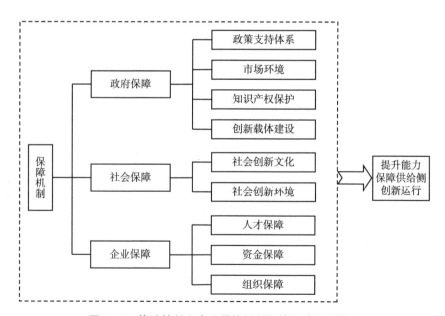

图 6－5　战略性新兴产业供给侧创新的保障机制模型

资料来源：根据相关资料绘制。

从图 6 - 5 可以看出，战略性新兴产业供给侧创新的保障机制主要受政府保障、社会保障和企业保障三大层面因素的影响。保障机制对于提升供给侧创新能力和保障供给侧创新运行发挥着重要作用。

6.6　战略性新兴产业供给侧
创新的实现机制构建

6.6.1　子机制的关系

综合以上对战略性新兴产业供给侧创新的动力机制、培育机制、能力机制和保障机制四大机制的分析可知，能力机制是供给侧创新实现的核心机制，输出的功能是创新实现；动力机制通过多种动力推动供给侧创新的启动和实施；培育机制则有利于提升供给侧创新能力，加速战略性新兴产业的创新和发展；而保障机制为能力机制的提升和实现机制的运行提供了有力保障。动力机制、培育机制和保障机制是战略性新兴产业供给侧创新能力机制提升和实现机制运行的紧密组成部分。动力机制、培育机制、能力机制和保障机制四大机制之间相互作用、相互影响、相互联系，共同形成了战略性新兴产业供给侧创新的实现机制。

6.6.2　实现机制模型构建

综合上述分析，将战略性新兴产业供给侧创新的动力机制模型、培育机制模型、能力机制模型和保障机制模型组合联系到一起，可构建出战略性新兴产业供给侧创新的实现机制模型，见图 6 - 6。由该模型可知，能力机制处于核心地位，动力机制、培育机制和保障机制围绕能力机制发挥提升、增强和保障作用。在上述四大机制的协同作用和影响下，形成了供给侧创新的实现机制。

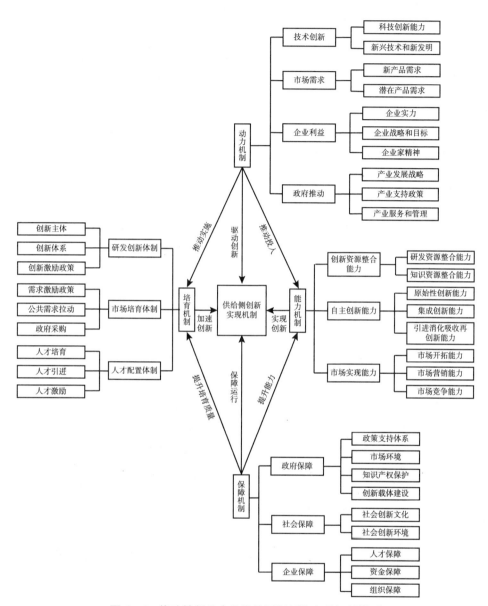

图 6 - 6　战略性新兴产业供给侧创新的实现机制模型

资料来源：根据相关资料绘制。

6.7 战略性新兴产业供给侧创新实现机制的模糊评价

6.7.1 评价方法选择

1. 基于格栅获取的模糊 Borda 数分析法

格栅获取方法由个人建构理论创始人乔治·凯利提出，通过该方法可以模拟人类的判断，更科学的计算各评价指标的权重。格栅由元素和属性组成，元素指评价指标，属性是指各个评价指标的重要性、隶属度、权重等。每个元素的属性可以运用一个线性尺度进行表述和评价，[1] 一般可采用 1~5 刻度的尺度进行评价，如图 6-7 所示。

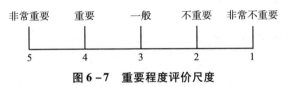

图 6-7 重要程度评价尺度

资料来源：裴巍，任永泰，王福林. 研究生培养模式评价指标分析——基于模糊 Borda 数分析法 [J]. 河北农业大学学报（农林教育版），2015，17（3）：61-65.

基于格栅获取方法思想，我国学者史本山和杨季美于 1992 年提出了模糊 Borda 数分析法。该种方法将 Borda 数分析法和委托群体效用函数法结合在一起，更能体现群体的偏好，评价更为客观和合理，具有较强的应用性。通过使用此种方法，能够确定各个评价指标的权重，主要包含以下步骤。[2]

（1）建立递阶层次结构。即把复杂的问题分解成易评价的问题，主要指围绕要解决的问题，构建相应的评价指标体系，以建立递阶层次结构。

（2）格栅建立。主要指元素和属性的确定，评价指标体系的构建代表元素的确定。聘请多位对所评价指标和问题熟悉的专家，组成专家评价组，对各

---

① 裴巍，任永泰，王福林. 研究生培养模式评价指标分析——基于模糊 Borda 数分析法 [J]. 河北农业大学学报（农林教育版），2015，17（3）：61-65.

② 孙冰，刘卓，陈玉清. 基于模糊 Borda 数法的研究生综合素质测评研究 [J]. 价值工程，2015（11）：211-213；裴巍，任永泰，王福林. 研究生培养模式评价指标分析——基于模糊 Borda 数分析法 [J]. 河北农业大学学报（农林教育版），2015，17（3）：61-65.

个指标在不同属性下的重要程度进行判断和打分,进而建立格栅。

(3) 通过专家评价组的评价得出重要性程度判断表。设指标 Y_p 的第 m 个属性打分为 $B_m(Y_p)$,(其中 m = 1, 2, …, M; p = 1, 2, …, N),则指标重要性程度判断表如表 6 – 1 所示。

表 6 – 1　　　　　　　　　　指标重要性程度判断

B_m	Y_1	Y_2	…	Y_N
P_1	B_{11}	B_{12}	…	B_{1N}
P_2	B_{21}	B_{22}	…	B_{2N}
⋮	⋮	⋮	⋮	⋮
P_M	B_{M1}	B_{M2}	…	B_{MN}

资料来源:孙冰,刘卓,陈玉清. 基于模糊 Borda 数法的研究生综合素质测评研究 [J]. 价值工程,2015 (11):211 – 213.

(4) 确定隶属度。在第 m 个属性评价中,求出每一个被评价指标 Y_p 属于"最重要"的隶属度,[①] 见表 6 – 2,计算公式为:
$$U_{mp} = B_m(C_p)/\max[B_m(C_p)], \quad (0 < U_{mp} < 1)$$

表 6 – 2　　　　　　　　　　指标重要性程度判断

U_{mp}	Y_1	Y_2	…	Y_N
P_1	U_{11}	U_{12}	…	U_{1N}
P_2	U_{21}	U_{22}	…	U_{2N}
⋮	⋮	⋮	⋮	⋮
P_M	U_{M1}	U_{M2}	…	U_{MN}

资料来源:王丽英,俞伯阳. 基于隐性需求的城市基础设施建设评价 [J]. 统计与决策,2008 (10):54 – 57.

(5) 计算模糊频数,确定模糊频数统计表,见表 6 – 3。
$$f_{hp} = \sum_{m=1}^{M} \delta_m^h(Y_p) U_{mp}$$

---

① 王丽英,俞伯阳. 基于隐性需求的城市基础设施建设评价 [J]. 统计与决策,2008 (10):54 – 57.

$$R_p = \sum_h f_{hp}$$

其中，f_{hp} 为指标的模糊频数；

R_p 为指标 Y_p 的模糊频数和；

$\delta_m^h(Y_p)$ 为优序关系系数。

$\delta_m^h(Y_p)$ 的值根据下列条件确定。如果 Y_p 的第 m 个属性在优序关系中位列第 h 位，则可定义 $\delta_m^h(Y_p)=1$，否则 $\delta_m^h(Y_p)=0$；若两个指标 Y_i，Y_j 的第 m 个属性在优序关系中同时位列第 h 位，则可定义 $\delta_m^h(Y_i)=\delta_m^h(Y_j)=\dfrac{1}{2}$；与以上计算方法相同，当 Y_i，Y_j，Y_k 的第 m 个属性在优序关系中同时位列第 h 位，则 $\delta_m^h(Y_i)=\delta_m^h(Y_j)=\delta_m^h(Y_k)=\dfrac{1}{3}$，其他指标的计算可按照上述原理类推。

表 6 – 3   **模糊频数统计**

f_{hp}	Y_1	Y_2	$\cdots$	Y_N
1	f_{11}	f_{12}	$\cdots$	f_{1N}
2	f_{21}	f_{22}	$\cdots$	f_{2N}
$\vdots$	$\vdots$	$\vdots$	$\vdots$	$\vdots$
M	f_{M1}	f_{M2}	$\cdots$	f_{MN}
$\sum$	R_1	R_2	$\cdots$	R_N

资料来源：孙冰，刘卓，陈玉清. 基于模糊 Borda 数法的研究生综合素质测评研究 ［J］. 价值工程，2015（11）：211 – 213.

（6）计算模糊 Borda 数 $FB(Y_p)$。

当指标 Y_p 在优序关系中排在第 h 位的权数是 Q_h 时，

令：
$$Q_h = \frac{1}{2}(N-h)(N-h+1)$$

则：
$$FB(Y_p) = \sum_h \frac{f_{hp}}{R_p}Q_h = \sum_h W_{hp}Q_h \text{，其中 } W_{hp} = \frac{f_{hp}}{R_p}$$

（7）归一化处理。可计算出单一指标下的相对权重。

$$W_p = \frac{FB(C_p)}{\sum\limits_{p=1}^{N} FB(C_p)}$$

（8）计算各层指标的组合权重。

为得到所有元素相对于总指标的相对权重，可把上一步所获得的结果进行适当组合，二级指标的组合权重计算方法①为：

$$W'_{ij} = W_i \times W_{ij}$$

其中，W'_{ij}为二级指标组合权重；W_i为一级指标权重，W_{ij}为二级指标相对权重。同理三级指标、四级指标的组合权重以此类推。

2. 选择基于格栅获取的模糊 Borda 数分析法的依据

在确定指标权重时，较多采用层次分析法，该方法通过对评价指标的两两比较以确定每一层次中因素的重要性。但在复杂多层次问题确定权重的过程中，为使其通过一致性检验，需要反复调整，因此，有可能对专家的原有评价意见进行多次修改和调整，进而产生偏差。本书选择基于格栅获取的模糊 Borda 数分析法确定权重，主要出于以下考虑。一是由于战略性新兴产业供给侧创新的动力机制、培育机制、能力机制和保障机制的各评价指标独立性较强，不宜通过两两比较确定其重要性。二是该方法将定性和定量分析相结合，综合了专家群体的不同意见，评价可较好地反映各指标的权重。三是在对战略性新兴产业供给侧创新的实现机制进行评价时，考虑供给侧创新的过程和实现要求，此方法将供给侧创新启动、供给侧创新运行、供给侧创新优势形成、供给侧创新成果实现作为专家评价各指标重要性的参照因素，操作针对性较强，使评价更为客观。四是克服了层次分析法中反复修改调整数据的缺点，使专家评价意见更为真实、有效。

6.7.2　战略性新兴产业供给侧创新实现机制的模糊评价

根据以上方法，结合所构建的战略性新兴产业供给侧创新的实现机制模型，可对供给侧创新的实现机制模型进行评价。

1. 建立递阶层次结构

根据所构建的供给侧创新实现机制模型，战略性新兴产业供给侧创新的实现机制评价指标体系如表 6 - 4 所示。

---

① 孙冰，刘卓，陈玉清. 基于模糊 Borda 数法的研究生综合素质测评研究 [J]. 价值工程，2015（11）：211 - 213.

表 6 - 4 　　　　　　**战略性新兴产业供给侧创新实现机制评价指标体系**

一级指标	二级指标	三级指标	四级指标
实现机制 Y	动力机制 Y_1	技术创新 Y_{11}	科技创新能力 Y_{111}
			新兴技术和新发明 Y_{112}
		市场需求 Y_{12}	新产品需求 Y_{121}
			潜在产品需求 Y_{122}
		企业利益 Y_{13}	企业实力 Y_{131}
			企业战略和目标 Y_{132}
			企业家精神 Y_{133}
		政府推动 Y_{14}	产业发展战略 Y_{141}
			产业支持政策 Y_{142}
			产业服务和管理 Y_{143}
	培育机制 Y_2	研发创新体制 Y_{21}	创新主体 Y_{211}
			创新体系 Y_{212}
			创新激励政策 Y_{213}
		市场培育体制 Y_{22}	需求激励政策 Y_{221}
			公共需求拉动 Y_{222}
			政府采购 Y_{223}
		人才配置体制 Y_{23}	人才培育 Y_{231}
			人才引进 Y_{232}
			人才激励 Y_{233}
	能力机制 Y_3	创新资源整合能力 Y_{31}	研发资源整合能力 Y_{311}
			知识资源整合能力 Y_{312}
		自主创新能力 Y_{32}	原始性创新能力 Y_{321}
			集成创新能力 Y_{322}
			引进消化吸收再创新能力 Y_{323}
		市场实现能力 Y_{33}	市场开拓能力 Y_{331}
			市场营销能力 Y_{332}
			市场竞争能力 Y_{333}

续表

一级指标	二级指标	三级指标	四级指标
实现机制 Y	保障机制 Y_4	政府保障 Y_41	政策支持体系 Y_{411}
			市场环境 Y_{412}
			知识产权保护 Y_{413}
			创新载体建设 Y_{414}
		社会保障 Y_42	社会创新文化 Y_{421}
			社会创新环境 Y_{422}
		企业保障 Y_43	人才保障 Y_{431}
			资金保障 Y_{432}
			组织保障 Y_{433}

资料来源：根据相关资料整理。

2. 专家评价组构成及评价方式

本研究聘请了 20 名人员组成专家评价组。人员主要来自高校、政府研究部门、政府管理部门、战略性新兴产业企业研发部门、战略性新兴产业企业管理部门，且对我国战略性新兴产业发展情况、供给侧创新概念和内容均有一定的了解和认识。专家评价组具体构成见表 6 – 5。

表 6 – 5　　　　　　　　　　专家评价组构成

类别	高校	政府研究部门	政府管理部门	企业研发部门	企业管理部门
人数	6	4	3	4	3

资料来源：根据相关资料整理。

评价方式和过程，一是向专家评价组成员介绍战略性新兴产业供给侧创新的背景、概念、影响因素和主要创新动力模式，以及各个评价指标的内涵。二是由各个专家结合参照因素（供给侧创新启动、供给侧创新运行、供给侧创新优势形成、供给侧创新成果实现）逐一对评价指标（二级指标和三级指标）的重要性进行打分（评价打分表详见本书附录2）。综合各个专家评价打分结果，对每个评价指标得分进行加总平均，按照四舍五入原则，得出每个评价指标的最终平均得分，按照 Borda 数分析方法和相关步骤最终计算出每个指标的权重。由于四级指标与三级指标密切关联，因此其权重则由各个专家直接给定。对各个专家赋予的权重进行加权平均，得出每一个四级指标的权重，进而可通过组合权重计算公式，得出每一个四级指标的组合权重。

3. 评价指标权重确定

（1）二级评价指标权重确定。根据上述分析步骤和方法，可得出二级评价指标的权重，如表6－6、表6－7、表6－8所示。

表6－6 二级指标重要性程度判断

B_m	动力机制 Y_1	培育机制 Y_2	能力机制 Y_3	保障机制 Y_4
供给侧创新启动 P_1	5	4	4	4
供给侧创新运行 P_2	4	5	5	5
供给侧创新优势形成 P_3	3	4	5	5
供给侧创新成果实现 P_4	3	4	5	4

资料来源：根据评价数据计算整理。

表6－7 二级指标隶属度

U_{mp}	动力机制 Y_1	培育机制 Y_2	能力机制 Y_3	保障机制 Y_4
供给侧创新启动 P_1	1.0	0.8	0.8	0.8
供给侧创新运行 P_2	0.8	1.0	1.0	1.0
供给侧创新优势形成 P_3	0.6	0.8	1.0	1.0
供给侧创新成果实现 P_4	0.6	0.8	1.0	0.8

资料来源：根据评价数据计算整理。

表6－8 二级指标模糊频数统计

f_{hp}	动力机制 Y_1	培育机制 Y_2	能力机制 Y_3	保障机制 Y_4
1	1.000000	0.333333	1.833333	0.833333
2	0	1.000000	1.100000	1.500000
3	0	1.800000	0.600000	1.000000
4	2.000000	0.266667	0.266667	0.266667
$\sum$	3.000000	3.400000	3.800000	3.600000

资料来源：根据评价数据计算整理。

根据上述结果，计算出四个二级指标的模糊 Borda 数：

$$FB(Y_1) = 2.0000 \quad FB(Y_2) = 2.0000 \quad FB(Y_3) = 3.9211 \quad FB(Y_4) = 2.9167$$

通过归一化处理，计算出相对权重：

$$W_{Y_1} = 0.1845 \quad W_{Y_2} = 0.1845 \quad W_{Y_3} = 0.3618 \quad W_{Y4} = 0.2691$$

（2）三级评价指标权重确定。同理，可逐一得出三级评价指标的权重，动力机制权重计算过程如表 6-9、表 6-10、表 6-11 所示。

表 6-9　　　　　　　　　　　　动力机制重要性程度判断

B_m	技术创新 Y_{11}	市场需求 Y_{12}	企业利益 Y_{13}	政府推动 Y_{14}
供给侧创新启动 P_1	4	5	5	4
供给侧创新运行 P_2	5	5	5	3
供给侧创新优势形成 P_3	5	4	4	4
供给侧创新成果实现 P_4	5	5	3	3

资料来源：根据评价数据计算整理。

表 6-10　　　　　　　　　　　　　动力机制隶属度

U_{mp}	技术创新 Y_{11}	市场需求 Y_{12}	企业利益 Y_{13}	政府推动 Y_{14}
供给侧创新启动 P_1	0.8	1.0	1.0	0.8
供给侧创新运行 P_2	1.0	1.0	1.0	0.6
供给侧创新优势形成 P_3	1.0	0.8	0.8	0.8
供给侧创新成果实现 P_4	1.0	1.0	0.6	0.6

资料来源：根据评价数据计算整理。

表 6-11　　　　　　　　　　　　动力机制模糊频数统计

f_{hp}	技术创新 Y_{11}	市场需求 Y_{12}	企业利益 Y_{13}	政府推动 Y_{14}
1	1.833333	1.333333	0.833333	0
2	0.833333	1.300000	1.010000	0.266667
3	0.733333	0.600000	0.900000	0.966667
4	0.400000	0.266667	0.566667	1.566667
$\sum$	3.799999	3.500000	3.310000	2.800001

资料来源：根据评价数据计算整理。

根据上述结果，计算出动力机制四个指标的模糊 Borda 数：

$FB(Y_{11}) = 3.7456$　　$FB(Y_{12}) = 3.5714$　　$FB(Y_{13}) = 2.6979$　　$FB(Y_{14}) = 0.6310$

通过归一化处理，计算出相对权重：

$W_{Y11} = 0.3518$　　$W_{Y12} = 0.3355$　　$W_{Y13} = 0.2534$　　$W_{y14} = 0.0593$

根据二级指标动力机制所占权重，可计算出组合权重：

$W'_{Y11} = 0.0649$　　$W'_{Y12} = 0.0619$　　$W'_{Y13} = 0.0468$　　$W'_{Y14} = 0.0109$

培育机制权重计算过程如表 6 – 12、表 6 – 13、表 6 – 14 所示。

表 6 – 12　　　　　　　　　　培育机制重要性程度判断

B_m	研发创新体制 Y_{21}	市场培育体制 Y_{22}	人才配置体制 Y_{23}
供给侧创新启动 P_1	5	3	3
供给侧创新运行 P_2	4	4	4
供给侧创新优势形成 P_3	5	4	5
供给侧创新成果实现 P_4	5	5	5

资料来源：根据评价数据计算整理。

表 6 – 13　　　　　　　　　　培育机制隶属度

U_{mp}	研发创新体制 Y_{21}	市场培育体制 Y_{22}	人才配置体制 Y_{23}
供给侧创新启动 P_1	1.0	0.6	0.6
供给侧创新运行 P_2	0.8	0.8	0.8
供给侧创新优势形成 P_3	1.0	0.8	1.0
供给侧创新成果实现 P_4	1.0	1.0	1.0

资料来源：根据评价数据计算整理。

表 6 – 14　　　　　　　　　　培育机制模糊频数统计

f_{hp}	研发创新体制 Y_{21}	市场培育体制 Y_{22}	人才配置体制 Y_{23}
1	2.100000	0.600000	1.100000
2	1.100000	0.900000	1.400000
3	0.600000	1.700000	0.900000
$\sum$	3.800000	3.200000	3.400000

资料来源：根据评价数据计算整理。

根据上述结果，计算出培育机制三个指标的模糊 Borda 数：

$$\text{FB}(Y_{21}) = 1.9474 \quad \text{FB}(Y_{22}) = 0.8438 \quad \text{FB}(Y_{23}) = 1.3824$$

通过归一化处理，计算出相对权重：

$$W_{Y_{21}} = 0.4666 \quad W_{Y_{22}} = 0.2022 \quad W_{Y_{23}} = 0.3312$$

根据二级培育机制所占权重，可计算出组合权重：

$$W'_{Y_{21}} = 0.0861 \quad W'_{Y_{22}} = 0.0373 \quad W'_{Y_{23}} = 0.0611$$

能力机制权重计算过程如表 6 – 15、表 6 – 16、表 6 – 17 所示。

表 6 – 15　　　　　　　　　　能力机制重要性程度判断

B_m	创新资源整合能力 Y_{31}	自主创新能力 Y_{32}	市场实现能力 Y_{33}
供给侧创新启动 P_1	4	3	3
供给侧创新运行 P_2	4	4	4
供给侧创新优势形成 P_3	4	5	5
供给侧创新成果实现 P_4	4	5	5

资料来源：根据评价数据计算整理。

表 6 – 16　　　　　　　　　　能力机制隶属度

U_{mp}	创新资源整合能力 Y_{31}	自主创新能力 Y_{32}	市场实现能力 Y_{33}
供给侧创新启动 P_1	0.8	0.6	0.6
供给侧创新运行 P_2	0.8	0.8	0.8
供给侧创新优势形成 P_3	0.8	1.0	1.0
供给侧创新成果实现 P_4	0.8	1.0	1.0

资料来源：根据评价数据计算整理。

表 6 – 17　　　　　　　　　　能力机制模糊频数统计

$f_{l\mu\rho}$	创新资源整合能力 Y_{31}	自主创新能力 Y_{32}	市场实现能力 Y_{32}
1	1.066667	1.266667	1.266667
2	0.266667	1.566667	1.566667
3	1.866667	0.566667	0.566667
$\sum$	3.200001	3.400001	3.400001

资料来源：根据评价数据计算整理。

根据上述结果，计算出能力机制三个指标的模糊 Borda 数：

$$FB(Y_{31}) = 1.0833 \quad FB(Y_{32}) = 1.5784 \quad FB(Y_{33}) = 1.5784$$

通过归一化处理，计算出相对权重：

$$W_{Y_{31}} = 0.2555 \quad W_{Y_{32}} = 0.3723 \quad W_{Y_{33}} = 0.3723$$

根据二级指标能力机制所占权重，可计算出组合权重：

$$W'_{Y_{31}} = 0.0924 \quad W'_{Y_{32}} = 0.1347 \quad W'_{Y_{33}} = 0.1347$$

保障机制权重计算过程如表 6 – 18、表 6 – 19、表 6 – 20 所示。

表 6 – 18　　　　　　　　　　　保障机制重要性程度判断

B_m	政府保障 Y_{41}	社会保障 Y_{42}	企业保障 Y_{43}
供给侧创新启动 P_1	3	3	4
供给侧创新运行 P_2	4	4	5
供给侧创新优势形成 P_3	4	3	5
供给侧创新成果实现 P_4	4	4	5

资料来源：根据评价数据计算整理。

表 6 – 19　　　　　　　　　　　　保障机制隶属度

U_{mp}	政府保障 Y_{41}	社会保障 Y_{42}	企业保障 Y_{43}
供给侧创新启动 P_1	0.6	0.6	0.8
供给侧创新运行 P_2	0.8	0.8	1.0
供给侧创新优势形成 P_3	0.8	0.6	1.0
供给侧创新成果实现 P_4	0.8	0.8	1.0

资料来源：根据评价数据计算整理。

表 6 – 20　　　　　　　　　　　保障机制模糊频数统计

f_{hp}	政府保障 Y_{41}	社会保障 Y_{42}	企业保障 Y_{43}
1	0	0	3.800000
2	1.900000	1.100000	0
3	1.100000	1.700000	0
$\sum$	3.00000	2.800000	0

资料来源：根据评价数据计算整理。

根据上述结果，计算出保障机制三个指标的模糊 Borda 数：

$$\text{FB}(Y_{41}) = 0.6333 \quad \text{FB}(Y_{42}) = 0.3929 \quad \text{FB}(Y_{43}) = 3.0000$$

通过归一化处理，计算出相对权重：

$$W_{Y_{41}} = 0.1573 \quad W_{Y_{42}} = 0.0976 \quad W_{Y_{33}} = 0.7451$$

根据二级指标保障机制所占权重，可计算出组合权重：

$$W'_{Y_{41}} = 0.0423 \quad W'_{Y_{42}} = 0.0263 \quad W'_{Y_{43}} = 0.2005$$

（3）四级评价指标权重确定。四级评价指标权重由各个专家直接给定方式确定。对各个专家赋予的权重进行加权平均，可得出每一个四级指标的权重，再通过运用组合权重计算方法，最终得出每一个四级指标的组合权重。战略性新兴产业供给侧创新实现机制模糊评价结果见表 6–21。

表 6–21 战略性新兴产业供给侧创新实现机制模糊评价结果

一级指标	二级指标	权重	三级指标	权重		四级指标	权重	
				相对	组合		相对	组合
实现机制	动力机制 Y_1	0.1845	技术创新 Y_{11}	0.3518	0.0649	科技创新能力 Y_{111}	0.50	0.0325
						新兴技术和新发明 Y_{112}	0.50	0.0325
			市场需求 Y_{12}	0.3355	0.0619	新产品需求 Y_{121}	0.60	0.0371
						潜在产品需求 Y_{122}	0.40	0.0248
			企业利益 Y_{13}	0.2534	0.0468	企业实力 Y_{131}	0.40	0.0187
						企业战略和目标 Y_{132}	0.25	0.0117
						企业家精神 Y_{133}	0.35	0.0164
			政府推动 Y_{14}	0.0593	0.0109	产业发展战略 Y_{141}	0.30	0.0033
						产业支持政策 Y_{142}	0.40	0.0044
						产业服务和管理 Y_{143}	0.30	0.0033
	培育机制 Y_2	0.1845	研发创新体制 Y_{21}	0.4666	0.0861	创新主体 Y_{211}	0.40	0.0344
						创新体系 Y_{212}	0.30	0.0258
						创新激励政策 Y_{213}	0.30	0.0258
			市场培育体制 Y_{22}	0.2022	0.0373	需求激励政策 Y_{221}	0.45	0.0168
						公共需求拉动 Y_{222}	0.35	0.0131
						政府采购 Y_{223}	0.20	0.0075
			人才配置体制 Y_{23}	0.3312	0.0611	人才培育 Y_{231}	0.30	0.0183
						人才引进 Y_{232}	0.30	0.0183
						人才激励 Y_{233}	0.40	0.0244

续表

一级指标	二级指标	权重	三级指标	权重		四级指标	权重	
				相对	组合		相对	组合
实现机制	能力机制 Y_3	0.3618	创新资源整合能力 Y_{31}	0.2555	0.0924	研发资源整合能力 Y_{311}	0.60	0.0554
						知识资源整合能力 Y_{312}	0.40	0.0370
			自主创新能力 Y_{32}	0.3723	0.1347	原始性创新能力 Y_{321}	0.40	0.0539
						集成创新能力 Y_{322}	0.40	0.0539
						引进消化吸收再创新能力 Y_{323}	0.20	0.0269
			市场实现能力 Y_{33}	0.3723	0.1347	市场开拓能力 Y_{331}	0.30	0.0404
						市场营销能力 Y_{332}	0.30	0.0404
						市场竞争能力 Y_{333}	0.40	0.0539
	保障机制 Y_4	0.2691	政府保障 Y_{41}	0.1573	0.0423	政策支持体系 Y_{411}	0.35	0.0148
						市场环境 Y_{412}	0.25	0.0106
						知识产权保护 Y_{413}	0.20	0.0085
						创新载体建设 Y_{414}	0.20	0.0085
			社会保障 Y_{42}	0.0976	0.0263	社会创新文化 Y_{421}	0.50	0.0132
						社会创新环境 Y_{422}	0.50	0.0132
			企业保障 Y_{43}	0.7451	0.2005	人才保障 Y_{431}	0.30	0.0602
						资金保障 Y_{432}	0.40	0.0802
						组织保障 Y_{433}	0.30	0.0602

资料来源：根据评价数据计算整理。

6.7.3 评价结果分析

1. 二级评价指标评价结果分析

从二级指标评价结果来看，动力机制、培育机制、能力机制和保障机制的权重分别为 0.1845、0.1845、0.3618、0.2691。能力机制权重最大，这说明能力机制是战略性新兴产业供给侧创新实现机制的核心，证实了本书所提出的上述观点。保障机制排名第二，说明保障机制在战略性新兴产业供给侧创新实现机制中发挥着重要的保障和增强作用。动力机制和培育机制并列第三名，对战略性新兴产业供给侧创新发挥着重要影响。四大机制的协同影响和作用，最终促进战略性新兴产业供给侧创新的实现。

从四大机制所占权重来看，能力机制权重达到 0.3618，远远超过其他三大机制，说明战略性新兴产业供给侧创新的实现很大程度上取决于自身能力的强弱。自身能力较强，则供给侧创新实现程度较高，反之则较低。保障机制为战略生新兴产业供给侧创新能力提升和保障运行提供重要支撑，动力机制、培育机制则在推动和加速供给侧创新方面发挥着积极作用。

2. 三级评价指标评价结果分析

三级评价指标共包括 13 个评价指标，如图 6 - 8 所示。从评价结果来看，企业保障、自主创新能力、市场实现能力、创新资源整合能力排在前四名，这四个指标均为企业自身所拥有的资源和能力，是战略性新兴产业供给侧创新实现的内在支撑。研发创新体制、技术创新、市场需求、人才配置体制、企业利益则分列第五至第九名，对战略性新兴产业供给侧创新发挥着重要影响，而政府保障、市场培育体制、社会保障、政府推动则排在后四名，这四个指标主要为战略性新兴产业供给侧创新的外在因素。从上述分析可知，在战略性新兴产业供给侧创新的实现过程中，内因的作用要远大于外因的作用，企业内部原因才是推动战略性新兴产业供给侧创新的关键力量。

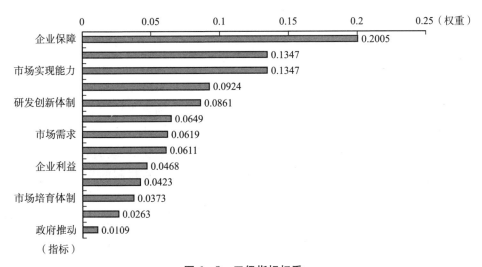

图 6 - 8　三级指标权重

资料来源：根据评价数据计算整理。

自主创新能力、市场实现能力、创新资源整合能力在关键影响因素中分列第二、第三、第四名，证实了能力机制是战略性新兴产业供给侧创新实现机制的核心机制，上述三个因素在供给侧能力机制和实现机制中发挥着关键作用。

在保障机制中，企业保障位列第一名，而政府保障和社会保障仅位列第十和第十二名，说明企业保障才是保障机制的核心，而政府保障和社会保障仅起次要保障作用。在培育体制中，研发创新体制、人才配置体制发挥着关建影响。在动力机制中，技术创新、市场需求和利益是驱动战略性新兴产业供给侧创新的主要力量。

3. 四级评价指标评价结果分析

四级评价指标共有 36 个，如图 6-9 所示。从评价结果来看，权重值较高的主要包括资金保障、人才保障、组织保障、研发资源整合能力、原始性创新能力、集成创新能力、市场竞争能力、市场开拓能力、市场营销能力、新产品需求、知识资源整合能力、创新主体、科技创新能力、新兴技术和新发明，共计 14 个指标，说明上述指标在战略性新兴产业供给侧创新实现机制中发挥着更为关键的影响。知识产权保护、创新载体建设、政府采购、产业支持政策、产业发展战略、产业服务和管理等指标所占权重则较低。

在动力机制的 10 个四级评价指标中，新产品需求、科技创新能力、新兴技术和新发明、潜在产品需求、企业实力、企业家精神所占权重较大，说明上述技术创新、市场需求、企业利益等因素是驱动战略性新兴产业供给侧创新的关键因素。在培育机制的 9 个四级评价指标中，创新主体、创新体系、创新激励政策、人才激励、人才培育、人才引进这 6 个指标所占权重较大，说明创新主体的培育、创新体系建设、创新激励政策的构建和人才的培养对战略性新兴产业供给侧创新具有重要影响。在能力机制的 8 个四级评价指标中，研发资源整合能力、原始性创新能力、集成创新能力、市场竞争能力、市场开拓能力、市场营销能力这 6 个指标所占权重较大，说明创新资源整合能力、自主创新能力和市场实现能力是战略性新兴产业供给侧创新的能力机制的关键体现，很大程度上决定着实现机制能否正常实现。在保障机制的 9 个四级评价指标中，资金保障、人才保障、组织保障 3 个指标权重较大，说明资金、人才和组织保障是保障机制的核心内容，其次为政策支持体系、社会创新文化、社会创新环境、市场环境等因素的影响，对保障机制的正常运行也发挥着重要影响。

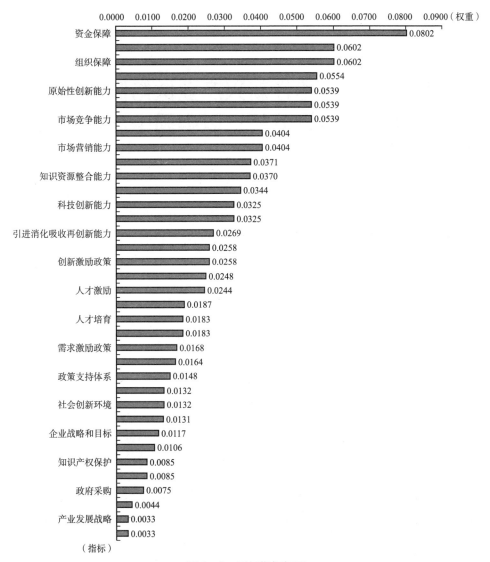

图 6 - 9　四级指标权重

资料来源：根据评价数据计算整理。

第7章　战略性新兴产业供给侧创新案例分析：以中国中车为例

本章以中国中车股份有限公司（以下简称"中国中车"）为典型案例，对中国中车供给侧创新的发展历程、动力系统及其运行机制、供给侧创新的实现机制等进行探索性案例研究，以为战略性新兴产业供给侧创新提供案例和经验借鉴。①

7.1　中国中车基本状况

中国中车股份有限公司成立于 2015 年 6 月，是经国务院同意、国资委批准，由中国北车、中国南车合并组建并同时在上海证券交易所和香港联交所上市的 A + H 股上市公司（股票简称"中国中车"，英文简称缩写"CRRC"，股票代码：601766）。② 2018 年，中国中车资产总额达到 3575. 23 亿元，实现营业收入 2190. 83 亿元，实现利润 113. 05 亿元，拥有 46 家全资及控股子公司，员工人数达到 17 万余人，产品出口到 105 个国家和地区，位列《财富》世界 500 强和中国 100 强榜单，高速列车动车组占据国内 95% 以上的市场份额。中国中车是全球规模最大、品种最全、技术领先的轨道交通装备供应商，连续多年轨道交通装备业务销售规模位居全球第一。以中国中车为代表的高铁装备制造产业，正成为亮丽的"国家名片"。中国中车主要产品如表 7 - 1 所示。

---

① 本章内容相关资料主要来源于中国中车股份有限公司 2016 年、2017 年、2018 年年度报告，中国中车网站（http: //www. crrcgc. cc/）、中国知网数据库和互联网搜索结果。

② 佚名. 中国中车上市后首次参展 [J]. 城市轨道交通，2015 (2)：35.

表 7 − 1　　　　　　　　　　　　　中国中车主要产品

产品结构	主要产品功能
动车组	主要包括时速 200 千米及以下、时速 200 ~ 250 千米、时速 300 ~ 350 千米及以上各类电动车组、内燃动车组，主要用于干线铁路和城际铁路客运服务。在"引进、消化、吸收、再创新"的基础上，以"复兴号"为代表的动车组产品具有自主知识产权
机车	主要包括最大牵引功率达 12000 千瓦、最高时速达 200 千米的各类直流传动、交流传动电力机车和内燃机车，这些机车作为牵引动力主要用于干线铁路客运和货运服务。公司机车产品具有自主知识产权
城市轨道车辆	主要包括地铁车辆、轻轨车辆、市域车辆、单轨车、磁浮车及有轨电车等，主要用于城市内和市郊通勤客运服务。公司城市轨道车辆产品具有自主知识产权
客车	主要包括时速 120 ~ 160 千米的座车、卧车、餐车、发电车、特种车、高原车及双层铁路客车等，主要用于干线铁路客运服务。公司客车产品具有自主知识产权
货车	主要包括各类铁路敞车、棚车、平车、罐车、漏斗车及其他特种货物运输货车，主要用于干线铁路或工矿企业货物运输。公司货车产品具有自主知识产权
通用机电	主要包括牵引电传动与网络控制系统、柴油机、制动系统、冷却与换热系统、列车运控系统、旅客信息系统、供电系统、齿轮传动装置等，主要与公司干线铁路和城际铁路动车组与机车、城市轨道车辆、轨道工程机械等整机产品配套，部分产品以部件的方式独立向第三方客户提供。公司上述产品具有自主知识产权

资料来源：中国中车股份有限公司. 中国中车股份有限公司 2017 年度报告 [R]. 北京：中国中车股份有限公司，2018：1 − 238.

7.2　中国中车供给侧创新发展历程

对中国中车供给侧创新发展历程的分析，首先需要追溯中国中车的发展历史。中国中车起源于 1989 年成立的中国铁路机车车辆工业总公司（简称"中车公司"），该公司是原铁道部直属的一家国有企业，总资产约 258.7 亿元，至 1999 年，公司产值达 200 亿元，在国内铁路装备制造市场处于绝对竞争优势。2000 年，由于担心中车公司造成垄断，因此对其进行分拆，以长江为界，将中车公司分拆为南车和北车两大集团，两家公司成为直接竞争对手。[①] 当时，两家公司技术上都不成熟，经过 14 年的竞争和发展，两家公司均形成了独特的技术路线和竞争优势，南车公司在动车组方面技术和市场优势较大，而北车公司在高寒高铁方面具有技术和竞争优势。2015 年，南车和北车正式合

---

① 李敏. 中国品牌国际化：中国中车深度进入国际市场 [J]. 跨文化管理，2017 (2)：8 − 15.

并成为现今的中国中车股份有限公司。

中国高速铁路建设起源 1994 年中国开行的第一条准高速铁路——广深铁路。1997～2001 年，铁道部实施了四次大提速，取得了一批创新性成果，奠定了高铁装备制造业的技术基础。[①] 2003 年，中国铁道部提出中国铁路跨越式发展的方针，指出中国高铁需要借助国外先进技术和创新实现快速发展。2004～2008 年，在中国高铁大发展的推动下，通过技术引进、消化吸收和再创新，与国外高铁企业联合生产，结合本国实际，研制出了适合中国国情的高速列车，为高铁装备制造业的技术创新和快速发展奠定了坚实基础。[②] 2009～2014 年，经过消化、吸收和自主创新，以中国南车和中国北车为代表的中国高装备制造业逐步掌握高铁装备核心技术，取得大量创新成果。2015 年，为避免恶性竞争，助力高铁走向世界，国家正式将中国南车和北车合并为中国中车公司，通过整合两大企业人员、技术、生产等资源，为中国高铁装备制造业的创新和发展提供了新的契机。

回顾中国中车发展历史和中国高速铁路发展情况，可将中国中车的供给侧创新发展历程划分为三个阶段。

7.2.1　供给侧创新起步阶段（1989～2008 年）

中国中车前身为中国铁路机车车辆工业总公司（本文简称中车公司），作为铁道部直属企业，自成立后就专注于电力机车、内燃机车、客车、货车等方面业务的研发、生产和制造，在铁路装备制造方面实力较强。伴随着 1994 年广深铁路的开行和铁道部四次大提速，铁道部联合中车公司、相关研究院所等研制出了部分高铁列车技术，1999～2003 年，先后研制出大白鲨、蓝箭、中华之星、中原之星、先锋号、长白山等动车组，时速均达到 200 千米以上。中车公司在高铁装备制造方面积累了丰富的研发、技术和生产经验，为高铁制造奠定了基础。但该时期由于技术不成熟等原因，至 2004 年，中国高速列车技术仅能实现 160 千米的时速，上述动车组并未得到广泛的应用和发展。2004～2006 年，铁道部经过招标分别从加拿大庞巴迪、日本川崎重工、德国西门子和法国阿尔斯通运输引进了 CRH1、CRH2、CRH3、CRH5 四个高铁车型，并以南车和北车公司作为技术受让方，进行合作生产。[③] 南车和北车公司持续加

---

①②③　王春梅. 中国高铁装备制造业技术创新模式研究 [D]. 首都经济贸易大学，2017：25－66.

大研发投入，大幅增加研发人员数量，整合科研院所、大学等创新资源，不断提升供给侧创新能力，最终通过对国外技术的消化吸收和再创新，攻克并掌握高铁装备制造的九大核心技术，成功掌握 200 ~ 350 千米动车组技术，研制出适合中国环境和条件的高速列车（见表 7 - 2），为中国中车高铁装备制造业供给侧创新的发展奠定了坚实基础。

表 7 - 2 　　　　　　　中国南车、北车动车组研发情况

车型	运行时速	生产公司
CRH1A、CRH1B、CRH1E	200 ~ 250 千米	南车青岛四方庞巴迪铁路运输设备有限公司
CRH2A、CRH2B、CRH2C、CRH2D、CRH2E	250 ~ 350 千米	南车青岛四方机车车辆股份有限公司
CRH5A	250 千米	南车青岛四方机车车辆股份有限责任公司
CRH3C	350 千米	北车唐山轨道客车有限责任公司

资料来源：根据网上相关资料整理。

7.2.2　供给侧创新起飞阶段（2009 ~ 2014 年）

2004 ~ 2008 年，南车和北车公司经过对引进技术的消化吸收和再创新，在高铁装备制造业具备了一定的供给侧创新基础，但在部分关键和核心技术上仍受制于国外公司。2008 年 2 月，《中国高速列车自主创新联合行动计划》颁布，随后国家集中各方力量和科技优势资源，强力推进高铁装备制造产业的自主创新。在国家政策的强力支持下，南车和北车公司持续加大研发投入，提升自主创新能力，2009 ~ 2014 年，中国南车实施高铁科研项目 2500 多项，申请国家专利 11429 件，自主研发出 CRH380A、CRH380D、CRH380L 动车组，运行时速达 380 千米，在速度、性能、舒适性等方面达到国际领先水平。中国北车公司大力增加研发和人员投入，2009 ~ 2014 年，共申请国内外专利 6576 件，自主研发出 CRH380B、CRH380C、CRH380BL 动车组，运行时速达 380 千米以上，其中 CRH380BL 动车组运行时速达 487.3 千米，位居世界第一，公司研制的高寒列车、MVBC 芯片、UIC 网关等产品填补国内空白，在国际上处于领先地位。在该阶段，中国南车、北车创新优势逐步增强，在高铁装备技术方面取得重大突破，产品成功进入南非、阿根廷、马来西亚、伊拉克等国外市场，有力地支撑了中国中车供给侧创新优势的形成。

7.2.3　供给侧创新优势形成阶段（2015 年至今）

2015 年 6 月，中国南车和中国北车合并组建中国中车股份有限公司，通过强强联合，优势互补，中国中车成为全球规模最大、品种最全、技术领先的高铁装备供应商。自 2015 年中国中车组建以来，公司深入推动创新驱动发展战略，持续增加研发投入（见表 7 - 3），时速 350 千米的长编复兴号动车组研发成功并投入使用，160 千米动力集中动车、17 辆超长编组动车组等相继投入运行，复兴号动车实现谱系化发展，并掌握部分关键核心技术。2018 年，中国中车全年专利授权总数为 2497 项，其中发明专利授权数量为 1145 项，海外专利授权数量为 60 项，获得专利金奖 1 项，银奖 4 项，优秀奖 10 项，获奖量全国排名第二，时速 350 千米的复兴号高速动车组位居中国工业大奖榜首，产品出口到 105 个国家和地区，产品向中高端方向转变和发展，公司创新能力持续提升，供给侧创新优势逐步形成。

表 7 - 3　　　　　　　　　　　2018 年中国中车研发投入情况

指标	数值
公司研发投入	1117901. 3 万元
研发投入总额占营业收入比例	5. 10%
公司研发人员的数量	32914 人
研发人员数量占公司总人数的比例	19. 52%

资料来源：中国中车股份有限公司. 中国中车股份有限公司 2017 年年度报告［R］. 北京：中国中车股份有限公司，2018：1 - 238.

7.3　中国中车供给侧创新动力系统及其运行机制

7.3.1　中国中车供给侧创新动力模式分析

中国中车在推动供给侧创新过程中，主要采用了以下动力模式。

1. 技术创新推动模式

在中国高铁装备制造产业发展的形成期，中国中车通过实施重大科技创新项目推动高铁装备制造产业的发展，早在研制 CRH380A 高速动车组期间，公司就联合中南大学、北京交通大学、西南交通大学、北京科技大学等 30 余家高校与科研院所、30 余家企业实施产学研用协同创新，中国中车拥有高速列车系统集成国家工程实验室、动车组和机车牵引与控制国家重点实验室、国家重载快捷铁路货车工程技术研究中心、国家轨道客车系统集成工程技术研究中心等 11 个国家级研发机构和覆盖主机制造企业的 19 家国家级企业技术中心、50 家省部级研发机构为主体的产品与技术研发体系，通过协同创新和科技攻关，突破了动车组制造的核心和关键技术，有力地推动了公司的供给侧创新。此外，中国中车积极实施开放创新，构建开放式创新体系。先后建立中德轨道交通技术联合研发中心、中泰高铁联合研究中心、中英轨道交通技术联合研发中心和中俄高铁技术联合研发中心等 15 家海外研发中心，汇集全球资源，推动中车公司在整车设计、转向架、电气设备、制动系统、牵引控制系统等轨道交通装备核心技术方面实现了重大突破，在产品和技术开发方面取得丰硕的创新成果，有力地推动了中国中车供给侧创新的发展。

2. 市场需求拉动模式

中国中车公司的发展和供给侧创新离不开高铁庞大的市场需求的拉动。中国人多、地少、人均铁路营业里程非常低（2014 年人均仅为 0.56 千米/万人），发展高铁有利于解决严重的供需矛盾。在中国铁路大提速和跨越式发展的大背景下，充足的市场需求为高铁装备制造产业的发展和供给侧创新提供了难得的历史机遇。从 2008 年首条高速铁路京津城际高速铁路通车，到 2018 年底中国高铁运营里程超过 29000 千米，动车组累计运输旅客超过 90 亿人次。国内市场方面，根据《中长期铁路网规划》，到 2030 年，高速铁路将达到 3.8 万千米左右。根据《"十三五"现代综合交通运输体系发展规划》，城市轨道交通运营里程将由 2015 年的 3300 千米增加到 2020 年的 6000 千米。国外市场方面，高铁装备制造市场前景广阔，2018 年全球铁路装备市场规模达到 1489 亿欧元，其中高速铁路市场规模达到 190 亿欧元左右。欧洲、亚洲、中东等地地铁装备增速较快，市场需求规模大，高速铁路作为中国制造的"名片"，快速进入国际市场并显现出较强的竞争优势。面对国内外交通发展的新机遇和新需求，中国中车加快推进供给侧创新，加强对行业发展趋势和市场需求的研判，持续推进供给侧改革，强化创新驱动，优化创新资源配置，提升供给侧创新能力，重点发展高速铁路装备、绿色交通、安全交通等技术，以适应国内外市场需求，推动公司的高质量发展。

3. 技术创新与市场需求交互作用模式

实际上中国中车公司的快速发展，既不是单纯地依靠技术创新推动模式，也不仅仅靠市场需求拉动模式，在高铁装备制造产业进入成长期和成熟期后，公司在推进供给侧创新过程中，主要是通过技术创新和市场需求的有机结合，快速推动了高铁装备制造的供给侧创新和发展。如中国南车结合国内市场需求，自主研发出 CRH380A、CRH380D、CRH380L 动车组，在速度、性能、舒适性等方面达到国际领先水平。中国北车结合中国北方区域高寒环境需求，通过科技攻关，自主研发出 CH380B 高寒列车。"复兴号"高速动车组则结合用户、乘客各方面的需求，在以下四个方面进行了技术升级。一是使用寿命更长。"复兴号"动车组在降低全寿命周期成本、提高安全冗余等方面加大开研发创新力度，使整车性能指标大幅提升，设计寿命达到 30 年。二是能耗更低。通过创新采用全新低阻力流线型头型和车体平顺化设计，使列车在 350 千米时速下运行时人均百千米能耗下降 17% 左右，适应绿色交通发展的新要求。三是舒适度更高。适应旅客对舒适交通、智能并通不断提升的要求，在设计时，通过空调系统减小车外压力波的影响，减小耳部不适感；列车配置有多种照明控制模式，装有 WIFI 和充电插头，提升旅客乘坐体验。四是安全性更高。适应智能交通和安全交通发展的新要求，通过技术攻关，全车安装智能化感知系统，能够对走行部状态、轴承温度、冷却系统温度、制动系统状态、客室环境进行全方位实时监测和预警。

4. 政府推动模式

中国高铁装备制造产业的供给侧创新尤其是早期的形成和发展离不开国家战略和政府政策的有力支持。早在 2004 年，在政府的大力支持下，由原铁道部整合南车和北车公司与德国、法国、加拿大、日本四个国外公司合作引进了高铁技术，为我国高铁装备发展打下了重要基础。国家先后实施《中国高速列车自主创新联合行动计划》《国家高速列车科技发展"十二五"重点专项》，大力支持高铁装备制造业的研发和创新。2009 年和 2013 年，国家提出高铁"走出去"战略和"一带一路"倡议，在政府的大力支持下，中国中车成功进入多个国家市场，通过整合国内外创新资源，成立了 15 家海外研发中心，进一步提升了公司的供给侧创新能力。

5. 企业利益驱动模式

在中国高铁装备制造产业进入成熟期后，为进一步提升公司的国内外竞争优势，增强公司的持续盈利能力，应对国际化经营带来的挑战，中国中车公司以提高发展质量和效益为中心，深化供给侧改革，提升供给侧创新能力，推动公司的高质量发展。2018 年，中国中车研发投入达 111.79 亿元，研发投入占营业收入达 5.10%，研发创新能力稳步提升。至 2017 年 6 月，中国中车累计申请专利 32044 件，获得授权专利 21598 件，专利覆盖欧洲及美国、日本、澳大利亚等国家，公司对国内外创新资源的整合能力持续提升，创新体系持续完善，国家高速列车技术创新中心、国家高速列车产业计量测试中心获批筹建。中国中车还牵头成立了国际轨道交通车辆工业设计联盟、中国 IGBT 技术创新与产业联盟等，引领和推动了公司供给侧创新的快速发展和提升。

从上述分析可知，中国中车公司在供给侧创新过程中，综合采用了技术创新推动、市场需求拉动、政府推动和企业利益带动等多种模式，在高铁装备制造产业发展的初期和形成期，主要借助于技术创新推动和政府推动模式驱动公司的供给侧创新，通过政府政策支持、加大研发投入，提升自主创新能力，取得了较多的创新性成果，为公司的供给侧创新的形成和起飞打下了重要基础。在成长期和成熟期，则主要通过市场需求拉动模式、企业利益驱动模式和技术创新与市场需求交互作用模式等多种模式推动公司供给侧创新能力的提升，形成供给侧创新优势，公司规模和品牌优势凸现，在国内市场占有较高市场份额，产品进入国际市场，供给侧创新优势进一步发展和增强。

7.3.2　中国中车供给侧创新动力系统构建

根据上述分析，中国中车供给侧创新动力系统主要由技术创新推动力系统、市场需求拉动力系统、技术创新与市场需求交互作用力系统、政府推动力系统和企业利益驱动力系统五个子系统组成。技术创新推动力系统是对推动公司技术创新和供给侧创新能力提升具有重要影响的因素所构成的系统。主要包括公司在推进高铁装备制造研发创新中实施的重大科技项目、开展的产学研协同创新、建设的各类创新平台和研发中心、构建的开放式创新体系等影响因素。通过上述因素的作用和影响，推动公司供给侧创新能力的提升。市场需求拉动力系统是由市场需求影响因素所构成的系统，主要包括国内、国外市场对高铁的庞大需求，这些国内外需求会拉动企业推进供给侧改革、优化创新资源配置，主动提升供给侧创新能力。技术创新与市场需求交互作用力系统是由对技术创新推动力和市场需求拉动力共同作用的影响因素构成的系统，影响因素既有技术方面的需求，又有市场方面的需求，如中国中车结合技术和市场用户需求，研制 CH380B 高寒列车、"复兴号" 高速动车组，以适应用户对安全交通、绿色交通、智通交通、舒适交通的要求。政府推动力系统是指由政府政策和战略等影响因素构成的系统。影响因素主要包括对公司供给侧创新和发展具有重要影响的国家战略和政府政策，如政府对高铁装备制造产业的大量政策和研发资金支持、高铁"走出去"战略和"一带一路"倡议等国家层面的支持。企业利益驱动系统是由对企业利益具有重要影响的因素构成的系统。如公司在进入成熟期后，为提升竞争优势，主动应对国际化经营带来的挑战，推进供给侧改革，优化资源配置，加大研发投入力度，构建研发创新体系，以提升供给侧创新能力。总的来讲，上述五个子系统的综合作用，共同构成了中国中车供给侧创新动力系统。同时，中国中车供给侧创新动力系统也会受到国内、国外宏观环境、产业环境和企业内部环境因素的作用和影响，其供给侧创新动力构成也会根据环境的变化进行相应的调整。中国中车供给侧创新动力系统构成如图7－1所示。

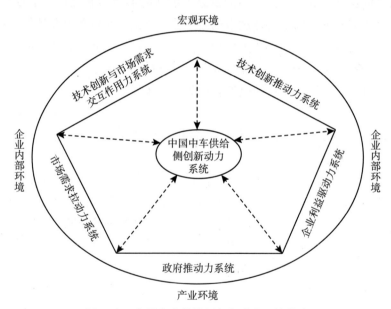

图7－1　中国中车供给侧创新动力系统构成

资料来源：根据相关资料绘制。

7.3.3　中国中车供给侧创新动力系统的运行机制

结合以上对中国中车供给侧创新动力系统的探析，可进一步对中国中车供给侧创新动力系统的运行机制进行分析。

1. 供给侧创新启动机制

中国中车充分利用技术创新和政府的推动力量启动供给侧创新。在实施供给侧创新初期，中国中车整合利用技术、资金、政策等创新资源，通过自主研发、实施重大科技项目、开展产学研协同创新、建设各类创新平台和研发中心、构建开放式创新体系、借助国家战略和政策支持启动供给侧创新，攻克并掌握高铁装备制造的九大核心技术，成功掌握时速200～350千米动车组技术，研制出适合中国环境和条件的高速列车，为中国中车供给侧创新的开展打下了重要基础，使公司的供给侧创新步入快速发展轨道。

在启动供给侧创新过程中，中国中车主要采取以下模式。一是"新兴技术＋新兴产业"模式。中国中车重视产学研用协同创新，在研制CRH380A高速动车组期间，30余家科研院所与30余家企业实施产学研用协同创新，取得了重大技术突破，并将这些技术通过转化和融合，与公司现有装备制造产业和技术有机融合，进而启动供给侧创新。二是"政府推动＋优势创新资源"模式。中国中车在供给侧创新过程中，充分借助政府力量和国家战略的支持，如在供给侧创新的初期阶段，在政府的主导下，从国外引进四个高铁车型，进行消化吸收和再创新，借助科技部和原铁道部对高铁装备制造业的政策支持，大力推动研发和创新，启动企业供给侧创新。同时，借助国家高铁"走出去"战略和"一带一路"合作倡议，整合国内外创新资源，建立15家国外研发中心，进一步增强公司的供给侧创新能力。

2. 供给侧创新放大机制

中国中车充分利用国内外市场需求对技术创新的拉动作用推动公司的供给侧创新。在公司供给侧创新过程中，中国中车紧盯国内外对高铁市场的庞大需求，在市场需求的拉动和指引下，整合创新资源，加大研发投入，持续推动供给侧创新，使供给侧创新的产出效应进一步放大，取得众多创新成果，实现创新的倍增效应和加速效应。时速350千米长编"复兴号"动车组、时速160千米动力集中动车、17辆超长编组动车组等相继研发成功并投入使用，"复兴号"动车组实现谱系化发展，高速动车组牵引控制系统、制动系统等关键核心技术获得突破，发明专利授权量快速增长，产品出口到105个国家和地区。

中国中车在实施供给侧创新放大机制过程中，主要得益于递增放大模式。在国内和国外各种市场需求的叠加作用和拉动下，中国中车主动整合资源，增加研发投入，以满足国内、国外用户对高铁装备在安全、节能、环保、低成本、舒适等方面的需求，研发出适应客户需求的高质量产品。在高质量产品的推动下，又会刺激和满足更多的市场需求，进一步加大市场需求拉动力，促使中国中车增加对创新资源的投入，进而产生二次放大效应，推进中国中车的供给侧创新。

3. 供给侧创新增强机制

中国中车综合利用技术创新的推动作用和市场需求的拉动作用共同驱动供给侧创新。在公司供给侧创新启动和运行后，公司进入快速成长期，其供给侧创新会受到技术创新推动力和市场需求拉动力的综合作用。如中国南车自主研发的 CRH380A、CRH380D、CRH380L 动车组，既使用了动车组研发的最新技术，又满足了客户对速度、性能、舒适性等方面的要求。中国北车自主研发的 CH380B 高寒列车通过科技攻关满足了高寒环境下用户对动车组的要求。"复兴号"高速动车组则结合用户、乘客各方面的需求，在使用寿命、能耗、舒适性、安全性等方面进行了技术升级。通过技术创新和市场的交互作用和有机结合，中国中车研制的新型动车组更易得到市场的认可和接受，在国内外市场竞争力较强，提升了供给侧创新的质量和效率，有利于企业的高质量发展。

中国中车供给侧创新增强机制主要采取了两种模式。一是持续增强模式。在公司供给侧创新过程中，紧密结合技术创新和市场需求，通过二者的持续刺激和反馈，持续强化供给侧创新，推出适应技术和市场需求的产品。二是间接增强模式。在公司供给侧创新的关键时间段或时间点注重技术创新或市场需求的刺激和反馈，以开发出适应技术和客户需求的产品。

4. 供给侧创新扩展机制

供给侧创新扩展机制体现为中国中车出于企业战略利益考虑，持续拓展供给侧创新的范围和空间，以获得市场竞争优势。随着公司步入成长期和成熟期，启动机制、放大机制的作用开始递减，企业面临更多的发展机遇和空间，中国中车利用已有资源和技术，由高铁装备制造业务向机车牵引、城市轨道车辆、城轨工程总包、客车、货车、通用机电、海工装备、新能源、新材料、环境治理等新兴产业业务领域渗透，大大扩展了供给侧创新的范围和空间，促进了全产业链创新能力的快速提升，实现了公司业绩的快速增长。

中国中车供给侧创新扩展机制的实现主要采取了两种模式。一是产业链创新扩展模式。围绕高铁装备制造核心资源，建设了一批具有国际先进水平的轨道交通装备制造基地、研发基地，建立了以高速动车组、机车牵引、城市轨道等主机企业为核心、配套企业为骨干，辐射全国的完整产业链和生产体系。通过产业链关键环节和技术的供给侧创新，建立产业竞争优势，实现企业的战略利益。二是合作创新扩展模式。中国中车注重合作创新，与我国多所高校签署了产学研合作或协同创新合作协议，组建了 191 校企联盟（中车 + 同济大学等

9 所高校联盟 + 观察员湖南大学），与青岛市共建国家高速列车技术创新中心，与海外多个国家的大学或科研机构联合成立了 15 家海外研发中心，企业的供给侧创新进入产学研用深度融合的新时代，大大提升了公司的供给侧创新效率。

5. 供给侧创新综合作用机制

中国中车借助技术创新推动力、市场需求拉动力、政府推动力、企业利益驱动力等多种力量，共同推动公司的供给侧创新。综合作用机制的核心是对上述多种动力进行融合，以发挥合力，全面推进供给侧创新。中国中车借助上述多种力量，整合技术和研发、知识和信息、管理、市场、人才、政策等多方面资源，以形成合力，推动公司的供给侧创新。通过战略调整，引导各业务板块、各子公司实现整体升级和协调发展，推动公司层面和产业链层面资源的整合重组。充分利用各子公司现有资源，推动内部融合、区域融合、全球融合，以形成一体化的生产和研发平台。同时，中国中车充分把轨道交通装备产业积累的技术和产业优势延伸到风电、节能环保、海工装备等新兴产业领域，以充分发挥公司的技术集成和协同研发优势，拓展新兴业务领域，加速在新兴业务领域形成完整的企业链、技术链、产业链，进一步拓展供给侧创新的空间和范围。

中国中车供给侧创新综合作用机制主要通过两种模式实现。一是联动协调综合作用模式。中国中车以铁路装备业务为核心，充分整合技术和研发、知识和信息、管理、市场、人才、政策等供给侧创新资源和能力，研制了以高速动车组、大功率机车、城市轨道车辆、铁路货车为代表的全系列谱系化产品，构筑了产品竞争优势。二是网络化综合作用模式。中国中车的供给侧创新发展，充分利用政府、社会、企业和全球的资源效应，在全球范围内对供给侧创新要素资源进行选择和配置，在协同创新模式上坚持重大科技成果共创、共建、共享，建立了 15 家海外研发中心，产品和服务出口全球 6 大洲 105 个国家和地区，与一百余家国内外高校、科研院所建立了紧密的网络化合作关系，对中国中车供给侧创新和国际化发展发挥了积极的推动作用。

7.4　中国中车供给侧创新的实现机制

根据战略性新兴产业供给侧创新实现机制模型及评价结果，可对中国中车供给侧创新实现的动力机制、培育机制、能力机制和保障机制进行分析，进而构建中国中车供给侧创新的实现机制模型。

7.4.1 中国中车供给侧创新的动力机制

1. 科技创新能力较强，国际竞争优势明显

中国中车以跨国经营、全球领先为战略目标，坚持创新驱动发展，坚持自主创新、开放创新和协同创新，推动"中车创造"，建立了适应国际化发展的技术创新体系，为中国中车的持续快速发展提供强劲动力。公司拥有11家国家级研发机构和19家国家级企业研发中心，有32194名研发人员、5家海外研发中心、50个省部级研发机构和一批专项技术研发中心，[①] 累计申请专利32044件，在轨道交通装备基础技术、核心技术、共性技术、产品技术开发等方面取得了大量的创新性成果，主持和参与起草国际标准70多项、国家标准200多项、行业标准1000多项，在动车组等轨道交通关键技术领域形成了一批自主知识产权，具有较强的国际竞争优势。

2. 市场需求规模较大，发展前景较好

国内市场方面，庞大的人口规模对高铁的需求仍呈高位增长态势，2018年全国铁路完成旅客发送量33.7亿人次，其中动车组20.05亿人次，占比约60%。在未来10年内，全国对高铁的投资仍将保持一定强度和规模。随着中国铁路总公司实施"复兴号"品牌战略、客运提质、三年货运增量三大计划，国内铁路客运、货运将大幅增长。同时，全国城市轨道交通建设加速，2018年全国新建城市轨道交通达到870千米，连续两年超过800千米。

国外市场方面，随着国家"一带一路"倡议和高铁"走出去"战略的推进，为中国中车打开了市场增长新空间，据预测，海外高铁市场到2025年计划新建4万千米，投资额高达5.2万亿元。国内国外高铁和城市轨道交通市场需求规模巨大，对推动中国中车供给侧创新、实现高质量发展具有重大推动作用。

3. 企业战略和目标明确，实力较强

中国中车以跨国经营、全球领先为战略目标，主动服务国家战略，坚持"国家需要至上、行业发展至上"原则，聚焦于铁路装备、城轨与城市基础设施、通用机电、新兴产业等业务的发展。公司紧盯提质增效，提升经营品质，按照核心、支柱、支撑、平台、培育五大业务方向，开拓产业发展空间，实现

---

① 梁剑. 中国中车：最好的产品是实业精神 [J]. 中国品牌, 2017 (5)：24-25.

高质量发展。2018 年，中国中车实现营业收入 2190.83 亿元，净利润 113.05 亿元，位列《财富》世界 500 强和中国 100 强。公司把握"一带一路""走出去"发展机遇，大力实施国际化战略，积极拓展海外市场，推进出口产品由中低端向中高端转变。创新经营模式，持续推进"产品＋技术＋服务＋资本＋管理"组合输出，加强海外资源配置，海外研发中心达到 15 个，研发资源整合利用、市场开发能力不断增强，产品出口到 105 个国家和地区，具有较强的综合实力和竞争能力。

4. 勇于担当的企业家精神和高效的管理团队

以董事长刘化龙、总经理孙永才等为主导的中国中车管理团队在企业经营中体现了战略思维和全球视野，具有强烈的责任意识和敢于担当、积极创新的企业家精神。在中国高铁发展历程中，中国中车管理团队主动从国家战略的高度，积极探索高铁制造业从中低端向中高端迈进的有效途径，不断推进中国高速动车组领跑世界。公司管理团队始终把创新放到最重要的位置，创新管理理念，实行全方位精益管控模式，驱动了公司快速发展。在动车组引进上，讲究引进质量，引进时速 200 千米的动车组之后，不再引进时速 300 千米的动车组，而是通过引进消化吸收和再创新，自主研发出"和谐号"CRH380 系列动车组，其中 CRH380A 通过美国知识产权局的专利评估，打通了中国高铁走向世界市场的大门。随后，研发出第三代动车组"复兴号"，建立了中国标准的技术体系，在涉及的 254 项重要标准中，中国标准占 84%，动车组技术达到国际领先水平，使高铁成为靓丽的"国家名片"。

5. 政府的大力推动和强有力的政策支持

中国中车公司的供给侧创新，离不开政府部门的大力推动和政策支持。国家出台大量支持政策，投入大量资金支持高铁装备产业的发展。《中国高速列车自主创新联合行动计划》《国家高速列车科技发展"十二五"重点专项》《铁路主要技术政策》的出台，为中国中车高铁装备制造产业的研发和创新指明了发展方向。《中长期铁路网规划》《国务院加快和培育战略性新兴产业的决定》《国家铁路"十二五"发展规划》《轨道交通装备产业"十二五"规划》等政策，都将高铁装备制造产业列为重点扶持和发展的产业，为中国中车的发展提供了难得的发展机遇，对中国中车的供给侧创新和发展具有重要推动作用。2009 年，中国从国家战略高度提出了高铁"走出去"战略；2013 年，又提出了"一带一路"倡议。在政府的大力支持和推介下，中国中车成功进入多个国家市场，供给侧创新能力持续提升。

结合上述对中国中车供给侧创新动力机制和影响因素的分析，可构建出中国中车供给侧创新的动力机制模型，见图 7 - 2。

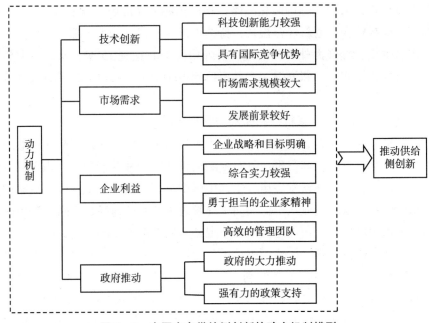

图 7 - 2　中国中车供给侧创新的动力机制模型

资料来源：根据相关资料绘制。

由以上分析可知，中国中车供给侧创新的动力机制受技术创新推动力、市场需求拉动力、企业利益驱动力和政府推动力等多各种因素的作用和影响，通过上述多种力量和因素的综合作用和影响，共同推动中国中车供给侧创新的启动和实施。

7.4.2　中国中车供给侧创新的培育机制

1. 突出企业自主创新的主体地位

中国中车在实施供给侧创新过程中，坚持创新驱动发展战略，充分发挥企业自主创新的主体地位和作用。持续加大研发投入，2016～2018 年，研发投入均超过 100 亿元，位列全球前 100 位，位居中国制造业第一位。公司坚持人才强企战略，充分发挥各类创新人才的作用，2018 年，公司拥有研发人员32914 名，拥有一支由 14 名中车科学家、77 名首席技术专家、467 名资深技术专家、2248 名技术专家为核心的技术人才队伍。公司通过引进消化吸收再创新，自主研发出时速 300 千米动车组，通过自主创新，研发出"和谐号""复兴号"动车组，成功实现了技术跨越式发展。中国中车立足高端引领，建立轨道交通全球研发高地，成立了国家高速列车技术创新中心，大力推动高铁产业的供给创新，以引领高铁行业技术的发展。

2. 构建协同创新和开放式创新体系

中国中车以重大专项研发和国家高速列车技术创新中心建设为载体，持续推进政产学研用协同创新和开放式创新，凝聚国内外智力资源，充分利用政府、社会、科研院所、企业和全球的资源协同效应，积极构建"政、产、学、研、用"深度融合的技术创新体系，实施开放式创新。中国中车与中科院微电子所等 9 家企业建立中国 IGBT 技术创新产业联盟，与国内外一百多所大学建立了产学研合作关系。充分利用政府政策支持，与青岛市人民政府共建高速列车国家技术创新中心，与成都市人民政府、西南交通大学签订了校、地、企协同创新战略合作协议，在海外建立了 15 家研发中心，汇集全球资源，有力地推动了中车公司供给侧创新的发展。

3. 公共建设需求强力拉动

国内对高铁建设的公共需求庞大，根据《中长期铁路网规划》，高速铁路营运里程将由 2015 年的 1.9 万千米增加到 2030 年的 3.8 万千米左右。根据《"十三五"现代综合交通运输体系发展规划》，到 2020 年，城市轨道交通运营里程将由 2015 年的 3300 千米增加到 2020 年的 6000 千米。国外对高铁装备和轨道交通装备的需求规模也较大，2018 年全球铁路装备市场规模达到 1489 亿欧元，其中高速铁路市场规模达到 190 亿欧元左右。国内外对高速铁路和轨道交通的庞大建设需求有力地推进了中国中车的供给侧创新。

4. 政府采购支持力度较大

中国中车在供给侧创新和发展过程中，离不开政府采购的有力支持。在中国中车供给侧创新初期，铁道部以巨大的国内市场为基础，以南车和北车公司为合作对象，通过竞标，从国外引进动车组先进技术，通过消化吸收和再创新，研制出先进的动车组技术。为了支持高铁装备等自主创新产品的发展，国家还制定了《国家自主创新产品认定管理办法》《自主创新产品政府采购合同管理办法》《自主创新产品政府采购评审办法》等办法和措施，优先对高铁装备等自主创新产品进行采购，充分运用首购和订购制度，为高铁装备制造企业提供市场支持，激励高铁装备制造企业开展自主创新。

5. 重视人才的培育和引进

中国中车重视人才对公司的牵引和驱动作用，依托"全球引智"项目和校园招聘，面向国内和海外选拔招聘各种类型的创新人才。公司重视核心技术、核心管理人才队伍的建设，持续提升企业管理水平。"十三五"期间，公司在发展目标中提出要培养院士 1~2 名，公司级科学家 20 名，首席技术专家 100 名，资深技术专家 1000 名，技术专家 3000 名，子公司级技术专家 6000 名；培养公司级首席管理专家 20 名，资深管理专家 500 名，管理专家 2000 名，子公司级管理专家 3500 名。这些方案为公司的供给侧创新提供了充裕的人才供给。

6. 完善的人才激励机制

中国中车重视对各类人才的激励，持续创新人才激励机制，突出绩效考核，制定实施统一的企业效绩评价考核体系。公司以岗位价值为导向，以员工对企业的贡献为依据，建立员工绩效、能力与薪酬相匹配的联动机制，建立了较为完善的绩效管理制度和员工职业生涯管理制度，全面实施了岗位绩效工资制和全员绩效管理，有效提升员工的工作绩效，实施股权激励计划，使公司的长远发展与员工的收益有机结合，激发了公司各类人才的创新活力和创造激情。

根所以上分析，可构建出中国中车供给侧创新的培育机制模型，见图 7 - 3。

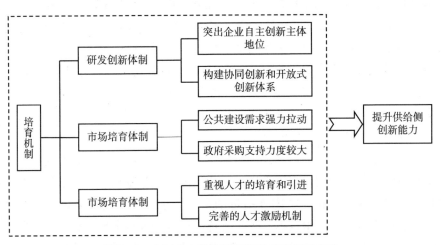

图 7 - 3 中国中车供给侧创新的培育机制模型

资料来源：根据相关资料绘制。

从图 7 - 3 可以看出，中国中车通过充分发挥企业自主创新的主体地位，构建协同创新和开放式创新体系，借助公共需求拉动和政府采购支持，持续加大人才的培育和引进，完善人才激励机制，构建了供给侧创新的培育机制。培育机制对于提升中国中车供给侧创新能力，加速创新发展具有重要影响。

7.4.3 中国中车供给侧创新的能力机制

1. 研发资源整合能力较强

中国中车通过对南车、北车公司技术路线的整合，实现了两家企业优势互补和技术路线的统一。通过整合南车、北车公司创新资源，实现了高速动车组、牵引与控制系统、网络控制系统、制动系统、走行系统、连接系统、旅客信息系统等重要产品和系统平台的研发。基于上述平台资源的整合，中国中车轨道交通装备产品开发能力快速提升，新产品产值率达 59.85%，实现了跨越式发展。中国中车还通过出口贸易、海外投资、海外并购、合资合作等形式，在全球范围内整合、配置资源，在 26 个国家和地区设立了 75 家境外子公司、15 家海外研发中心。中国中车注重与相关利益方建立合作共享机制，通过实施本土化制造、本土化采购、本土化用工等方式有效整合本土化资源，为当地创造就业和税收，完善轨道交通产业链，持续提升竞争优势，推进供给侧创新。

2. 知识资源整合能力较强

中国中车与国内外一百多所国内外大学建立了产学研合作关系，开展联合人才培养，有效利用分布在企业外部的知识、信息和技术推进创新。中国中车依托高速列车行动计划，联合清华大学、浙江大学、中科院力学所等16 家单位，成立了我国首个高速列车产业技术创新战略联盟，合作课题 125项，整合资源推动协同创新。与同济大学共建"同济中车创新研究中心"，与湖南大学签署战略合作协议，共建"中国中车湖南大学研究中心"和"湖南大学中车学院"，在海外建立了 15 家研发中心，以充分协同内外部知识、资源和信息，重点攻克公司急需解决的关键、核心技术难题，提升公司供给侧创新能力。

3. 重视引进消化吸收再创新

在高铁装备制造研发上，中国中车探索了一套"技术引进 + 消化吸收 + 自主创新"的发展模式。2004~2006 年，原铁道部经过招标从日、德、法、加等国家引进了 CRH1、CRH2、CRH3、CRH5 等高铁车型，并以南车和北车公司作为技术受让方，进行合作生产。在与国外技术成熟企业的合作中，中国中车高端技术和管理人才得到了深入锻炼，通过持续消化和吸收，攻克并掌握高铁装备制造的九大核心技术，成功掌握时速 200~350 千米动车组技术。通过再创新，研发出时速 300 千米动车组和"和谐号"动车组，[①] 成功实现了头型、轻量化车体、转向架、减振降噪、系统集成等关键技术的自主创新，实现了技术引进到自主创新的转变。在此基础上，通过再创新，自主研发出第三代动车组——"复兴号"，技术达到国际领先水平。

4. 强大的集成创新能力

中国中车依托现有的轨道交通系统集成工程实验室等 11 个国家级研发机构、19 家国家级企业技术中心、50 家省级研发机构，与一百多家企业和高校建立产学研合作关系，[②] 通过有效集成各种创新要素和资源，开展协同创新，具备了强大的集成创新能力。在引进第一代动车组技术基础上，快速研制开发出第二代、第三代动车组技术。通过集成创新大大缩短了动车组产品的研发周期，提升了供给侧创新能力，缩小了与发达国家之间的技术差距。

5. 原始性创新能力持续提升

中国中车充分发挥企业创新主体作用，坚持自主创新，率先研制出时速 350 千米的"复兴号"动车组，居世界领先水平。"复兴号"动车组 254 项重要标准中，中国标准占 84%。在整体设计、牵引、制动、网络等核心技术方面拥有自主知识产权，[③] 与国外同类产品相比，在安全性、舒适度、智能性、节能环保、寿命方面更具竞争优势。

6. 强大的市场开拓和营销能力

中国中车充分发挥行业技术优势和产品优势，积极参加国内外客户招标和议标活动，通过投标和商务谈判签订供货合同并形成订单。借助"一带一路""走出去"发展机遇，大力推进国际化战略，积极开拓海外市场。创新经营模式，推进"产品＋技术＋服务＋资本＋管理"组合输出，深入推进国际合作，产品进入新加坡、土耳其、南非、美国等 105 个国家和地区，在全球的影响力和国际知名度显著提升。

7. 市场竞争优势较强

中国南车、北车合并重组后，中国中车整合技术、品牌、研发、人才、市场等方面优势，有效提升公司核心竞争力，以构筑在轨道交通高端装备制造领域的优势地位。实现国内高铁市场占有率近 100%，全球高铁市场占有率近70%，市场份额位居全球第一。2018 年，公司资产总额为 3575.23 亿元，实现营业收入 2190.83 亿元，净利润 113.05 亿元，具有较强的市场竞争优势。

---

① 严学锋，谷学禹. 打造世界一流的"中车方案"[J]. 董事会，2018（3）：50-53.
② 梁剑. 中国中车：最好的产品是实业精神 [J]. 中国品牌，2017（5）：24-25.
③ 陆娅楠. 纯中国血统，"复兴号"来了 [J]. 科学家，2017（12）：6-10.

根据以上对中国中车供给侧创新能力机制影响因素的分析，可构建中国中车供给侧创新的能力机制模型，见图 7 - 4。

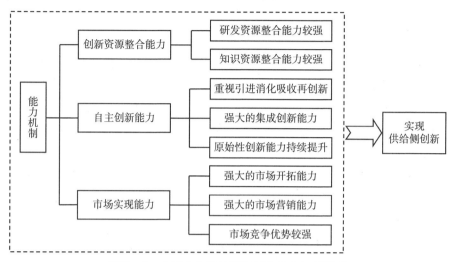

图 7 - 4　中国中车供给侧创新的能力机制模型

资料来源：根据相关资料绘制。

由以上分析可知，中国中车重视研发资源和知识资源的整合，重视自主创新能力的提升，通过引进消化吸收再创新能力、集成创新能力和原始性创新能力的培育和提升，有效提升了自主创新能力。同时，公司注重市场开拓和营销，持续提升市场占有率，市场实现能力较强，形成了较强的市场竞争优势。创新资源整合能力、自主创新能力、市场实现能力共同构成了中国中车供给侧创新的能力机制。

7.4.4　中国中车供给侧创新的保障机制

1. 政策的强力支持

中国中车的供给侧创新和发展，离不开相关政策的强力支持。如前所述，由原铁道部主导，通过竞标，以市场换技术从国外引进了高铁技术，通过消化、吸收和再创新，为高铁装备制造业的供给侧创新打下了重要基础。国家相关部门制定和实施了《中国高速列车自主创新联合行动计划》《"十一五"国家科技计划项目》《国家高速列车科技发展"十二五"重点专项》，投入大量人力、物力和财力支持高铁装备制造业的研发和创新。国家战略高度支持高铁

"走出去"，国家领导人大力向国外宣传、介绍和推广中国高铁，对于中国中车成功进入国际市场具有重要推动作用。同时，中国中车子公司中国中车研究院、株洲电力机车有限公司等子公司作为高新技术企业，均减按 15% 征收企业所得税。

2. 重视创新载体建设

国家大力支持高铁装备制造产业各类创新载体的建设。以中国中车为基础，在国家各部门的大力支持下，中国中车拥有 11 个国家级研发机构，19 家国家级企业技术中心，50 家省部级研发机构。① 2016 年，成立了中国第一个国家技术创新中心——国家高速列车技术创新中心，该中心是集政府、科研院所、高校、企业等多方力量共同构建的国际化、专业化创新平台。上述各类创新平台和载体的构建，提升了公司的供给侧创新能力，构筑了全球竞争优势。

3. 注重知识产权保护

中国中车在快速发展过程中，高度重视知识产权保护工作。通过企业知识产权贯标认证，使公司的主要职能部门都参与到知识产权保护工作中去。公司制定了严格的政策和流程，推进知识产权与研发的融合，严格保护创新成果，降低知识产权风险。截至 2017 年上半年，中国中车累计申请国内外专利 3.2 万件，获授权专利 2.2 万件。在轨道交通领域获得有效专利 1.7 万件，数量位居世界第一。② 知识产权保护措施对于推动公司供给侧创新，使公司在国内外市场竞争中立于不败之地，起到了重要的保障和护航作用。

4. 良好的社会创新文化和创新氛围

近年来，在"大众创业、万众创新"浪潮的推动下，全国上下形成了"万众创新""人人创新"的新势态，创新正成为引领和驱动经济发展的第一推动力，成为推动高质量发展的必由之路。在政府的引导和宣传下，全社会支持创新、包容失败的环境和氛围正在良性发展，有利于创新创业的社会生态系统和社会文化逐渐形成。国家和社会各部门对中国中车的研发和创新提供全方位的政策、资金、人才等支持，为中国中车的供给侧创新提供了良好的发展环境。

5. 强有力的人才和充足的资金保障

中国中车重视人才对公司发展的牵引和驱动作用，坚持创新发展，人才至

---

① 梁剑. 中国中车：最好的产品是实业精神 [J]. 中国品牌，2017（5）：24 – 25.
② 赵建国. 知识产权发力，高铁跑出"中国速度"[N]. 中国知识产权报，2017 – 8 – 17.

上，为各类人才提供优越的工作和生活环境，以充分调动各类人才的积极性和主动性。中国中车有院士 2 名，拥有各类研发人员 32914 名，拥有一支以 14 名中车科学家、77 名首席技术专家、467 名资深技术专家、2248 名技术专家为核心的技术人才队伍。公司坚持创新驱动发展战略，持续加大研发投入力度，2018 年研发资金投入达 111.79 亿元，营业收入超 2190 亿元，为公司的供给侧创新和发展提供了充足的资金保障。

6. 高效的组织保障

中国中车通过研究院、研发中心和各类创新平台构建了较为完善的研发组织体系。中国中车和各子公司均设有独立的研发部门，以中国中车为基础，建立了 11 个国家级研发机构、19 家国家级企业技术中心、9 家海外研发中心和 50 个省部级研发机构，① 成立中车研究院，作为中车"技术经济研究中心"和"科技资源聚合中心"，协同整合公司内外部创新资源，服务中车及其各子公司，通过搭建产业发展研究平台及资源聚合平台，组织推动基础性、前瞻性、共性技术研究及科技成果商品化、产业化等工作。同时，中国中车注重对公司内外部资源的协同，与高校、科研院所、企业建立了广泛的产学研合作和联系，成立产业联盟，不断创新组织形式，加速提升创新质量和创新效率，为高铁装备制造核心技术突破、自主创新产品研发提供了有力的组织保障。

根据以上对中国中车保障机制和影响因素的分析，可构建出中国供给侧创新的保障机制模型，如图 7 - 5 所示。

根据图 7 - 5 和前文分析可知，中国中车供给侧创新的保障机制主要受政府的支持力度、创新载体建设、知识产权保护、社会创新文化和创新氛围、人才、资金、组织保障等多方面因素的影响和作用。保障机制对于提升中国中车供给侧创新能力，保障供给侧创新的运行具有重要的作用。

7.4.5　中国中车供给侧创新的实现机制模型构建

综合以上对中国中车供给侧创新的动力机制、培育机制、能力机制、保障机制和影响因素的分析可知，能力机制是中国中车供给侧创新实现的核心机制，其主要作用在于创新实现。动力机制则通过技术创新、市场需求、政府政

---

① 梁剑. 中国中车：最好的产品是实业精神 [J]. 中国品牌，2017（5）：24 - 25.

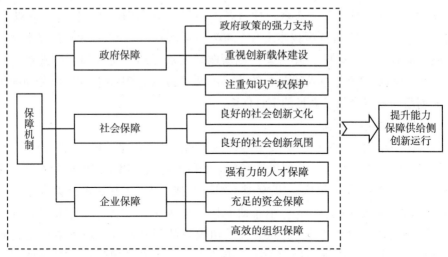

图 7 - 5　中国中车供给侧创新的保障机制模型
资料来源：根据相关资料绘制。

策、企业利益等多种动力的综合作用推动中国中车供给侧创新的启动和实施。培育机制对于提升中国中车供给侧创新能力、提升供给侧创新质量和效率具有重要促进作用。而保障机制为中国中车能力机制的提升和实现机制的运行提供了强有力的人才、资金和组织保障。通过动力机制、培育机制、能力机制和保障机制四大机制的相互影响和作用，共同推动中国中车供给侧创新最终的实现。

　　根据以上分析，可将中国中车供给侧创新的动力机制模型、培育机制模型、能力机制模型和保障机制模型组合联系到一起，建立中国中车供给侧创新的实现机制模型，如图 7 - 6 所示。从该模型可知，能力机制在中国中车供给侧创新中居于核心地位，动力机制对于增加供给侧创新投入，驱动供给侧创新具有重要推动作用，培育机制对于加速创新、提升供给侧创新能力发挥着重要的增强作用，保障机制则对于提升培育质量、保障供给侧创新运行、提升供给侧创新能力发挥着重要的保障作用。在上述四大机制的协同作用和影响下，中国中车最终形成了供给侧创新的实现机制。

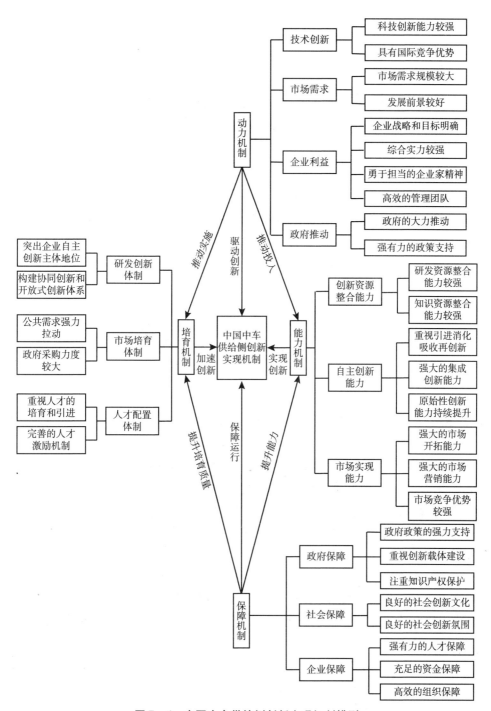

图 7 - 6 中国中车供给侧创新实现机制模型

资料来源：根据相关资料绘制。

第 8 章　战略性新兴产业供给侧
创新的国际经验及启示

在战略性新兴产业供给侧创新方面，美国、英国、德国、日本、韩国、俄罗斯、印度等国家积累了诸多经验，本章将通过对国外典型国家战略性新兴产业供给侧创新经验的分析，得出对我国战略性新兴产业供给侧创新的有益启示。

8.1　典型国家战略性新兴产业供给侧创新的政策经验

8.1.1　美国战略性新兴产业供给侧创新政策

2008 年全球金融危机爆发，传统工业竞争力下降加快，[①] 美国政府意识到培育和发展战略性新兴产业的重要性与迫切性，及时借鉴里根政府在应对美国经济社会出现"滞胀"及结构性问题时推出的供给侧改革措施，制定了符合自身发展实际的战略性新兴产业供给侧创新政策，政策主要包括以下几个方面。

（1）加大研发支持力度，提高原始创新能力。2008 年和 2009 年，美国先后推出"再工业化"战略、出台《政府的创新议程》，打造数字制造和设计创新中心等先进制造技术研发和创新中心，[②] 不断加大对新能源、生物医药、智能电网、健康信息等产业基础科学研究和基础设施的支持。在研发资金方面，

---

①　秦大磊．供给侧改革模式与财税政策实施效应的国际借鉴［J］．税务研究，2016（9）：56 – 62.

②　江小国，刘凤芸．供给侧改革与经济增长：理论阐释、稳态预测及国外经验［J］．当代经济管理，2017，39（5）：7 – 11.

美国制定了《美国复苏与再投资法》，投资 183 亿美元用于各重点领域的基础研究，投资 7870 亿美元重点支持新能源产业的发展，对于尖端医学研究则投资资助 50 亿美元，[①] 为战略性新兴产业原始创新能力提升提供了有力支撑。

（2）制定税收减免政策，完善金融服务水平。税收减免是战略性新兴产业供给侧创新的重要举措，美国政府通过降低企业税费标准、对原材料进口实施税收优惠、[②] 将研发税收扣除政策长期化等，推动供给侧投资结构优化。同时，美国政府制定了扩张的财政政策和货币政策，并通过补贴和税收优惠为企业提供不同种类的贷款担保，通过调节利率降低融资和贷款的成本，[③] 使金融服务水平得到进一步完善，有效推进了战略性新兴产业创新发展。

（3）重视知识产权保护，积累科技转化经验。美国重视知识产权保护。2008 年，美国议会设立了美国知识产权执行协调办公室，以在美国及海外协调和提高知识产权水平。2015 年，美国政府再次发布《美国创新战略》，[④] 不断加强对科技产业发展的重视度，旨在进一步积累科技转化经验，为战略性新兴产业创新发展提供有效支撑。

（4）增强政府战略引导，减少政府政策干预。《政府的创新议程》明确指出美国将优先和重点发展替代能源技术，将风能、太阳能、生物燃料、健康生物技术、智能电网和更节能的交通技术等作为优先发展领域。美国政府颁布《重振美国制造业框架》《先进制造业伙伴计划》等支持美国制造业发展的政策。2011 年，《美国创新战略》把先进制造技术纳入重点领域。美国通过成立清洁技术基金，制定"高科技车辆制造激励计划"等支持清洁技术、新能源汽车产业发展。[⑤] 政府的战略引导为战略性新兴产业创新发展指明了方向。此外，政府不断减少对各行业及各领域的干预也进一步推进了战略性新兴产业创新发展。

---

① 王斌，骆祖春. 美国发展战略性新兴产业的最新举措、特点及启示［J］. 现代经济探讨，2011（6）：84 – 87.

② 冯碧梅. 发达国家的制造业回流与福建省供给侧改革研究［J］. 福建论坛（人文社会科学版），2017（2）：194 – 200.

③ 江小国，刘凤芸. 供给侧改革与经济增长：理论阐释、稳态预测及国外经验［J］. 当代经济管理，2017，39（5）：7 – 11.

④ 郑绍庆. 供给侧改革下经济管理创新的国际经验借鉴研究［J］. 哈尔滨师范大学社会科学学报，2017，8（3）：74 – 77.

⑤ 张晓欢，杨晓东. 国外战略性新兴产业发展的经验与启示［J］. 中国中小企业，2017（10）：68 – 70.

8.1.2 英国战略性新兴产业供给侧创新政策

英国政府一直高度重视战略性新兴产业的培育和发展。早在 1979 年，撒切尔夫人就开始通过减少经济干预、放松管制、减免税费、收紧外币政策、减少社会福利开支等加强市场竞争，促进资源合理配置，推动英国经济政策转向供给侧。① 通过提升技术创新能力，大力发展战略性新兴产业，创新管理体制，挖掘生产要素供给潜力，促进经济体系转型与战略性新兴产业发展，② 主要政策涉及以下方面。

（1）设立创新投资基金，加大研发支持力度。2009 年，英国设立金额达3.25 亿英镑的创新基金，为新兴产业的技术创新提供了创新源泉。同时，英国政府不断加大研发支持力度，一年研究预算达到 46 亿英镑。英国对基础设施的支持力度也较大，《国家基础设施规划 2010》指出，在以后 5 年中，投资不少于 2000 亿英镑资助基础研究，投入 5.3 亿英镑建设数字通信网络，投入10 亿英镑发展低碳经济，以促进碳捕获与封存技术的商业化。此外，英国商业、创新和技能部提出在 2012 ~ 2014 年投入 7500 万英镑支持创新型中小企业的创新。③

（2）积极推行税收优惠，改善金融服务方式。中小企业作为战略性新兴产业的扶持重点，受到英国政府的高度重视。一方面，英国政府通过简化税制，采取措施使小规模企业利润税率降至 20%，企业主税率降至 24%，并对中小企业研发费用支出给予税收减免。2012 年，英国给予中小企业的税前扣除达到 225%，亏损的中小企业可获得转让亏损的 11% 的现金返还。④ 另一方面，英国不断改善金融服务方式，通过设立企业资本基金（ECF）计划、地区增长基金会（RGF），大力发展风险投资基金，为企业创新提供基金。鼓励英国主要银行设立企业成长基金（BGF），为高成长性企业提供资金。通过种子企业投资计划（SEIS），支持企业前期技术的研发。此外，英国还积极推行中小企业创新券计划、中小企业研究计划、公共采购等优化金融服务的措施，⑤

---

① 谢重娜. 英国供给侧改革的启示 [N]. 金融时报，2016 – 12 – 12.

② 郑绍庆. 供给侧改革下经济管理创新的国际经验借鉴研究 [J]. 哈尔滨师范大学社会科学学报，2017，8（3）：74 – 77.

③④ 张晓欢，杨晓东. 国外战略性新兴产业发展的经验与启示 [J]. 中国中小企业，2017（10）：68 – 70.

⑤ 陈强，余伟. 英国创新驱动发展的路径与特征分析 [J]. 中国科技论坛，2013（12）：148 – 154.

采取融资担保、技术商业、创业扶持等多种手段扶持中小企业技术创新，促进金融机构在推动战略性新兴产业创新发展中发挥作用。

（3）强化知识产权保护，鼓励推进技术创新。现有的知识产权体系在运作过程中，政府会定期评估哪些措施或问题难以有效满足战略性新兴产业和新兴技术发展的需要、不利于新兴产业知识产权的保护，并清除或克服这些障碍。英国不断强化知识产权保护，构建有利于创新创造的知识产权体系，提出通过专利审查系统和借助外国专家力量提升专利质量。通过制定专门的扶持政策，打造了覆盖生物技术公司、光电子企业和计算机企业的剑桥工业园，推进高新技术产业集群创新发展，为技术创新提供了良好的环境。

（4）政府制定战略导向，减少法规制度干预。英国政府重点支持和发展低碳技术和低碳产业、生命科技和生物技术产业、大数据、空间和海洋技术、机器人、合成生物学、纳米技术、再生医学、农业科学、先进材料和可再生能源等战略性新兴产业领域。目前，英国节能环保与可再生能源技术水平位于世界前列。[①] 2008 年以来，英国先后出台《英国低碳转型发展规划》《再生能源战略》《增长的技能》《创新国家》《政府创新与研究战略》等规划和文件，支持战略性新兴产业发展。英国还通过实施"创业英国"计划，为新创企业提供资助和资金支持。此外，英国政府引入"一出一进"系统和"日落条款"，提出再增加一条新的法规的同时必须取消一条旧有法规，减少法规对企业创新活动的影响，降低企业的负担。

8.1.3　德国战略性新兴产业供给侧创新政策

德国的装备制造、信息技术等产业位居世界前列，早在 1982 年，德国就开始采取偏向供给侧的经济政策。[②] 2008 年全球金融危机后，为推动战略性新兴产业的发展，德国从供给侧的技术和制度等层面入手，制定了一系列促进战略性新兴产业发展的政策，主要包括以下方面。

（1）推进减税制度实施，助力重点产业发展。1984 年，德国公布《减税法》，将企业整体税负降至 22.5%。[③] 对传统化石能源征收销售税和生态税，

① 鲁朝云. 广州制造业供给侧改革的国际经验借鉴及路径选择 [J]. 当代经济，2017（16）：18 - 20.

② 江小国，刘凤芸. 供给侧改革与经济增长：理论阐释、稳态预测及国外经验 [J]. 当代经济管理，2017，39（5）：7 - 11. 陈晶，冯荣凯. 供给侧结构性改革国际经验的借鉴与反思 [J]. 沈阳工业大学学报（社会科学版），2018，11（3）：221 - 226.

③ 王秋波，魏联合. 德国的供给侧改革 [J]. 政策瞭望，2016（4）：23 - 24.

而对新能源则免征生态税。对于新兴产业，政府给予低息贷款优惠。同时，主张通过整顿财政，调整社会福利政策，压缩政府开支；放松管理，推进联邦资产私有化；实施以稳定物价为优先的货币政策等推进供给侧改革。[①] 对电子、核电站、航空航天等新兴工业进行"有远见的塑形"。[②] 相继出台了《高科技战略行动计划》《德国 2020 高科技战略》《德国工业 4.0 战略计划实施建议》，以确保德国在战略性新兴产业发展中的竞争力和领先地位。在《德国 2020 高科技战略》中，提出了重点发展新能源、食品健康与安全、交通运输、安全、通信 5 大重点产业。

（2）持续加大研发投入，支持中小企业发展。20 世纪 90 年代，德国设立专项基金，旨在鼓励中小企业加大研发投入。[③] 自 2011 年以来，德国研发投入持续增加，占 GDP 的比例约为 3%，远高于欧盟 2% 的平均水平，处于世界领先水平。研发人员数量也持续增加，促进了研发创新活动。在《德国 2020 高科技战略》中，对生命科学领域项目资助达 50 亿欧元，对新能源汽车研发资助 5 亿欧元。德意志研究联合会（DFG）对于生命科学领域的基础平台建设、大型设备购买给予重点资助。[④] 此外，德国持续加大对生物产业、新能源产业等领域的创新投入，有力地促进了战略性新兴产业的快速发展。企业尤其是中小企业作为德国研发投入的主体，政府制定了一系列政策和措施，引导和支持企业的创新，出台《中小企业远程工作计划》《企业技术创新风险分担计划》《中小企业创新与未来技术计划》，通过战略投资、技术研发资助、引进风险资本、降低融资成本等多种途径支持中小企业的发展。

（3）培育创新人才队伍，注重科技创新合作。20 世纪 90 年代，德国政府就已注意到人力资本投资对于供给侧改革的重要性，开始不断强化人力资本投资，加强创新人才队伍建设。目前，德国已形成由企业和学校通过市场机制共同培养专业人才的双轨制。[⑤]同时，为有效利用全球创新资源，德国政府积极推动与其他国家的合作。2008 年，德国政府出台《加强德国在全球知识社会中的作用：科研国际化战略》，积极推动与西欧、北美等发达国家的尖端科研合作和大型科研基础设施的联合建设。推动与发展中国家和新兴发展国家的国际合作，以挖掘和开发创新潜能，吸引发展中国家学生到德国留学并留住优秀

① 任泽平. 日本供给侧改革的成效与缺憾［J］. 金融市场研究，2016（5）：28 - 37. 秦大磊. 供给侧改革模式与财税政策实施效应的国际借鉴［J］. 税务研究，2016（9）：56 - 62.

② 王秋波，魏联合. 德国的供给侧改革［J］. 政策瞭望，2016（4）：23 - 24.

③⑤ 贾康，张斌. 供给侧改革：现实挑战、国际经验借鉴与路径选择［J］. 价格理论与实践，2016（4）：5.

④ 陈强，霍丹. 德国创新驱动发展的路径及特征分析［J］. 德国研究，2013（4）：86 - 128.

人才。

（4）充分利用法制优势，推进细分产业发展。以医疗行业为例，德国自20世纪90年代开始便通过制定和修改医保医生需求计划、对住院医疗实施DRG支付制度改革等推进医疗供给侧改革。充分利用法制优势，以立法和修法的形式推进改革、政府宏观调控和行业组织自治有机结合、强化基层医疗服务提供能力以及建立"紧密合作"与"有序竞争"的医疗供给秩序等特点。[①]

8.1.4　日本战略性新兴产业供给侧创新政策

第二次世界大战后，日本先后进行过两次供给侧改革。2008年金融危机爆发以后，日本政府确立了"技术立国"的发展战略，支持和鼓励企业技术创新，从供给侧入手，引导和扶持战略性新兴产业的发展，主要发展政策涉及以下几点。

（1）出台规划引导政策，支持重点产业发展。早在1978年和1982年，日本先后颁布《特定机械信息产业振兴临时措施法》和《推进经济结构调整纲要》，明确提出要发展电子计算机、高精度装备和知识产业，[②] 并将科技产业、装备产业、时尚产业和知识产业作为国家重点扶持产业。[③] 近年来，日本政府先后出台《低碳行动计划》《未来开拓战略》《信息技术紧急计划》《第四次经济刺激计划》等政策和计划，划定了战略性新兴产业优先发展的领域，重点支持节能技术、新能源汽车技术、信息技术、节能家电、太阳能电池、蓄电池、燃料电池、核能、生物燃油、绿色家电、机器人、半导体等产业的发展，明确了产业发展的重点领域和方向。[④] 如日本政府2009年制定《新国家能源战略》，确定了八个能源战略重点领域，通过《低碳行动计划》，将核能、太阳能、风能、潮汐能作为优先发展的重点能源领域。此外，日本政府还发布了推动信息产业和IT业发展的5个规划。[⑤]

（2）实施减税补助优惠，推行金融协同发展。2003年1月，日本通过

---

① 刘国恩，官海静. 分级诊疗与全科诊所：中国医疗供给侧改革的关键 [J]. 中国全科医学，2016，19（22）：2619 – 2624.

② 任泽平. 日本供给侧改革的成效与缺憾 [J]. 金融市场研究，2016（5）：28 – 37.

③ 谢世清，许弘毅. 日本供给侧结构性改革及对中国的启示 [J]. 国际贸易，2017（7）：24 – 28.

④ 朱洪春. 战略性新兴产业发展的国际比较分析 [J]. 中小企业管理与科技，2014（12）：171 – 172.

⑤ 刘巍. 日本供给侧结构性改革的经验与启示 [J]. 科技促进发展，2017，13（3）：187 – 194.

2003 年度税制改革大纲，实施减税计划，① 在对汽车市场等领域实施税收优惠的同时，② 不断完善研发补助制度，通过低息贷款等政策，支持电子机械、精密仪器、高精度装备等战略性新兴产业的研发和创新。③ 1972 年，政府实施了电子计算机开发促进费补助金制度。日本政府还对电器、电子、精密机械、半导体等政府振兴产业实行特别折旧制度，并由金融机构提供优惠贷款。④ 2002 年，小泉内阁实施"金融再生计划"，推动金融改革与产业重组相结合。⑤ 日本政府除了加大金融和货币政策支持力度，向企业提供补贴，⑥ 还不断加大基础研发投入，推出了"产业集群计划"和"知识集群计划"，⑦ 以提升自身创新能力。

（3）减少政府干预，鼓励协同创新。自 20 世纪 70 年代末以来，日本逐渐减少政府干预，放宽准入限制，先后将铁路、航空、通信、医疗等领域向民营资本开放；20 世纪 80 年代，围绕住宅、土地、信息、通信、流通、金融等领域，推进简政放权；同时，日本政府积极推动产业界与大学、科研部门的联合研发和创新，鼓励建立产学研合作创新机制。引导和支持产业界与大学、科研界共同开展战略性新兴产业技术研究。成立"产学研协作委员会""原子能制铁技术研究协会"等"产学官"专门机构及国家级"服务研究中心"等，以支持协同创新。⑧ 此外，日本政府注重政产学研合作，政府通过预测战略性新兴产业关键技术，实施大型科技计划，支持战略性新兴产业发展。日本还注重从国外引进先进技术、专利，通过消化、吸收和再创新，进而形成自己独特的技术创新体系。此种创新方式有利于快速开发出适应市场需要的产品，节省大量的经费和时间。

8.1.5　韩国战略性新兴产业供给侧创新政策

韩国政府在战略性新兴产业的发展上具有重要影响，是引导和推动战略性

①⑤　任泽平. 日本供给侧改革的成效与缺憾 [J]. 金融市场研究，2016（5）：28 – 37.

②⑥　江小国，刘凤芸. 供给侧改革与经济增长：理论阐释、稳态预测及国外经验 [J]. 当代经济管理，2017，39（5）：7 – 11.

③　柯岚. 发展战略性新兴产业掌握科技竞争新优势：美国、欧盟、日本等如何发展战略性新兴产业 [J]. 中国科技产业，2011（5）：70 – 71.

④⑧　刘巍. 日本供给侧结构性改革的经验与启示 [J]. 科技促进发展，2017，13（3）：187 – 194.

⑦　张晓欢，杨晓东. 国外战略性新兴产业发展的经验与启示 [J]. 中国中小企业，2017（10）：68 – 70.

新兴产业发展的主导力量。主要有以下政策。

（1）政府主导产业发展，实行产业政策支持。为应对 2008 年国际经济危机冲击，韩国政府作为主导力量，提出了战略性新兴产业重点发展的产业和领域，重点支持绿色产业、绿色技术、太阳能产业、尖端产业融合和高附加值服务等产业和领域的发展。[①] 为促进主导产业的发展，韩国政府提高了进入门槛，只允许大企业、大集团进入所选行业，进而快速集聚资源，带动相关产业的发展。为支持绿色产业发展，韩国政府的研发预算规模从 2008 年的 1.4 万亿韩元增长到 2011 年的 2.8 万亿韩元，增长 1 倍，向绿色产业、绿色技术等 17 个项目提供 1150 亿韩元的经济扶持计划。2008 年针对新生、再生能源技术开发的扶持资金高达 1994 亿韩元。对于太阳能产业，每年给予每个项目资助 100 亿韩元，向太阳能发电设备、零部件生产、设施安装及运营等企业提供长期低息融资。对太阳能电价给予差额补贴，以提升太阳能电价的竞争力。[②] 1985 年，韩国修订了《租税减免规制法》，对列入政府鼓励发展目录的产业给予优惠税收政策，减免转让税、购置税、注册税等，以鼓励战略性新兴产业发展。[③]

（2）持续增加研发投入，提升人才培养质量。韩国企业人均研发经费、企业科研人员数量增长较为迅猛，三星、LG 等大企业研发投入水平较高。政府持续加大基础研究投入，加大研发机构建设，成立了"基础研究院"，以进一步强化和提升基础研究，为企业创新提供基础研究支撑。此外，韩国通过加强国际交流与合作，与发达国家科研院所和高校形成稳定的合作关系，以获取战略性新兴产业发展所急需的先进技术和人才。仅在 2009～2013 年，韩国政府就联合国内外多个部门和学校，培养了 10 万名"全球化青年人才"。与国外高校、科研院所、学术机构建立了相互合作的长期管理机制。

（3）高度重视产权保护，不断引进先进技术。韩国政府高度重视对知识产权的保护，不断改进和完善知识产权保护制度，大大提升了企业创新的积极性。此外，韩国通过引进战略性新兴产业技术，缩小了与发达国家的差距，但政府也认识到技术引进会增加对国外的技术依赖，因此，注重在引进技术的同时进行消化吸收，通过自主创新和集成创新，形成具有自主知识产权的核心技

---

①　丁敏. 欧盟、美国、韩国战略性新兴产业政策之比较 [J]. 市场论坛, 2017 (1)：22 - 24.

②　柯岚. 发展战略性新兴产业掌握科技竞争新优势：美国、欧盟、日本等如何发展战略性新兴产业 [J]. 中国科技产业, 2011 (5)：70 - 71.

③　沈铭辉, 李天国. 供给侧结构性改革：来自韩国的经验与启示 [J]. 中国社会科学院研究生院学报, 2018 (5)：62 - 73.

术，以实现技术引进、技术模仿向创新驱动的转变，进而增强战略性新兴产业的国际竞争力。[①]

8.1.6　俄罗斯战略性新兴产业供给侧创新政策

受 2008 年国际金融危机、自身经济增长持续低迷等多种因素影响，俄罗斯政府意识到产业结构优化及发展战略性新兴产业对经济发展的重要作用，政府从多方面制定政策以推动战略性新兴产业的发展，主要包括以下政策。

（1）政府制定战略导向，明确产业发展领域。为进一步增强俄罗斯产业的竞争优势，普京政府提出了"新型工业化"发展战略，该战略主要通过积极的政策和措施吸引国内外企业投资，以促进产业结构升级。2009 年，时任总统梅德韦杰夫宣布俄罗斯要大力发展可替代能源，制定了《2030 年前能源战略》，以使新能源产业在国际竞争中拥有更大优势。2010 年批准了俄罗斯通信部制定的关于实施建设"2011～2020 信息社会"的长期方案以推进信息技术发展等。[②] 2012 年，俄罗斯政府确定把新材料、生物、节能和纳米技术作为重点发展产业领域，并成立创新发展和经济现代化委员会，为战略性新兴产业的发展提供政策支持。政府先后出台了《纳米产业发展战略》《2008～2010 年纳米基础设施发展国家专项计划》等助力纳米技术的发展。

（2）不断加大投资力度，提升科技竞争能力。俄罗斯政府重点对具有技术优势的高技术产业加大投入，在积极出台投资优惠的同时，也通过制定一系列倾斜政策，加大基础设施建设等，以促进重点产业的发展。例如，投资 3180 亿卢布支持纳米产业的发展，2013 年出台利用福利基金投资基础设施项目等。[③] 为提升科研效率，增强研发人员积极性等，2012 年，政府发布和实施《2013～2020 年科技发展国家计划》，制定《2025 年前俄罗斯移民政策》等以促进科技竞争力提升，2013 年签署《生物技术和基因工程发展路线图》，促进生物技术创新发展。同时，出台《共有技术转让法》《斯科尔科沃创新中心法》等为创新政策提供法律保障；建立斯科尔科沃创新中心、俄罗斯出口信贷和投资保险公司、俄罗斯联邦知识产权局、斯科尔科沃创新园区、俄罗斯联邦创新区域协会等，为创新政策的实施提供组织保障；风险投资基金给予创新项

---

① 陈强，陈凤娟，刘园珍. 韩国创新驱动发展的路径与特征分析 [J]. 科学管理研究，2015（3）：115－118.

② 王迎. 新贸易保护主义对转轨国家经济影响研究 [D]. 东北财经大学，2015：66－89.

③ 曹江宁. 中国战略性新兴产业发展评价与路径选择研究 [D]. 河北大学，2015：60.

目投资、国家拨款支持高技术产品出口、为企业研发等提供利率补贴等，为创新政策的实施提供了有力的资金保障；确定重点发展领域，全面推进科技能力提升和创新政策有效实施。①

（3）优势产业持续领先，积极抢占新兴领域。俄罗斯高端装备制造业发展优势明显，苏霍伊飞机设计局、图波列夫设计院、国际发射服务公司等作为俄罗斯航空装备制造业、卫星制造及应用方面的典型企业，为俄罗斯航空和卫星及应用方面做出了较大贡献。② 此外，俄罗斯凭借自身资源和技术优势，在航空航天、能源、化工、金属、超导、聚合等新材料领域保持全球领先，政府对航天工业保持充足的投资和税收优惠支持。如增加 "2006～2015 年联邦航天计划" 项目的预算，给予企业培训员工费用支出免税优惠，同时对企业引进国内不能自产的先进技术及设备免除增值税。③

（4）持续建设创新基地，提供创新基金项目。俄罗斯在 20 世纪 90 年代就创建了科技园区、技术转移中心、国家科研中心等创新基地，2009 年成立了斯科尔科沃基金会，2010 年建立了斯科尔科沃创新中心。旨在打造区域创新集群，使其发挥创新引领作用，吸引国内外科研机构、高校及创新型企业等加入。为促进区域创新集群更快更好发挥作用，俄罗斯政府于 2012 年又公开竞标选择了涉及生物医药、新材料、节能技术等高新技术领域的 25 个区域创新集群项目。2013 年，俄罗斯政府将斯科尔科沃创新中心纳入《2013～2020 年俄罗斯国家经济发展与创新型经济计划》，并投资 1252 亿卢布促进其发展。2012 年成立前景研究基金会，主要用于资助生物工厂、超音速真空列车、军用机器人等高风险项目，在保障俄罗斯国防科技领域先进水平的同时，不断推进军民融合创新。2014 年 12 月，普京总统提出 "国家技术计划" 在国家政策中的优先发展地位，并确定了航空网络、能源网络等九大市场网络，数字建模、新材料、生物技术、新能源等 13 个优先技术方向。2016 年 12 月正式实施《俄罗斯联邦科学技术发展战略》，2017 年 7 月，批准《数字经济》纲要，全面推进俄罗斯科技发展和产业化战略实施。

---

① 周静言. 后危机时代俄罗斯产业政策调整研究 [D]. 辽宁大学，2014：1－44.

② 吴艳，贺正楚. 战略性新兴产业典型国家的产业发展对比研究 [J]. 经济数学，2017，34（3）：21－29.

③ 刘铁，王九云. 发达国家战略性新兴产业的经验与启示 [J]. 学术交流，2011（9）：109－113.

8.1.7　印度战略性新兴产业供给侧创新政策

印度"农业三色革命"是印度农业供给侧改革的重要举措,[①] 为印度推进软件和电子信息等战略性新兴产业供给侧创新提供了有益借鉴。2015 年,印度吸引外资 90 亿美元,2016 年 GDP 增速约为 7.6%,成为全球经济增速最快的国家,这些成就的取得与印度的科技创新和战略性新兴产业的发展密不可分。印度政府为促进战略性新兴产业发展做出了重要贡献,主要推出以下政策。

（1）放松政府管制力度,实施税收减免优惠。印度解除了对电子、汽车等设备的进口管制,并对高新技术产品等实施进口关税减免,为外资进入电子、电力等领域提供优惠。[②] 此外,为支持印度生物医药产业发展,印度生物技术部、勒克瑙科学与技术部共同管理勒克瑙生物技术园,政府向园区提供日常运营资金和研究经费的 50%,并给予企业税收减免优惠,大力推进印度生物医药产业发展。[③]

（2）注重科技人才培养,支持重点产业发展。印度政府通过加大高等教育经费投入等,为印度信息技术等高新产业提供了大量技术型人才,有力地促进了印度信息技术的发展。[④] 印度正在推动建立系统性科教体系和更前沿更高效的职教体系,[⑤] 以为战略性新兴产业发展提供高端人才。2011 年,印度中央政府为支持重点战略性新兴产业人才队伍建设,拨款 15 亿卢比,建立 50 个科技英才中心,并设立一系列科技奖励基金,吸引科研人才。2012 年,印度筹建 50 个先进科技领域研究及培训中心,培养高精尖科研人员。此外,印度还出台政策,鼓励科研人员服务企业"弹性就业",为科研人员带来了更大的发

①　江小国,刘凤芸. 供给侧改革与经济增长:理论阐释、稳态预测及国外经验 [J]. 当代经济管理,2017,39 (5):7 - 11.

②　徐策. 尼赫鲁·甘地家族执政时期印度的供给侧改革 [J]. 东南亚南亚研究,2017 (3):46 - 51.

③　吴艳,贺正楚. 战略性新兴产业典型国家的产业发展对比研究 [J]. 经济数学,2017,34 (3):21 - 29.

④　巩见刚,龚祖文,姜照华. 制度创新与印度经济增长率的 V 型反转——供给侧改革视角 [J]. 财经问题研究,2017 (9):108 - 113.

⑤　张晓欢,杨晓东. 国外战略性新兴产业发展的经验与启示 [J]. 中国中小企业,2017 (10):68 - 70.

展空间。① 软件和信息服务业作为印度国民经济的重要支柱，是印度政府重点支持的产业，已取得较大成就。近年来，印度软件和信息服务业总产值突破1200 亿美元，Wipro、Infosys、HCL 等软件外包公司在全球软件外包中位列前十，班加罗尔、孟买也成为世界软件外包的重要离岸外包目的地。Flipkart、Ola、Paytm、Quikr、Inmobi 等互联网公司发展迅速，市值超过 10 亿美元。印度在近几年开始设立包容性创新基金，以资助中小企业的基础设施建设，此外，印度科技部还提出建立产业集群"卓越中心"，全面支持重点产业发展。

（3）制定国家战略导向，完善法律法规体系。2013 年，印度提出"开放创新与群体智慧战略"，为战略性新兴产业创新发展指明了方向。近年来，印度发布了《科学技术和创新政策》《印度十年创新路线图（2010～2020 年）》《国家创新发展与治理计划》《印度制造计划》《数字印度》等国家战略，助力全链条创新生态系统的建设，为印度信息技术、航空航天、生物技术、新能源等领域的创新发展提供了保障。此外，印度政府出台多部高科技发展计划，支持软件服务业的发展，② 还制定了《信息技术法》《能源保护法》《公共资助研发知识产权的保护及应用议案》《版权法》等一系列法律法规，为战略性新兴产业的发展提供了有力保障。③

8.2　对我国战略性新兴产业供给侧创新的启示

8.2.1　要素层面

1. 提升人才培养质量，打造高水平科技人才队伍

从德国、韩国、印度等国的战略性新兴产业供给侧创新经验可知，以上国家高度重视人才培养质量与科技人才队伍建设。如德国于 20 世纪 90 年代就已开始持续增加人力资本投资以强化创新人才队伍建设，并出台《加强德国在全球知识社会中的作用：科研国际化战略》，不断加强国际合作，积极培养和吸引全球人才。韩国也通过不断加强国际交流与合作，获取先进技术和人才支持

---

①③　毕亮亮. 印度后金融危机时期发展新兴产业的"势"与"术"［J］. 全球科技经济瞭望，2014，29（5）：52－55.

②　巩见刚，龚祖文，姜照华. 制度创新与印度经济增长率的 V 型反转——供给侧改革视角［J］. 财经问题研究，2017（9）：108－113.

战略性新兴产业发展，并在2009～2013年仅四年时间就培养了10万名"全球化青年人才"。印度则通过加大高等教育经费投入、建立系统性科教体系和更前沿更高效的职教体系、建立科技英才中心、先进科技领域研究及培训中心等培养战略性新兴产业急需人才。有鉴于此，我国应结合自身实际，积极调整人才培养方案，持续加大人才培养和基础设施建设经费投入，探索建立系统、全面、高质量的教育体系等，不断加强国际交流与合作，制定合理的人才发展与培养战略，强化协同创新联合培养创新人才，以加快专业人才培养，提升人才质量。同时，要积极引进全球创新人才，打造高水平的科技人才队伍，缓解战略性新兴产业人才供给问题。

2. 加大研发支持力度，提高研发资金使用效率

从国外典型国家战略性新兴产业供给侧创新经验可知，美国、英国、德国、韩国、俄罗斯等国认为持续加大研发投入对新兴产业创新发展具有关键作用。如美国制定了《美国复苏与再投资法》，并投入大量资金用于支持各重点领域的基础研究，如新能源产业、尖端医学研究等。① 英国、德国则通过设立创新投资基金、专项基金、重点行业基金，持续加大对战略性新兴产业技术创新的研发支持。韩国成立了"基础研究院"，并通过持续加大基础研究投入等助力战略性新兴产业创新发展。俄罗斯重点对具有技术优势的纳米产业等战略性新兴产业加大投入。② 有鉴于此，我国应充分重视研发投入对战略性新兴产业创新发展的重要作用，不断加大研发支持力度，同时，要结合各细分产业具体情况等制定合理的研发投入结构，设置专门机构对研发基金的使用流程进行监管，以提高研发资金使用效率。

3. 完善金融支持机制，助力新兴产业高效发展

美国、英国、日本等国的战略性新兴产业供给侧创新经验表明，完善金融支持机制，有利于战略性新兴产业实现高效发展。美国政府制定了扩张的财政政策和货币政策，通过改善贷款担保方式、调节利率等降低投资风险。③ 英国通过设立企业资本基金（ECF）计划等大力发展风险投资基金，并积极推行中小企业创新券计划、中小企业研究计划、公共采购等，以优化金融服务，④ 扶

---

① 王斌，骆祖春. 美国发展战略性新兴产业的最新举措、特点及启示 [J]. 现代经济探讨，2011（6）：84 - 87.

② 曹江宁. 中国战略性新兴产业发展评价与路径选择研究 [D]. 河北大学，2015：60.

③ 江小国，刘凤芸. 供给侧改革与经济增长：理论阐释、稳态预测及国外经验 [J]. 当代经济管理，2017，39（5）：7 - 11.

④ 陈强，余伟. 英国创新驱动发展的路径与特征分析 [J]. 中国科技论坛，2013（12）：148 - 154.

持中小企业技术创新。日本通过低息贷款、加大金融和货币政策支持力度、推出"金融再生计划"、扩充中小企业贷款机构、设立新的公共资金制度等方式，增加中小企业的融资渠道和手段，支持新兴产业创新发展。有鉴于此，对于我国我言，必须不断完善金融支持机制，从财政政策、货币政策等方面发力，不断丰富金融机构体系、健全金融市场体系、完善金融宏观调控、加强金融创新等。[①] 同时，积极推进金融市场化改革，合理调整金融支持结构，不断加强与各个投融资主体的联系与合作，在降低企业融资风险和融资成本的同时，[②] 为战略性新兴产业创新发展提供足够的资金支撑。

4. 注重技术水平提升，推进新兴产业创新发展

技术水平是决定战略性新兴产业创新发展能力的关键，从国外典型国家战略性新兴产业供给侧创新经验来看，美国、英国、日本、韩国、俄罗斯等国家高度重视技术水平提升对战略性新兴产业创新发展的作用，并积极采取相关措施，促进技术水平提升以助力新兴产业创新发展。如美国通过加大研发支持力度等鼓励原始性创新。英国通过加大研发投入支持力度、制定专门扶持政策、创建产业集群等支持技术创新，并积极引导和激励中小企业技术创新。日本、韩国则鼓励通过协同创新、引进先进技术进行消化吸收等支持战略性新兴产业的研发和创新。国外对战略性新兴产业自主创新和集成创新的重视程度普遍较高。俄罗斯通过发布政策规划、出台法律法规、建立创新中心等为战略性新兴产业技术水平和创新能力提升提供政策、法制、设施等方面的支持。有鉴于此，我国战略性新兴产业的创新发展要注重技术水平提升，持续提升自主创新能力，掌握关键核心技术，形成自主知识产权，建立有利于供给侧创新和创新驱动发展的机制。

8.2.2　产业层面

1. 明确产业发展方向，助力产业全球领先

发展战略性新兴产业要结合自身资源和优势，坚持有所为有所不为。美国、英国、韩国、俄罗斯等国通过明确产业发展方向，促进本国战略性新兴产业的高质量发展，使之达到了全球领先水平。如美国政府重点支持新能源、生物医药、智能电网等产业的发展，英国重点支持低碳技术和低碳产业、生命科

---

① 谢重娜. 英国供给侧改革的启示 [N]. 金融时报，2016 – 12 – 12.

② 秦大磊. 供给侧改革模式与财税政策实施效应的国际借鉴 [J]. 税务研究，2016（9）：56 – 62.

技和生物技术等产业的发展。韩国政府提出了战略性新兴产业重点发展的产业和领域，俄罗斯政府则确定把新材料、生物、节能和纳米技术作为重点发展产业领域，并大力支持高端装备制造产业的发展。我国应借鉴典型国家战略性新兴产业供给侧创新发展经验，结合自身实际，瞄准重点产业发展领域和关键核心技术，明确产业发展方向，在关键产业和关键技术上实施重点突破，以取得竞争优势，达到全球领先水平。

2. 完善基础设施建设，推进产业集群化发展

德国、俄罗斯、德国、印度等注重基础设施建设，在战略性新兴产业的发展上注重集群式布局。20 世纪 90 年代俄罗斯就创建了科技园区、技术转移中心、国家科研中心等创新基地，并于 2012 年公开竞标选择了涉及生物医药、新材料、节能技术等高新技术领域的 25 个区域创新集群项目。印度科技部则提出建立产业集群"卓越中心"，德国则重点发展中小企业产业集群。借鉴以上国家经验，我国应积极推进高铁、地铁等交通工具的普及与完善，打造发达的交通运输体系，提升战略性新兴产业园区、产业集聚区、产业集群的基础设施建设水平，为战略性新兴产业的供给侧创新提供便利的交通条件、完善的基础设施和全面的平台服务管理。通过持续完善基础设施，引导战略性新兴产业集群化发展，提升战略性新兴产业供给侧创新发展能力。

3. 优化整合创新资源，提升产业创新效率

美国、日本、韩国、俄罗斯、印度等国家积极整合战略性新兴产业创新资源，优化资源配置，提升战略性新兴产业的创新质量和效益，进而推动战略性新兴产业的快速发展。为提升研发资金使用效率，美国能源部设立了 3 个能源创新中心，汇集来自产、学、研各方的高级研究人员。[1] 日本政府鼓励产业界与大学、科研部门的联合研发和创新，鼓励建立产学研合作创新机制。韩国政府持续加大基础研究投入，加大研发机构建设，成立了"基础研究院"，并通过提高进入门槛快速集聚资源，带动了相关产业的发展。俄罗斯通过建立斯科尔科沃创新中心、俄罗斯出口信贷和投资保险公司、俄罗斯联邦知识产权局、斯科尔科沃创新园区、俄罗斯联邦创新区域协会等为创新政策的实施提供组织保障。[2] 印度除建有勒克瑙生物技术园外，2012 年又筹建了 50 个先进科技领

① 王斌，骆祖春. 美国发展战略性新兴产业的最新举措、特点及启示 [J]. 现代经济探讨，2011 (6)：84 – 87.

② 周静言. 后危机时代俄罗斯产业政策调整研究 [D]. 辽宁大学，2014：1 – 44.

域研究及培训中心，旨在培养高精尖科研人员，以促进产业创新效率的提升。[①] 借鉴上述国家供给侧创新经验，我国也要重视创新资源的整合，提升资源配置效率，推动战略性新兴产业创新效率的快速提升。

4. 重视中小企业作用，提高产业链创新能力

英国、德国、日本、印度等国高度重视中小企业在战略性新兴产业供给侧创新中的作用。如英国通过投入支持资金、推行中小企业创新券计划、开展中小企业研究计划、实施公共采购等支持中小企业创新，[②] 并采取融资担保、技术商业化、创业扶持等多种手段扶持中小企业技术创新，对中小企业的研发费用支出给予税收减免。德国则通过出台《中小企业远程工作计划》《企业技术创新风险分担计划》《中小企业创新与未来技术计划》等支持中小企业的发展，并设立专项基金鼓励中小企业加大研发投入。[③] 日本推出"金融再生计划"，为中小企业增加融资渠道和手段。[④] 印度设立包容性创新基金用于资助中小企业基础设施建设。[⑤] 我国应充分重视和发挥中小企业在战略性新兴产业供给侧创新中的作用，鼓励战略性新兴产业的中小企业在产业链上与大中型企业、核心企业开展分工合作，实施产业链创新，以充分发挥其比较优势，推动战略性新兴产业的供给侧创新。

8.2.3　制度层面

1. 政府制定战略导向，引领产业高质量发展

美国、英国、德国、日本、印度等国政府为促进战略性新兴产业的发展，十分注重顶层设计。如美国政府出台《政府的创新议程》《美国复苏与再投资法》《国家创新战略》等政策和制度，英国先后出台《英国低碳转型发展规划》《再生能源战略》《增长的技能》《创新国家》《政府创新与研究战略》等规划和文件，德国政府出台《高科技战略行动计划》《德国 2020 高科技战略》

---

① 毕亮亮. 印度后金融危机时期发展新兴产业的"势"与"术"［J］. 全球科技经济瞭望，2014，29（5）：52 - 55.

② 陈强，余伟. 英国创新驱动发展的路径与特征分析［J］. 中国科技论坛，2013（12）：148 - 154.

③ 贾康，张斌. 供给侧改革：现实挑战、国际经验借鉴与路径选择［J］. 价格理论与实践，2016（4）：5.

④ 任泽平. 日本供给侧改革的成效与缺憾［J］. 金融市场研究，2016（5）：28 - 37.

⑤ 张晓欢，杨晓东. 国外战略性新兴产业发展的经验与启示［J］. 中国中小企业，2017（10）：68 - 70.

《德国工业 4.0 战略计划实施建议》等行动规划和发展战略，日本政府先后出台《低碳行动计划》《未来开拓战略》《信息技术紧急计划》《第四次经济刺激计划》等政策和计划，印度发布了《科学技术和创新政策》《印度十年创新路线图（2010~2020 年)》《国家创新发展与治理计划》《印度制造计划》《数字印度》等国家战略支持本国新兴产业发展。有鉴于此，为了推动我国战略性新兴产业的供给侧创新，政府也应制定具有前瞻性的战略性新兴发展规划和政策框架体系，以引领战略性新兴产业的创新方向，推动其高质量发展。

2. 强化知识产权保护，积累科技转化经验

知识产权和科技转化经验是推动战略性新兴产业高速发展的重要基础，美国、英国、韩国等国在发展战略性新兴产业方面，高度重视知识产权保护和科技成果转化经验的积累，为本国新兴产业高质量发展积累了较多经验。如美国通过设立美国知识产权执行协调办公室、发布《美国创新战略》等，进一步强化对科技转化经验积累的重视度。英国通过构建知识产权体系、建立"专利审查"系统，为新兴产业知识产权保护和科技转化经验积累提供了有力保障。韩国政府则通过积极改进和完善知识产权保护制度，有效提升了企业创新的积极性。有鉴于此，我国应加强对知识产权保护和科技成果转化经验积累的重视度，以为我国战略性新兴产业实现高质量发展提供知识产权保护和技术供给支撑。

3. 制定合理税收政策，激发自主创新热情

美国、英国、德国、日本、印度等国对战略性新兴产业实施的税收优惠政策为本国新兴产业创新发展提供了有利的政策机遇，极大地促进了战略性新兴产业的自主创新热情。如美国政府通过降低企业税费标准、对原材料进口实施税收优惠等，推动了新兴产业供给侧投资结构优化。[①] 英国政府通过简化税制、对中小企业研发费用支出给予税收减免等，为新兴产业提供了发展机遇。[②] 德国则通过制定和实施《减税法》降低整体税负、对新能源免征生态税、给予新兴产业低息贷款优惠等，推进了战略性新兴产业创新发展。[③] 日本也通过税制改革大纲、实施减税计划等支持新兴产业发展。印度政府则通过给

---

① 冯碧梅. 发达国家的制造业回流与福建省供给侧改革研究 [J]. 福建论坛（人文社会科学版），2017（2）：194－200.

② 张晓欢，杨晓东. 国外战略性新兴产业发展的经验与启示 [J]. 中国中小企业，2017（10）：68－70.

③ 任泽平. 日本供给侧改革的成效与缺憾 [J]. 金融市场研究，2016（5）：28－37. 秦大磊. 供给侧改革模式与财税政策实施效应的国际借鉴 [J]. 税务研究，2016（9）：56－62.

予勒克瑙生物技术园区等企业税收减免优惠，大力推进印度生物医药产业发展。[①] 我国应结合本国实际，借鉴国外经验，制定合理的减税结构、减税力度，加快推进和改善"营改增"税制，不断优化税收程序，制定和完善针对中小企业尤其是战略性新兴产业中小企业的行之有效的减税政策，有效降低企业成本，进而激发战略性新兴产业的创新活力和激情。

4. 合理减少政府干预，营造良好创新环境

美国、日本、印度等国通过减少政府干预，让市场和企业的作用得以更好发挥，营造了积极的创新环境，有力地促进了本国战略性新兴产业的创新发展。如美国政府不断减少对各行业及各领域的干预。日本通过减少政府干预，逐渐放宽准入限制，先后将铁路、航空、通信、医疗等领域向民营资本开放。[②] 印度解除了对电子设备、汽车等的进口管制。[③] 此外，德国政府积极推动与发展中国家和新兴发展国家的国际合作；日本政府积极鼓励产业界与大学、科研部门的联合研发和创新，鼓励建立产学研合作创新机制；新加坡为吸引和留住战略性新兴产业人才和投资者提供独特的软环境。因此，我国战略性新兴产业要实现高质量发展，政府应明确自身定位，合理发挥政策导向等作用，给予市场和企业自身更多的发挥空间，通过政府引导与市场机制相结合，扶持和培育新兴产业市场，构建"大众创业，万众创新"的战略性新兴产业"双创"环境。同时，应放眼长远，不断加强国际化合作和交流，营造积极的创新环境，推进我国战略性新兴产业走向世界舞台。

5. 完善法律法规体系，保障产业健康发展

英国、德国、俄罗斯、印度等国家高度重视法律制度对战略性新兴产业的保障作用，注重法律法规体系的优化和完善。如英国政府引入"一出一进"系统和"日落条款"，减少法规对企业创新活动的影响。德国以立法和修法的形式推进医疗行业改革。[④] 俄罗斯出台了《共有技术转让法》《斯科尔科沃创新中心法》等法规，为战略性新兴产业企业创新活动提供法律保障。印度制定了《信息技术法》《能源保护法》《公共资助研发知识产权的保护及应用议案》《版权法》等一系列法律法规，支持战略性新兴产业的发展。在我国战略性新

---

① 吴艳，贺正楚. 战略性新兴产业典型国家的产业发展对比研究 [J]. 经济数学，2017，34 (3)：21 - 29.

② 刘巍. 日本供给侧结构性改革的经验与启示 [J]. 科技促进发展，2017，13 (3)：187 - 194.

③ 徐策. 尼赫鲁·甘地家族执政时期印度的供给侧改革 [J]. 东南亚南亚研究，2017 (3)：46 - 51.

④ 刘国恩，官海静. 分级诊疗与全科诊所：中国医疗供给侧改革的关键 [J]. 中国全科医学，2016，19 (22)：2619 - 2624.

兴产业的管理中，必须重视法律的作用，不断强化相关法律的制定和完善。以法律形式明确战略性新兴产业进入和退出门槛，加强战略性新兴产业知识产权认证、专利转让、投融资、政府补贴、税收优惠等方面的政策和法制体系建设，营造公平、公正的法制环境，为战略性新兴产业的健康和可持续发展提供坚实的法律保障。

第9章 推进战略性新兴产业供给侧创新的政策与建议

政府作为政策的制定者，在引导、推进和实施战略性新兴产业供给侧创新过程中发挥着不可替代的作用。在供给侧改革背景下，要充分发挥战略性新兴产业的引领和带动作用，推动经济发展方式转变，培育发展新动能，加速创新型国家建设，必须从要素、产业、制度层面大力推进战略性新兴产业供给侧创新。

9.1 要素层面

9.1.1 加强人才培养与激励，提升人才供给质量

1. 明确培养目标和方向，增加人才有效供给

人才资源是第一资源，人才的培养和供给应与国家发展战略、战略性新兴产业发展阶段、重点领域以及未来发展方向相结合，以新兴产业人才需求为导向，明确人才培养方向和目标，提升人才供给质量，做到以下三点。

一是加快制定战略性新兴产业中长期人才发展规划。结合国家创新驱动发展战略和供给侧改革背景，面向战略性新兴产业未来的发展需求，制定具有前瞻性和指导性的战略性新兴产业人才中长期发展规划，以明确人才的培养方向和目标，提升人才供给的针对性，增加人才的有效供给。

二是结合战略性新兴产业发展阶段，适时调整人才培养结构，减少无效供给。国家可定期发布战略性新兴产业人才供给需求报告和人才目录，分行业制定战略性新兴产业紧缺人才目录，指导高校、社会等机构调整人才培养结构，对人才培养结构进行动态调整，进而减少人才的无效供给。

三是结合战略性新兴产业重点产业、重点领域和区域发展特色有针对性地培养人才，提升人才供给质量。制定重点突出、特色明显的人才培养和发展方案，面向战略性新兴产业需求，培育一批高层次急需紧缺人才和骨干专业技术人才，以提升人才培养的针对性，增加有效供给。

2. 鼓励高校企业联合培养人才，提升人才供给质量

高校和企业在战略性新兴产业人才的培养和供给中发挥着重要作用，应创新形式，利用高校和企业各自的优势，联合培养人才，提升战略性新兴产业人才的供给质量，重点关注以下方面。

一是高校要提升战略性新兴产业人才培养的针对性。要主动对接战略性新兴产业市场需求和新兴产业领域，结合企业和产业需求设置专业，提升人才培养的针对性。二是鼓励高校、企业和产业园区通过多种形式联合培养人才。通过产学研合作、产教融合、校企合作、工学一体等人才培养模式，推进高校与企业、科研院所、产业园区等的融合发展，有针对性地培养企业急需的各种战略性新兴产业人才。三是完善高技能人才培养体系。支持和鼓励地方高校、职业技术院校与企业、产业园区开展学科专业共建，通过定向、委托培养等形式培养各类技术技能人才。鼓励企业、科研院所高技能人才走进高校课堂，开设讲座。结合战略性新兴产业重点产业领域，在高校、企业、园区建设一批高技能人才培训基地，大力推广师徒制模式，开展传帮带培养，提升人才培养质量。

3. 重视引进供给，充分利用全球人才

战略性新兴产业人才管理应在充分挖掘内部资源，优化人才培养结构，提高人才培养质量的同时，充分利用全球人才资源，增强人才供给结构对需求变化的适应性和灵活性。一是要重点在国际范围内遴选战略性新兴产业高端创新和管理人才，围绕重点领域，引进一批在国际上知名的创新人才和创新团队，以有效提升战略性新兴产业的研发和创新能力。重视海外企业家的引进和培育，推动职业经理人制度的市场化和收入分配体制改革，以有效提升战略性新兴产业的国际化管理水平。二是制定有吸引力的人才政策，吸引海外人才。推进外国人永久居留制度的改革和优化，针对外籍高层次人才及其配偶和子女，在永久居留权申请程序方面出台便利化政策和措施。对引进的海外战略性新兴产业人才，在薪酬待遇、职称评定、住房、医疗保健、子女教育等方面给予重点支持和保障，以解决其后顾之忧。同时，为引进的海外人才施展才华创造更开放包容的空间，增进对海外人才的吸引力，使海外人才成为满足战略性新兴产业人才有效供给的重要力量。

4. 强化政策供给，破除人才发展的体制机制障碍

持续加大体制机制改革力度，创新和强化人才政策供给，破除束缚人才发展的思想观念和体制机制障碍。一是通过简政放权，向用人单位放权、为人才松绑，释放和增强人才活力。二是构建有利于创新人才流动的体制机制。打破现有的封闭式人才流动机制，推动建立高校、科研院所和企业创新人才有序流动的新机制。积极探索事业单位、科研院所科研人员离岗创新创业的有关政策，鼓励各类科研人才向企业、战略性新兴产业流动。三是建立符合战略性新兴产业行业特点的人才培养、使用、流动、评价和激励体系。面向战略性新兴产业重点领域，结合国家创新驱动发展战略和国家重大工程和重大项目，建设一批战略性新兴产业人才培养基地，优化和完善各类人才的分类评价机制，创新激励形式、措施和政策，以充分调动各类战略性新兴产业人才创新创业的积极性和主动性。

9.1.2　加大研发投入力度，提升研发资金使用效率

1. 加大政府研发投入力度，提升资金使用效率

2018 年我国 R&D 经费支出总额达 19657 亿元，相当于美国的 55%。研发经费投入强度为 2.18%，与韩国（5.44%）、日本（3.75%）、德国（2.91%）、美国（2.84%）等国相比仍有一定差距，且研发资金使用效率偏低。在供给侧改革背景下，要增强战略性新兴产业供给侧创新的内在动力，必须持续加大研发资金投入力度，进一步提升研发资金使用效率。一是持续加大战略性新兴产业研发资金投入，提升研发资金使用效率。战略性新兴产业代表着未来发展的方向，国家在研发资金分配时，要向战略性新兴产业重大领域和方向倾斜，大力支持战略性新兴产业关键技术、核心技术、共性技术等的研发和创新，构建各类研发平台和创新载体，提升研发资金使用效率。二是政府要充分发挥科技创投基金的引导和带动作用。政府部门可通过设立战略性新兴产业创新投资基金、产业创新专项基金，引导社会资本、金融机构、企业等主体加大对战略性新兴产业研发创新的投入和支持力度，进一步提升研发资金使用效率。

2. 引导企业建立创新自发投入机制，优化研发投入结构

在我国 R&D 经费投入中，政府资金投入仍占绝对份额，企业资金投入较少，研发投入结构有待优化。2017 年，规模以上工业企业中，有研发活动的企业占比仅有 27.4%，研发经费支出占主营业务收入的比重仅有 1.06%，研

发投入水平较低（国家统计局，2018）。而美国 NSF 发布的《2018 科学与工程指标》显示，日本、美国、德国、韩国企业研发经费占全国研发费的比例分别为 75%、66%、67% 和 75%。与发达国家企业相比，我国企业研发经费投入仍处于较低水平，应充分利用财政资金与政策杠杆，撬动企业在自主创新方面的人力、物力和财力的投入，引导企业建立自发投入机制，进一步优化研发投入结构，做以下方面的工作。

一是面向战略性新兴产业重点技术领域设立面向企业的研发计划。引导企业以研发计划为基础，加大创新资金和人才投入，提升供给侧创新能力。二是构建有利于企业增加研发投入的政策支持体系。通过财政补贴、税收减免等政策降低企业的研发成本，通过研发费用加计扣除优惠政策，拓展研发人工费的扣除范围、股权激励递延纳税等政策，激励企业加大研发投入的积极性。同时，可创新政策管理，将企业研发投入水平与战略性新兴产业企业认定、企业科技计划项目及其他重大专项项目申请等挂钩，促进企业主动提升研发投入水平。三是强化产学研协同创新。创新组织管理模式，拓展资金筹集方式和范围，推动产学研各方共同协作开发新技术，提升企业研发资金使用效率。

3. 吸引各类社会资本参与研发活动，拓展资金供给来源

要利用各种融资渠道，拓展研发资金来源。一是探索战略性新兴产业技术创新领域的政府和社会资本合作新模式，通过政府与社会资本的合作，拓展战略性新兴产业创新资金来源。二是大力发展科技金融，拓宽研发资金融资渠道。鼓励银行等金融机构根据战略性新兴产业特点开展科技金融业务，提升知识产权的质押和融资功能，降低企业的融资成本。三是推动以股权投资方式支持企业研发创新活动。在国家层面推动设立战略性新兴产业股权投资基金，充分发挥各类种子基金、天使基金、创投基金的作用，鼓励其以投资入股形式支持企业供给侧创新。

9.1.3　整合创新资源，增强技术供给能力

1. 强化企业创新主体培育，增强技术创新供给能力

整合创新资源，培育大批成长速度快、创新能力强的战略性新兴企业，是提升供给侧创新能力、增加优质产品供给和培育经济发展新动能的重要落脚点。因此，一要注重战略性新兴产业创新型企业的培育。实施战略性新兴产业创新型企业培育工程，培育一批科技领军型企业和行业龙头企业。加大

对科技型中小企业的普惠性政策扶持，充分发挥政策优惠对科技创新的牵引作用，壮大中小企业创新群体。二要支持战略性新兴产业的企业建设研发机构，分产业、分层次推进相关企业的研发机构建设，对设立研发机构的企业给予资金支持。推进企业技术中心、重点实验室和工程技术研究中心等研发机构的建设。鼓励战略性新兴产业园区内的企业依托园区共建各类中心和实验室。三要支持以战略性新兴产业企业为主体开展技术攻关。鼓励以企业为主体开展战略性新兴产业重大项目联合攻关，围绕战略性新兴产业重点细分领域和细分市场开发出一批关键技术和核心产品，提升企业技术供给能力。四要支持企业参与国际科技合作和交流，参与国际标准的制定，增强企业创新决策的话语权。

2. 推进创新平台和载体建设，提升创新能力

整合分布在政府、科研院所、高校和企业的各类创新资源，大力推进各类创新载体的建设，提升技术创新供给能力。关键一是加快推进战略性新兴产业创新平台建设。主动对接国家制造业创新中心、国家重点实验室建设，以战略性新兴产业重大项目和重大工程建设为契机，推动国家战略性新兴产业创新中心、国家战略性新兴产业重点实验室、工程技术中心等创新平台的建设。鼓励各省、市出台政策，支持省、市级重点实验室、技术中心、工程技术中心等各类平台的建设。二是加快推进战略性新兴产业各类创新创业载体建设。加快推进创新园区、创新创业中心、孵化器、加速器、众创空间、创新工厂等创新载体的建设，设置针对战略性新兴产业的创新联盟、创新协会等创新组织，汇聚新的创新力量和资源，通过发挥各方合力，提升战略性新兴产业供给侧创新能力。三是加快培育新型研发机构。支持和鼓励企业在国外建立新型研发机构，以充分利用国外创新资源和人才。鼓励企业设立博士后科研工作站、院士工作站及博士后创新实践基地，拓展创新资源，提升创新能力。

3. 实施产学研协同创新，提高创新整体效能

鼓励战略性新兴产业企业与高校、科研院所开展多层次的产学研协同创新，促进各创新主体之间的深度共享和融合，有效集成创新资源和要素，持续提升战略性新兴产业创新的整体效能，有效提升技术供给能力。要点一是实施一批战略性新兴产业产学研协同创新项目。以企业为主体，通过联合高校、科研院所组织申报和实施产学研协同创新项目，持续提升企业科技攻关能力，推进高校、科研院所科技成果转化，提升创新的效率和效能。二是鼓励企业与高校、科研院所联合建立新型研发机构。围绕战略性新兴产业重点领域，以企业为主体，以市场为导向，创新组织与管理形式，新建一批新型协同创新组织或

研发机构，提升企业供给侧创新能力。三是大力推动军民融合协同创新。出台政策，推动军工技术、民用技术互相融合和转移，支持以企业为主体建立一批军民科技协同创新平台，积极培育一批军民融合型战略性新兴产业企业，推动军民科技成果的转化和产业化，增强技术供给能力。

4. 加速科技成果转化，增加创新成果供给

科技成果转化是加强战略性新兴产业科技成果供给、促进战略性新兴产业创新效率提升的重要突破口，是推进战略性新兴产业高质量发展的重要支撑。推动科技成果转化的关键，一是整合资源，提升科技成果供给能力。整合各类科技成果资源，建立科技专用信息数据库，使政府部门、科研机构、中介机构的信息互联互通，提升科技成果供给能力。大力推广"互联网＋技术交易"模式，提升科技成果供需对接效率。二是创新合作形式，推动科技成果转化。鼓励科研人员创立或参与战略性新兴产业企业创办，创新合作形式，鼓励其到企业开展合作研究、技术咨询等工作，促进战略性新兴产业科技成果转化。三是推进科技技术转移和服务机构的建设。科技成果转化离不开专业的科技中介和服务机构的支撑，要大力发展战略性新兴产业科技成果转化专业机构，提升中介机构和相关专业机构服务科技成果的能力，提升转化效率。四是推动设立科技成果转化专项资金，重点围绕战略性新兴产业重大技术和未来发展需求等开展科技成果转化。

9.1.4　构建金融和资本体系，提升创新发展能力

1. 创新金融产品和服务，充分发挥金融支持作用

引导和鼓励银行等金融机构扩大战略性新兴产业信贷投放规模，支持银行等金融机构以战略性新兴产业为重点，围绕新旧动能转换而产生的重大金融需求，创新产品服务模式，提升金融支持战略性新兴产业创新发展的能力。具体而言，一是加大政策支持力度。支持和引导银行等金融机构创新信贷管理制度，支持有条件的区域创建战略性新兴产业金融创新试验区，有效提升金融支撑战略性新兴产业供给侧创新发展的能力。二是创新金融产品和服务。引导金融机构针对战略性新兴产业经营和创新特点，创新信贷管理和贷款评审制度，面向战略性新兴产业股权、知识产权开展质押融资，积极推进供应链融资、科技保险等金融产品的创新。充分利用大数据、区块链、物联网等先进技术，为战略性新兴产业供给侧创新提供更丰富的创新资金来源。

2. 鼓励直接融资，加大资本市场支持力度

充分发挥资本市场对战略性新兴产业的牵引和推进作用，支持战略性新兴产业拓宽直接融资道，增加资金来源。具体而言，一是支持战略性新兴产业企业改制和上市。在供给侧改革背景下，全面推进国有、民营战略性新兴产业企业的改制和规范化管理，建立科学的组织结构，构建现代公司治理制度。引导科技含量高、创新能力强、发展前景好的战略性新兴产业企业对接资本市场，通过上市或新三板挂牌进行直接融资。二是大力发展创业投资，出台优惠政策，鼓励创业投资和天使投资基金针对种子期、初创期的战略性新兴产业进行投资。三是大力推进债务融资。鼓励战略性新兴产业企业利用短期融资券、中期票据、高收益债券、可转换债券等债务融资工具进行融资。

3. 拓展融资渠道，引导保险业参与发展

保险业积累有大量资金，要积极引导保险业参与战略性新兴产业的创新发展。具体而言，一是提供资金支持。鼓励商业保险公司参与战略性新兴产业创业投资和股权投资。二是降低发展风险。支持保险业参与战略新兴产业研发创新、产品商业化和产业化各阶段风险管理，提供多样化、多层次保险产品和服务，降低发展风险。三是提供融资便利。积极推动贷款保证保险、信用保险等产品的开发和创新，分散战略新兴产业企业、金融机构承担的风险，使金融机构与保险机构二者优势互补，推进战略新兴产业融资难、融资贵等问题的创新性解决。

9.1.5　强化要素组合，提高全要素生产率

1. 强化要素组合，优化资源配置效率

推动战略性新兴产业供给侧创新和发展强化要素的组合和创新，面向产业重点发展领域进行资源配置，以有效提升资源配置效率。在资源配置过程中，一要强化要素组合，推进要素的自由流动。通过深化供给侧结构性改革，打破行政性垄断，加快要素价格市场化改革等措施，着力降低全社会的金融、创新、土地、能源、通信、物流等成本。要强化战略性新兴产业在全国乃至世界范围内的跨区域合作和协同发展，优化和创新资源配置方式，实现人才、资金、技术和创新、金融和资本等各类创新要素在区域和行业间的自由流动，增加技术进步和人力资本对提高全要素生产率的作用，促进生产力布局在全国范围内优化，推进产业结构的调整、升级和优化。二是要素配置要面向重点领域。围绕"双创""中国制造 2025""互联网＋"等重大机

遇，面向战略性新兴产业重点领域，加大人才、资金、技术等要素资源的支持力度，培育、提升、发展一批战略性新兴产业创新型企业，完善产业链，构建产品群、产业群，提升战略性新兴产业的整体竞争力。大力推进供给侧改革，完善企业竞争和退出机制，淘汰战略性新兴产业落后企业和过剩产能，提升资源配置效率。

2. 推动技术进步，提高全要素生产率

要提高全要素生产率，实现战略性新兴产业提质增效，必须通过技术进步实现生产效率的快速提升。具体而言，一是提升战略性新兴产业企业技术水平。通过资源配置倾斜，提升企业的自主创新能力，建设一批具有国际竞争力的创新型企业，以推动战略性新兴产业的技术进步。二是有重点地对国外先进技术进行引进、消化和再吸收。对于战略性新兴产业中与国外差距较大的技术领域，要通过开放式创新和合作创新、引进消化再吸收创新等方式，逐步缩小与国外的差距，提升战略性新兴产业生产效率。三是增强自主创新能力，提升纯技术效率。在要素资源配置中，要加大对原始创新、集成创新、协同创新的支持力度，推动孵化器、加速器、产业研究院等各类研发平台和创新载体的建设，支持战略性新兴产业企业研发机构的建设，为战略性新兴产业自主创新能力的提升提供有力支撑。同时，要重点关注纯技术效率的提升。我国战略性新兴产业供给侧创新总效率低下主要源于纯技术效率低下，应进一步优化资源配置，提升创新能力和创新效率，以有效提升纯技术效率。

3. 加大人力资本投入，提高劳动生产率

高质量的人力资本是提高劳动生产率、促进经济可持续增长的关键。改善人力资本质量的关键，一是继续加大对教育、科学研究、医疗卫生等领域的投入，通过普及九年制义务教育，扩大大学生规模，提升劳动者的平均受教育年限，加大人力资本存量，以对战略性新兴产业产业结构升级、人力资本结构优化提供发展支撑。二是注重人力资本素质和质量的提升。注重高等教育的内涵式发展，提高大学生培养质量。加大职业教育投入和高质量发展，培育战略性新兴产业急需的各种技能型人才，鼓励高校、科研院所等事业单位科研人员创新创业或到企业兼职从事科技成果转化活动，提升人力资本利用效率，提升人力资本的质量。

9.2　产 业 层 面

9.2.1　超前布局新兴产业，培育未来发展新优势

1. 超前布局，抢占产业发展制高点

战略性新兴产业代表着未来发展的方向，在战略性新兴产业的供给侧创新和发展上，要有全球视野，要紧盯战略性新兴产业前沿技术和发展方向，进行超前布局，不断催生新技术和新产业，进而引领战略性新兴产业发展的方向。我国应重点面向信息网络、生物技术、空天海洋、核技术等新兴产业领域，集中优势创新资源，加大对关键、核心技术的突破和重大产品的研发，促进产品的变革性升级和换代，进而推动产业的跨越式发展。同时，要及时关注未来产业发展趋势，及时跟踪信息技术、智能技术、新能源技术等领域的颠覆性创新成果，以抢占前沿技术产业化先机，构建未来产业体系，增强产业核心竞争力，加大创新型经济发展后劲，为我国经济的高质量发展注入强劲动力。

2. 提前谋划，打造产业发展策源地

提前谋划，遴选一批创新资源相对丰富，创新能力较强的中心城市或国家自主创新示范区，充分发挥其产业创新的高端、高效和高辐射力作用，将其打造为战略性新兴产业策源地，引领战略性新兴产业占据发展的制高点。一是充分发挥策源地优势，打造战略性新兴产业创新源。充分发挥策源地中心城市或国家自主创新示范区在人才、资金、创新资源、国际学术交流便利方面的优势，重点推进一流高校、科研机构、一流学科的建设。围绕国家战略需求和民生改善目标，加大对基础研究的支持力度，持续开展关键核心技术研究和示范应用，创新产学研用合作模式，推动产生一批具有全球影响力的技术、专利和标准，探索产学研用有机结合的有效模式，使其成为我国战略性新兴产业的创新源。二是创新管理体制，充分发挥其辐射带动作用。以建设国家自主创新示范区为契机，创新人才激励、科技金融、技术成果转移等方面的体制和机制，以进一步发挥战略性新兴产业发展策源地的辐射作用，带动其他区域战略性新兴产业的发展。

3. 力争主动，构筑产业发展新优势

在战略性新兴产业供给侧的创新和发展上，要力争主动，构筑产业发展新

优势。具体而言，一是紧盯发展方向，掌握发展主动权。在全球范围内密切关注前沿技术发展趋势，高度重视颠覆性技术和商业模式创新，围绕我国战略性新兴产业重点发展领域和未来发展方向，形成具有独特竞争优势的战略性新兴产业，以在未来竞争中掌握发展主动权，构筑产业发展新优势，拓展产业发展新空间。二是注重潜在的新兴产业培育，打造经济发展新引擎。围绕产业发展机遇和技术变革，要主动挖掘有可能改变和引领未来的重点新兴产业和领域，加大政策支持力度，完善创新的硬环境和软环境，提升产业链的总体创新能力，促进产业的规模化和高质量发展，以打造经济发展新引擎。

9.2.2　统筹规划产业布局，促进产业高质量发展

1. 强化顶层设计，科学制定产业发展规划

战略性新兴产业的供给侧创新和发展要注重顶层设计，科学谋划产业发展思路。具体而言，一是要做好战略定位，进入国际经济发展大循环。战略性新兴产业的产业规划和发展不是孤立和封闭的，不仅受国内自身条件的影响，还受国际经济发展大环境的影响，因此，我国在战略性新兴产业发展战略的制定上，要主动融入世界新兴产业和新兴技术的发展潮流之中，紧密围绕国家开放、创新双驱动战略，融合"中国制造2025""一带一路"倡议等重要发展机遇，制定出合理的战略定位和规划。二是重视规划的制定和实施。要加强组织领导，可由国务院组织协调各部门，成立战略性新兴产业发展领导小组，负责战略性新兴产业总体规划和各分产业规划的制定工作，加强战略性新兴产业各规划与其他发展规划的协调和衔接，并推进各项规划的实施和落实。三是明确产业发展方向和发展思路。通过产业发展规划，明确战略性新兴产业的重点方向和领域，明确各产业的发展思路，以促进战略性新兴产业的高效发展。

2. 优化产业布局，促进产业集聚化发展

科学合理的产业布局是支持战略性新兴产业供给侧创新和发展的重要条件。战略性新兴产业在发展上要强化国家与省、市等各级政府的组织协同和管理，打破地区封锁和利益藩篱，充分发挥地区禀赋和资源优势，优化产业空间布局，形成有利于战略性新兴产业协调发展的格局。根据国家区域发展总体战略，紧密结合"一带一路"建设、京津冀协同发展、长江经济带建设三大国家战略，发挥各区域比较优势，形成以沿海沿江沿线经济带为主的战略性新兴产业经济带，打造核心增长极，充分发挥其引领、辐射和带动作用，推动东、中、西、东北四大区域战略性新兴产业的快速发展，以为我国经济的可持续增

长提供有力支撑。同时，政府部门要强化对战略性新兴产业空间布局的规划和引导，引导各区域在发展和布局战略性新兴产业时，要立足区域资源禀赋，突出地区特色和发展优势，推动产业链的延伸和有效整合，打造具有地区特色的战略性新兴产业，避免重复建设和恶性竞争，进而在促进战略性新兴产业集聚化发展的同时，提升有效供给水平。

3. 准确把握产业需求，实现供需协调发展

战略性新兴产业企业应根据市场需求变化，调整产品结构和产品供给量，推出适合用户及市场需求的创新产品。战略性新兴产业企业可从行业环境、创新环境、财政金融环境、区域人口特征等影响市场需求的因素入手，[①] 关注这些因素的变化情况及战略性新兴产业市场需求变化趋势，及时根据市场需求变化情况对产品供给进行调整，以提升有效供给水平。国家要加强对战略性新兴产业运行情况的宏观监测和管理，定期发布战略性新兴产业供求信息，对于战略性新兴产业投资过热领域、产能过剩领域建立预警和退出机制，以有效引导战略性新兴产业的发展方向，实现供给与需求的协调发展。

4. 实施分业支持政策，推进产业差异化发展

我国战略性新兴产业八大产业领域发展水平不一，各产业竞争优势和实力差距较大，供给侧创新总效率水平存在较大差异。因此，差异化是战略性新兴产业快速发展、提升竞争优势的必然趋势，不同的战略性新兴产业、不同区域的战略性新兴产业应实施差异化的产业支持政策，以形成自己独特的竞争优势。国家应加快制定和实施分业支持政策，对于战略性新兴产业各细分产业领域，要结合各产业的供给侧创新效率现状、产业规模和竞争优势等情况，制定有针对性的产业扶持政策，以加速推进各战略性新兴产业的发展。同时，各地方政府在战略性新兴产业产业政策制定中，要立足于当地资源禀赋、交通条件和产业特色，制定符合当地实际、有差异化的产业政策，以吸引要素资源向相关产业集聚，形成层次分明、特色突出的产业链条，推进优势产业的差异化发展。

9.2.3　优化调整供给结构，提升有效供给水平

1. 规避产业同构，减少无效供给

在国家大力培育发展战略性新兴产业的大背景下，部分地方政府并未有效

---

① 谭新兰. 新兴产业市场需求影响因素分析 [J]. 时代金融，2018（6）：208－209.

结合自身资源和特色，盲目发展战略性新兴产业，导致产业雷同、重复建设、产业同构现象严重等问题，造成产能过剩，形成大量无效供给。因此，要注意规避或减少产业同构，减少无效供给。一是加强对战略性新兴产业空间布局的规划和引导。政府在总体规划与顶层设计中，要重视对产业同构问题的规避和解决，要统筹全国战略性新兴产业空间布局，避免产业资源过度集聚或集中于某些特定区域，以及可能引致的重复建设与恶性竞争等问题，有序引导和推进战略性新兴产业空间布局。二是引导各区域错位发展战略性新兴产业。部分地区人才、技术缺乏，产业和资源基础薄弱，处于产业链的低端，如盲目跟风发展，会形成严重的产业同构问题。对于这些区域，应结合自身比较优势和特色，制定符合本地实际的战略性新兴产业发展规划，通过错位发展，在产业链的某一环形成竞争优势。同时，还要考虑市场、经济格局等的变化对战略性新兴产业空间布局的影响，适时进行产业转移，形成错层、错位的战略性新兴产业非均衡发展格局，减少产业同构现象。加强对国有企业投资活动的规范化管理，积极鼓励民营企业进入战略性新兴产业，建立健全战略性新兴产业准入、退出机制，避免重复建设、潜在产能过剩等问题，进而减少无效供给，增加有效供给。

2. 增加高端供给，避免供给短缺

高端产品供给情况在一定程度上反映了一个国家或地区创新水平的高低，应持续加大产品创新力度，重视高端产品供给的提升，使供给结构更好地适应需求的变化，提升发展的质量和效益。针对我国战略性新兴产业高端供给短缺现象，应持续加大研发投入，提升技术创新能力，不断向产业链"微笑曲线"的上方移动，以提升高端产品的供给能力。政府部门则应积极引导和支持战略性新兴产业高端化发展，培育高端绿色消费，加大知识产权保护力度，营造有利的高端产品创新和供给环境，促进我国战略性新兴产业迈向世界价值链高端。企业则应结合战略性新兴产业市场需求实际，制定合理的供给水平，持续增强高端产品供给能力，提升战略性新兴产业产品供给质量，减少高端产品供给短缺。

3. 优化产业结构，加大有效供给

及时调整优化产业结构是推动战略性新兴产业转型升级和供给侧创新的关键。一是做大产业规模，优化产业结构。2017 年，我国战略性新兴产业产值占 GDP 的比重大约为 10%，与传统产业相比，产业规模仍然较小。同时，从战略性新兴产业的三次产业总量结构来看，第二产业增加值占比 80% 以上，一、三产业所占比例较低，三次产业结构有待进一步优化调整，尤其要加快数字创意、其他相关服务等第三产业的发展。二是化解过剩产能，推进产业转型升级。化解过剩产能是推动产业转型升级和供给侧结构性改革的重点任务。在战略性新兴产业部分领域如风能、水电、光伏等已出现了严重的产能过剩。还有不少领域低端产品供给过剩，不仅占用大量资源、造成无效供给，还会导致新兴产业和新供给的增长受到制约。因此，应通过产业整合、兼并重组等方式，淘汰落后、低端产能，提升技术水平，推进产业结构的优化和转型升级，以提升供给质量，增加有效供给。三是构建战略性新兴产业发展的长效机制。要处理好政府和市场、长期和短期、减法和加法、供给和需求的关系，使市场在资源配置中发挥决定作用，重视需求结构对供给结构的影响，减少低端和无效供给，增加高端和有效供给，探索构建战略性新兴产业发展的长效机制。

4. 提升创新效率，增加创新供给

结合产业实际情况及时调整相应要素的供给水平，有利于提升创新效率，增加创新供给。根据对战略性新兴产业供给侧创新效率的实证分析结果，我国战略性新兴产业供给侧创新总效率低下主要由纯技术效率低下引起，战略性新兴产业供给侧创新各投入指标投入冗余现象严重，产出指标产出明显不足，战略性新兴产业分产业的供给侧创新效率整体水平不高，均未达到 DEA 有效。因此，应结合战略性新兴产业发展实际，合理调整政府补贴、全时研发人员人数、研发投入强度等的供给水平，减少投入冗余，改善市场需求增长率、当年专利授予数量、会计业绩、市场业绩，增加创新绩效产出，促进战略性新兴产业供给侧创新效率的有效提升。同时，国家要重视纯技术效率的改善和提升，充分发挥市场在资源配置中的决定性作用，优化资源配置，提升创新效率。政府部门要强化政府补贴、财政补贴政策对企业创新的激励和引导作用，引导和鼓励企业加大研发和人才投入，提升战略性新兴产业创新能力和创新效率，以有效增加创新供给。①

5. 改善发展环境，提升供给质量

良好的产业发展环境，有利于激发战略性新兴产业创新活力，提升供给质量。改善发展环境，一是要营造良好的生态系统环境，提升产业链发展能力。以主导产业为核心，拓展延伸产业链条，提升产业链条上的协同配套能力，形成供给、生产、销售、服务协同发展的产业链生态系统，提升战略性新兴产业

---

① 闫俊周. 创新驱动：战略性新兴产业发展路径与政策［M］. 北京：社会科学文献出版社，2019：24 – 27.

竞争力。二是要营造公平公正的竞争环境，提升供给体系质量。在战略性新兴产业市场准入、审批许可、经营运行等方面，保障民营企业的合法权益，营造公平公正的竞争环境。三是提升供给体系质量。重视企业家创新的作用，持续提升企业素质和竞争力，从企业层面提升供给质量，扩大高质量产品和服务供给。重视产业竞争政策的引导作用，推动产业结构优化，提升产业组织合理化水平，从产业层面提高供给体系质量。

9.2.4　构建产业创新体系，增强产业创新能力

1. 推进"双创"体系建设，激发创新活力

李克强总理指出，"大众创业、万众创新是推动新旧动能转换和经济结构升级的重要力量"。新常态下的战略性新兴产业要突破传统发展瓶颈，实现弯道超车，必须以双创为抓手，培育新动能，发展新经济。总的来说，一是要营造良好的"双创"环境，构建高效完善的创新治理体系。要明确政府和市场分工，推动产业规制的变革，加强政策协调，减少对互联网、生物医药、新能源汽车等战略性新兴产业的准入限制，完善激励创新的政策体系，营造公平公正的市场环境，增强企业的创新意愿。二是以"双创"引领战略性新兴产业创新体系构建。大力支持战略性新兴产业创新平台、示范基地、创新载体的建设。推动基础研究、共性技术、标准制定、检测认证、众创空间、创新创业综合体等的建设，强化"双创"平台和载体的服务和支撑能力。以产学研合作、产业技术创新战略联盟、协同创新中心等新型研发组织为依托，打造功能强大的产业创新平台，提升战略性新兴产业公共创新供给能力，构建产业链、创新链、资金链、政策链等相互支撑的产业创新体系。提升企业自主创新能力，推动科技制度改革和创新，鼓励科技成果服务于战略性新兴产业的发展，推动军民技术融合，构建各类创新要素顺畅流动、高效配置的双创生态系统，形成战略性新兴产业创新驱动发展的制度安排和体系保障。

2. 强化公共创新体系建设，提升支撑能力

面向战略性新兴产业重大技术需求，组织和实施一批重大科技攻关项目和重大工程，推进战略性新兴产业重大技术的研发和产业化。强化对战略性新兴产业突破性技术、颠覆性技术的研发投入和产业化支持，取得一批具有较强带动作用、具有国际影响力的原始性创新成果。整合政、企、学、研等多方创新资源，创新组织形式，构建产业技术创新联盟，建设战略性新兴产业公共技术平台，推动产业关键和共性技术的协同攻关和研发，提升产业研发创新和竞争

优势。加大基础研发投入，围绕战略性新兴产业重大创新需求，推进国家重大科技基础设施等创新公共设施的建设，大力推动公共创新设施的开放和共享，以为战略性新兴产业高水平创新活动提供支撑。围绕高性能基础材料、新能源、生命科学、空天海洋等领域，推动建设一批战略性新兴产业国家产业创新中心和国家技术创新中心，以引领战略性新兴产业的供给侧创新和发展。加快推进有关战略性新兴产业认证、检测、计量，科技成果转化，科技信息库等公共服务平台的建设，加快人工智能、新能源汽车、大数据等新兴产业领域国家标准的建立和制定，推动标准的国际化进程。

3. 实施开放式创新战略，融入全球创新体系

开放式创新已成为创新的主流。我国战略性新兴产业在供给侧创新和发展过程中，要加强与国外各类创新主体的交流与合作，积极融入全球创新体系，通过有效利用国外创新资源和能力，推进战略性新兴产业供给侧创新水平和能力的提升。具体而言，一是建立面向全球的开放式创新网络。经济的全球化导致了生产、市场和消费的全球化，同时也带来了创新的全球化。各个国家和地区创新资源、人才等要素禀赋的差异，导致了研发和创新资源存在巨大差异。与国外相比，我国战略性新兴产业在不少领域技术水平仍然较低、核心和关键技术掌握不多。因此，企业要主动与国外的企业、大学、科研院所等创新主体或机构开展创新合作，建立面向全球的开放性网络，以充分利用国外创新人才、知识和资源等推进战略性新兴产业供给侧创新。二是注重运用多种模式提升开放式创新能力。在开放式创新上要坚持"引进来"和"走出去"并重。重视人才资源的引进，结合国家引智工程，创新人才引进和管理模式，加大对国外战略性新兴产业创新人才、创新团队、高水平科学家、领军人才等的引进力度，提供优厚待遇，吸引他们到中国从事研发、创新创业活动。通过合资、技术引进等形式引进国内急需的战略性新兴产业先进技术。同时，鼓励企业走出去，鼓励实力雄厚、技术先进的企业到国外建立实验室、研发中心、海外公司，鼓励企业通过实施海外并购获得战略性新兴产业核心技术和关键资产。

4. 整合创新资源，构建产学研协同创新体系

产学研协同创新是提升战略性新兴产业供给侧创新能力的必由之路。可借鉴国外产学研合作成功经验，由政府设置专门的产学研协同创新管理机构，统筹推进产学研项目研发、利益分配、成果转化及应用方面的工作，提升产学研协同创新效率。以战略性新兴产业技术市场需求为导向，整合创新政、产、学、研等多方资源，构建产学研协同创新的产业生态体系，推动多方要素资源

的融合创新，促进新兴技术向战略性新兴产业各领域广泛渗透与深度融合，提升协同创新的效果。加大对技术、市场等中介服务机构的培育和扶持力度，构建专业化、市场化的技术中介服务体系，以增加技术、市场和产业信息有效供给。营造良好的产学研协同创新环境，促进产业、科技、资本和社会服务的有效融合。大力支持战略性新兴产业科技型中小企业的发展，构建有利于科技型中小企业创新成果产业化的投融资体系和产学研协同创新体系。

9.3 制 度 层 面

9.3.1 深化体制机制改革，释放制度活力

1. 推进简政放权改革，加快职能转变

积极推进放管服改革，推动政府职能由管理职能向服务职能转变。政府要积极做减法，推动市场主体做加法，解除制度约束，降低制度性交易成本，激发市场和供给侧创新活力。大力深化行政审批制度改革，大幅削减行政审批事项，缩短审批时限，取消不合理收费，加快推进审批服务标准化，简化审批材料，优化服务流程。减少投资审批限制，针对战略性新兴产业新领域、新业态和新模式等，积极探索包容审慎的监管方式和审批制度，减少审批限制，既支持创新又防范可能的风险。加快推进新药和医疗器械审批、空域管制、新能源应用等领域的行政审批制度改革和投资体制改革，消除战略性新兴产业发展的市场进入壁垒。实施负面清单为主的市场准入模式，建立开放透明的市场规则，完善市场机制。深化战略性新兴产业国有企业改革，积极引入民营资本，推进混合所有制改革，激发企业创新活力。

2. 营造公平竞争环境，优化营商环境

战略性新兴产业的高质量发展离不开营商环境的优化。政府部门要强化服务意识，构建良好的政商关系，推进政务公开，制定权责清单，提高政务透明度，降低制度性交易成本。放宽市场准入限制，破除准入门槛，消除不利于民营经济公平参与竞争的壁垒，保证民营经济的同等权益。加快推进商事制度改革，全面推进多证合一，降低企业税费负担，研究和出台有利于降低战略性新兴产业增值税税率、社会保险费、企业财务成本和物流成本的措施和政策，降低战略性新兴产业的交易性成本。学习国外先进经验，完善战略性新兴产业法

规体系，构建统一的反垄断体制，严厉打击新一代信息技术服务、生物医药、芯片等领域的不正当竞争行为，加大对地方保护主义的查处力度，营造良好的创新创业环境。

3. 提高供给体系质量，增加有效供给

党的十九大报告提出"深化供给侧结构性改革，要把提高供给体系质量作为主攻方向"。提高供给体系质量是一项复杂系统工程，对于战略性新兴产业企业来讲，必须主动适应用户消费需求的变化，通过技术和商业模式的创新，持续提升产品和服务的供给质量，进而增加有效供给。对于政府部门来讲，则要提升产业的监管标准，淘汰战略性新兴产业过剩和落后产能，积极推进战略性新兴产业结构的升级，促进互联网、人工智能、大数据等新兴产业与实体经济的融合创新，建设新型产业体系，培育经济发展新动能，实现供给体系质量的提升。同时，政府部门要充分发挥市场在要素资源配置中的决定作用，提升资源配置效率，推动流通体系的创新和升级，提升流通产业效率和现代化水平，降低企业流通成本，提升供给的质量和效益。

4. 优化改革制度供给，激发创新活力

制度供给创新是激发战略性新兴产业内生增长动力和活力的关键。要切实重视市场在资源配置中的决定性作用，全面深化制度和政策改革，大力推进产权制度、财政金融、汇率形成机制、人事制度等关键领域的改革。推进农村土地制度改革，优化战略性新兴产业工业用地制度，加大对资源性产品、垄断行业、公共服务价格形成机制的改革，提升供给效率。优化城市空间结构，提升空间集聚密度，降低创新创业成本。大力推进战略性新兴产业国有企业的改革，优化支持中小企业创新发展的政策和措施，建立宽容失败、鼓励创新的容错机制和制度，激发制度和市场活力。根据现代企业制度，积极推进战略性新兴产业的公司治理结构改造，推进实施职业经理人制度，注重企业家的培育，优化激励和约束机制，激发企业家创新创造的热情和活力。

9.3.2　创新产业政策供给，营造创新生态

1. 创新财政税收政策，支持供给侧创新

财政和税收政策是推进和实施供给侧管理的关键内容，① 合理的财政和税

---

① 沈铭辉，李天国. 供给侧结构性改革：来自韩国的经验与启示 [J]. 中国社会科学院研究生院学报，2018（5）：62 – 73.

收政策有助于推动战略性新兴产业供给侧创新的实施。创新财政税收政策，一是创新财政资金使用方式。引导金融、风险投资、创新创业服务等机构加大对战略性新兴产业的资金投入和支持力度。推动在国家层面和有条件的省市成立战略性新兴产业创新发展基金。二是创新和优化税收政策。在国家政策允许范围内，对相关企业实施增值税、营业税减免。扩大战略性新兴产业中享受税收优惠的对象和税种，制定合理的减税结构和减税力度，简化税制，扩大战略性新兴产业减税降费规模。结合战略性新兴产业实际，扩大固定资产加速折旧优惠政策实施范围，完善股权激励个人所得税政策，提升战略性新兴产业企业和个人创新的积极性。

2. 制定合理补贴政策，引导供给侧创新

政府补贴作为研发创新资金的重要来源，既对战略性新兴产业研发创新具有积极的引导带动作用，又具有资金投入少、成本低等优势，合理的政府补贴政策对推动战略性新兴产业供给侧创新具有重要作用。可根据战略性新兴产业各细分产业的发展情况，对战略性新兴产业企业研发、技术改造、创新、出口退税等环节实施政府补贴，合理制定政府补贴力度与补贴结构，设置专门机构对研发补贴资金的使用流程进行监管，提高研发资金使用效率，促进政府补贴在战略性新兴产业供给侧创新中发挥更大作用。同时，可结合战略性新兴产业研发创新效率和产品质量动态调整补贴水平，对研发创新效率较低、产品质量不高的企业应减少或取消其政府补贴，以提升政府补贴资金的使用效率。对于处于发展初期、产品成本较高的战略性新兴产业产品，政府应制定合理的产品购买补贴政策，通过对相应产品提供价格补贴，降低消费者采购成本，提升消费者购买积极性。①

3. 创新金融产品服务，助推供给侧创新

战略性新兴产业在创新和发展上仍面临着较大的金融抑制与供给约束。要鼓励和支持金融机构结合战略性新兴产业的创新特点，提供创新性的科技金融产品和服务。要进一步创新信贷管理、贷款管理和续贷政策，优化信贷流程。针对战略性新兴产业高成长、高技术行业，开辟绿色审批通道，提升审批效率。推动建立战略性新兴产业国家融资担保基金，设立专门的战略性新兴产业融资担保公司，成立专门的融资担保协会，降低企业融资成本。通过设立和推行中小企业创新券计划、增加中小企业贷款机构等措施，支持战略性新兴产业初创期科技型中小企业、成长期科技企业的供给侧创新。大力鼓励绿色信贷、

① 杨帆. "创新驱动发展战略"配套政策落实跟踪审计研究［D］. 南京审计大学，2018.

绿色债券、绿色基金等市场化金融工具的发展，推进战略性新兴产业绿色产业的创新和发展。

4. 健全研发政策体系，促进供给侧创新

健全的研发政策支持体系有利于促进战略性新兴产业的供给侧创新。要加大各级财政资金对战略性新兴产业的技术创新支持，提升财政资金配置效率，充分发挥财政资金对产业的引导和带动作用。推动在国家层面成立新兴产业研发专项支持资金，围绕我国战略性新兴产业关键技术领域或薄弱环节，资助一批重点技术攻关项目，提升企业自主创新能力。对承担国家、省（部）级重大科技创新项目的战略性新兴产业企业，给予经费配套或补贴。推进企业创新平台和载体建设，对于立项建设的国家级、省级企业技术中心、工程技术中心、重点实验室等创新平台和载体，给予专项资金奖励。对企业承接高校、科研机构的属于战略性新兴产业的科研转化成果，给予产业投资后补助，鼓励产学研协同创新，促进高端产业的发展。创新研发支持形式，通过补贴、税费返还、研发费用加计扣除、创新券等形式鼓励企业、科研院所加大研发投入力度。加大对工艺创新和产品创新的支持力度，对首台（套）重大装备及关键部件等创新型产品给予创新补贴，鼓励地方政府出资设置针对战略性新兴产业的政府引导基金和创新发展基金，通过事前资助或事后资助等形式，推进战略性新兴产业关键技术攻关和基础研发。

5. 完善知识产权政策，保护供给侧创新

紧密结合战略性新兴产业发展的新趋势和新动向，加大对人工智能、互联网、大数据、云计算等新兴产业领域知识产权保护问题的研究，完善知识产权法律和法规。重视知识产权的布局和应用，围绕战略性新兴产业重点行业和关键领域，实施知识产权布局工程，提升企业的知识产权布局意识，推进在战略性新兴产业重点企业实施知识产权布局试点工作，推动在战略性新兴产业关键行业、重点产业集群、重点产业园区设立专门的知识产权布局管理中心，统筹推进知识产权的布局和应用。推动在国家层面实施战略性新兴产业知识产权战略行动计划，全面推进战略性新兴产业企业知识产权贯标工作，支持创新能力强、发展潜力大的战略性新兴产业企业制定实施知识产权战略，加大对战略性新兴产业高价值专利的培育力度，严厉打击知识产权侵权行为，提高知识产权侵权赔偿限额，促进在战略性新兴产业重点行业和关键技术领域形成一批创新水平高、市场竞争力强的高价值专利，支撑和引领战略性新兴产业的供给侧创新。

6. 改革土地支持政策，支撑供给侧创新

土地资源作为产业发展的关键要素，是促进战略性新兴产业供给侧创新的重要着力点，而现有的土地供应和管理政策对战略性新兴产业创新和发展仍存着较大的供给约束，亟须改革和完善。要进一步加大战略性新兴产业新供用地保障力度，落实土地使用优惠政策和优先用地要求。明确新产业、新业态用地类型，加大创新型产业用房的建设和供应力度，运用多种方式供应新产业用地，采取差别化用地政策支持新产业、新业态发展。创新土地使用形式，优化战略性新兴产业用地供应机制，可采取长期租赁、先租后让、租让结合等多元化用地形式促进战略性新兴产业土地供给结构和质量优化，降低企业用地成本。

9.3.3 创造新供给新需求，培育发展新动能

1. 坚持创新驱动战略，推动要素驱动向创新驱动转变

坚持创新驱动战略，推动战略性新兴发展由要素驱动向创新驱动转变，形成以创新为引领和支撑的战略性新兴产业发展新模式，是战略性新兴产业供给侧改革和创新的重中之重。坚持创新驱动战略，一是通过创新克服供需错配。制约战略性新兴产业发展的关键问题是供需错配，即高端供给不足，低端供给过剩。要克服这一问题，必须通过产品、技术、市场等领域的创新，生产出更多高质量的产品，形成高端供给，以高端供给满足消费者的高端需求，进而克服供需错配，减少无效供给，增加有效供给。[①] 二是通过创新推动产业结构优化升级。要充分发挥创新对产业升级的牵引作用，大力鼓励产品、技术创新，重视各类创新型人才对产业创新的核心带动作用，增强商业模式、营销、品牌创新意识，将创新融入生产和消费的各个环节，驱动战略性新兴产业的产业体系从价值链低端向中高端迈进。三是将创新驱动和供给侧创新统筹结合起来。以制度变革为根本，通过制度变革和创新释放创新红利和创新活力。强化科技创新的引擎作用，加大研发投入，重视创新型人才的作用，鼓励原始性创新和集成创新，提升企业自主创新能力，[②] 从供给质量和效率入手，构建产业链，延伸价值链，打造创新链，推动战略性新兴产业由要素驱动向创新驱动转变。

---

① 张慧君. 发挥创新驱动在供给侧改革中的战略引领作用 [J]. 理论视野，2016（1）：23 - 27.

② 武义青，窦丽琛. 提高全要素生产率的路径选择 [N]. 河北日报，2016 - 3 - 25.

2. 形成新供给新需求，塑造供给侧创新竞争优势

战略性新兴产业的供给侧改革和创新，不应只盯着现有的供给和需求总量，而是要着眼于扩大增量，创造新供给，刺激新需求，形成新的发展动能。具体而言，一是要紧抓战略性新兴产业的发展新机遇，抢占经济发展先机。推动人工智能、大数据、云计算、高端信息技术、生物科学、绿色计算等新兴产业与其他产业的跨界融合创新，培育经济发展新动能，开辟经济发展新空间。二是大力推动战略性新兴产业的供给侧创新。战略性新兴产业要坚持创新驱动，高端发展。要加大制度、政策、技术、资金等供给的力度，营造良好的供给环境，释放新经济活力。推进供给侧结构不断优化，淘汰低端、落后产能，持续创造新供给，扩大优质供给，在满足现有需求的同时，刺激新需求的产生。三是紧抓国内消费升级的机遇，推进新供给与新需求的匹配对接。国内消费水平不断升级，对高端产品供给的需求持续增大，战略性新兴产业企业应通过充分挖掘市场新需求和有效需求，通过技术创新提供有效的新供给，形成有效需求和有效供给的对接，进而转化为经济发展新动能。

3. 突出重点产业带动，培育世界一流企业

立足经济社会发展重大需求和战略性新兴产业未来产业发展方向，超前布局前瞻性产业和技术。充分发挥移动信息网络、空间技术、人工智能、大数据、生命科学、基因工程等产业的引领作用，孕育一批潜力巨大的新兴产业。实施战略性新兴产业世界一流企业培育工程，重点围绕高铁、通信、互联网、高端装备制造等领域，强化品牌、技术和市场等的管理，加大研发投入力度，提升技术创新能力，力争在重点产业和关键技术领域形成长期技术优势和产品标准话语权，鼓励企业利用国际资源进行研发创新，提升企业家的国际经营管理能力和国际视野。培育一批具有自主知识产权、具有国际竞争力和品牌影响力的世界一流企业。

4. 推进产业集聚化发展，构建协调发展新格局

根据国家区域发展总体战略，依托城市群、国家中心城市、国家自主创新示范区和各类产业园区，以产业链集聚为导向，强化分工合作，推动战略性新兴产业的集群化和集聚化发展。创新产业集聚区管理体制机制，推动战略性新兴产业的跨区域、跨组织协调和管理。大力推动战略性新兴产业在京津冀城市群、长三角城市群、珠三角城市群、长江中游城市群、中原城市群等国内主要城市群的集聚和发展，推动其与城市群协调发展。以上述城市群为重点，打造世界一流的战略性新兴产业城市群和产业集聚区。注重东、中、西部地区战略性新兴产业的联动发展，在战略性新兴产业投资和政策支持上适当向中西部地

区倾斜，拓展战略性新兴产业发展新空间，构建协调发展新格局。充分发挥现有各类战略性新兴产业园区的作用，聚集重点区域、重点产业和重点领域，完善政策支持体系，促进创新要素集聚，培育和发展一批具有区域特色优势、具有较强市场竞争力的区域特色战略性新兴产业集群和产业集聚区。

9.3.4　强化供给侧创新管理，提升管理成效

1. 创新组织管理机制，切实提升管理效率

推动成立由国务院直属领导的战略性新兴产业发展领导小组办公室，统筹制定产业发展规划，优化产业空间布局，确定产业发展重点领域和发展指导目录。及时追踪战略性新兴产业领域发展变化的新动态和新趋势，对产业发展方向和趋势进行前瞻性研究，准确把握产业发展方向，制定准确的产业政策和支持措施，提升管理效率。借助战略性新兴产业部际联席会议制度，推动制度和政策的落实。建立企业与战略性新兴产业政府管理部门有效对话的机制，及时听取企业发展意见。创新战略性新兴产业的监测和监管方式，建立符合战略性新兴产业特点的统计监测体系，加强对战略性新兴产业的产业预警和风险管理，增强有效供给，促进战略性新兴产业健康可持续发展。

2. 完善供给创新环境，营造良好创新氛围

推进众创空间、创新工场、创新创业综合体、国际创客空间、加速器、孵化器等各类创新载体的建设。加大对国内外创客和创客团队的支持力度，鼓励大学生创新创业，支持和鼓励高校、科研院所科技人员离岗创业，实施青少年创新专项计划，深入推进大众创业、万众创新，加大对中小企业创新的扶持力度，构建全产业链的创新创业服务体系。加大创新创业教育力度，营造鼓励创新、包容失败的社会创新氛围，从政治法律、经济、社会文化、技术等方面为战略性新兴产业供给侧创新营造良好的发展环境，进一步丰富供给侧创新主体，激发供给侧创新的活力。

3. 强化政策组合协同，高效发挥政策作用

战略性新兴产业政策的制定涉及人力资源、财政、税务、金融、土地管理等多个部门，在政策体系的设计和制定上，要避免部门主义和本位主义，要站在有利于战略性新兴产业供给侧创新和长远发展的角度，经过深入调查和研究，统筹设计制定人才、财税、金融、创新等政策支持体系，避免重复资助和资源浪费，提升政府政策的实施效果。在政策制定上，要重视政策的组合作用，注重政策的协同发力，通过政策的组合与创新，不断拓展战略性新兴产业

发展的政策空间。促进中央政策与地方政策协同发力，通过中央政策调动地方发展战略性新兴产业的积极性，通过地方政策与中央政策协同推动战略性新兴产业的供给侧创新与发展。鼓励区域结合实际，制定差异化、特色化的发展政策，推进战略性新兴产业高质量发展。

4. 适当减少政策干预，提升政策实施质量

过度的政策或过度的政策干预会造成政策供给过度，政府在供给侧创新过程中，要加快政府职能转变，推进简政放权、减少政策干预，提升政策实施质量。在政策和规则的制定上，要明确政府权力边界和权力清单，通过合理放宽准入限制、适当解除战略性新兴产业产品进出口管制等，减少政府对战略性新兴产业的干预，以促进市场在资源配置中发挥更好作用。清除不利于战略性新兴产业发展的低效、无效管理政策和措施，对相互矛盾或冲突的政策进行改革和优化，积极探索有利于战略性新兴产业供给侧创新和发展的监管新模式，增加有效制度供给，减少政策对经济活动的约束和干预，提高生产要素效率和资源配置效率，提升政策实施质量。

5. 注重双侧协同管理，推进双侧协同发力

战略性新兴产业的供给侧创新既受供给侧因素影响，又受需求侧因素制约。战略性新兴产业供给侧创新，并不意味着要摒弃需求侧改革和创新，或者认为需求侧改革和创新不重要了。单纯地放弃需求谈供给或放弃供给谈需求都是片面的。[①] 党中央多次强调"必须在适度扩大总需求和调整需求结构的同时，着力加强供给侧结构性改革"，[②] 说明要推动经济发展，必须将供给侧和需求侧协同起来。[③] 中国战略性新兴产业的发展，要注重供给侧和需求侧双侧协同管理、共同发力。具体而言，一是强化战略性新兴产业创新和发展的供需动力。战略性新兴产业供给结构难以有效适应市场需求结构的变化会导致供需错配，进而会制约供给侧创新。在新形势下必须协调好供给侧和需求侧的关系，充分发挥"互联网＋""中国制造2025""双创"等对战略性新兴产业的带动作用，推动新技术、新业态、新产业、新模式在战略性新兴产业中广泛应用，集聚发展能量，形成新供给，刺激新需求，强化发展的供需动力。二是注重战略性新兴产业供给侧创新与需求侧创新的协同发展。在战略性新兴产业形

① 齐骥. 推进文化产业供给侧与需求侧协同发展研究 [J]. 发展研究, 2016 (11): 15 – 21.

② 李君. 改革开放 40 年我国财政政策实践分析 [J]. 福建商学院学报, 2018, 122 (6): 21 – 26.

③ 黄奕信. 供给侧改革视角下的中国战略性新兴产业发展战略研究 [J]. 改革与战略, 2016 (3): 54 – 57.

成和发展的初级阶段，市场需求是规模化发展、提升市场占有率的关键因素，但战略性新兴产业在发展中仍存在着重项目投资、轻市场培育，重优惠政策、轻产业培育等问题，财政补贴、税收等优惠政策更多地集中于中上游技术开发和生产制造等供给侧环节，而对于应用和市场消费等需求侧环节关注较少。因此，应重视供给侧创新政策和需求侧创新政策的协同和均衡发展，通过需求侧政策的引导和刺激，拓展和增加新需求，促进战略性新兴产业的规模化和快速发展。

第10章　总结与展望

10.1　总　　结

本书运用多种理论和方法对推进战略性新兴产业供给侧创新的机制与政策进行了重点研究，主要研究内容总结如下。

（1）对战略性新兴产业的概念和特征进行了界定和分析。战略性新兴产业是指既具战略性又具新兴性的产业，其以新技术、新产业和新模式的创新和变革为基础，对经济社会发展具有重大战略引领作用，是一种典型的创新驱动型产业。战略性新兴产业具有战略长远性和复杂性、创新性和高风险性、高成长性和高收益性、先导性和动态性等特征。

（2）对战略性新兴产业供给侧创新的内涵和特征进行界定和分析，提出了战略性新兴产业供给侧创新的理论逻辑。战略性新兴产业供给侧创新是指从战略性新兴产业的供给端、生产端入手，通过供给端的创新解除供给约束，实现要素资源优化配置，提高全要素生产率，以提升战略性新兴产业的供给质量和效益。战略性新兴产业供给侧创新具有长期性、复杂性、效益性和开放性等特征。战略性新兴产业供给侧创新可从要素、产业和制度三个层面展开，其基本逻辑是要素升级、结构优化和制度变革"三位一体"，分别对应着创新、转型和改革，即以战略性新兴产业供给侧创新为切入点，以要素创新为手段，以改革的办法推进产业结构转型和升级，进而推动战略性新兴产业提质增效。战略性新兴产业供给侧创新受政治法律环境、经济环境、社会文化环境、技术环境等因素的影响。

（3）对我国战略性新兴产业供给侧创新的发展现状与问题进行了分析。从要素层面来讲，人才供给数量和质量持续提升、技术与创新供给逐步增强、金融和资本供给持续加大、土地供给不断优化，但面临创新基础薄弱、创新投入不高、创新能力较弱、创新人才缺乏、创新资金不足等问题。从产业层面来讲，产业规模持续壮大、细分产业快速增长、集聚化发展格局初步形成、产业带动作用日益增强，但存在产业同构化形成大量无效供给、高端产品供给不足造成供给短缺、产业结构和布局不合理限制有效供给、有效创新不足制约有效供给、产业环境不佳制约供给质量等问题。从制度层面来讲，政府职能有效转变、培育体系基本形成、政策环境不断优化、地方政策落实加速，但存在体制机制制约发展、服务体系亟待健全、政策体系亟须完善、政策实施质量不高、管理水平有待提升等问题。

（4）对战略性新兴产业供给侧创新效率进行评价和投入产出改进分析。构建了战略性新兴产业供给侧创新效率评价指标体系，运用 DEA 方法中的 BCC 模型和超效率分析模型对战略性新兴产业供给侧创新效率进行了评价，并构建计量经济模型对战略性新兴产业的投入冗余和产出不足进行了投入产出改进分析。研究结果表明，我国战略性新兴产业供给侧创新总效率、纯技术效率整体水平较低，均呈倒"U"型变化趋势，且供给侧创新总效率低下主要源于纯技术效率低下。规模效率整体水平较高，但整体表现出缓慢下降趋势。八大战略性新兴产业供给侧创新总效率差异较大。生物、新能源汽车、新能源、节能环保、数字创意五个产业的供给侧创新总效率和纯技术效率均呈倒"U"型结构，新一代信息技术产业、新材料产业的供给侧创新总效率和纯技术效率均呈现先上升后下降再上升的波动趋势，高端装备制造产业供给侧创新总效率和纯技术效率则呈现先下降后上升再下降的波动趋势。战略性新兴产业供给侧创新总效率的提高受纯技术效率发展水平的制约，二者具有同步发展趋势。全时研发人员人数、研发投入强度、政府补贴、当年已有专利数量、当年申请专利数量投入冗余率较高，会计业绩和市场业绩的产出不足率较高，部分投入变量和产出变量之间存在着显著的影响。

（5）对战略性新兴产业供给侧创新动力系统及其运行机制进行了研究。提出了战略性新兴产业供给侧创新的技术创新推动模式、市场需求拉动模式、技术创新与市场需求交互作用模式、政府推动模式和企业利益驱动模式五种动力模式，对五种动力模式进行了比较分析。基于产业发展差异和产业生命周期对战略性新兴产业供给侧创新动力模式的选择进行了具体分析。根据上述分析，构建了战略性新兴产业供给侧创新系统，提出了战略性新兴产业供给侧创新动力系统的五力结构模型。对战略性新兴产业供给侧创新动力系统的运行机制进行设计，提出了以技术创新与政府推动力为主导的供给侧创新启动机制、以市场需求拉动力为主导的供给侧创新放大机制、以技术创新与市场需求交互作用力为主导的供给侧创新增强机制、以企业利益驱动力为主导的供给侧创新扩展机制和多种动力相融合的供给侧创新综合作用机制，并对各种机制的内涵和功能、作用过程和主要模式进行了分析。

（6）对战略性新兴产业供给侧创新的实现机制进行研究。本书对战略性新兴产业供给侧创新的实现机制进行设计，提出了战略性新兴产业供给侧创新的动力机制、培育机制、能力机制和保障机制。在对四种机制的功能、影响因素和机制模型进行分析的基础上，构建了战略性新兴产业供给侧创新的实现机制模型，运用基于格栅获取的模糊 Borda 数分析法，对战略性新兴产业供给侧创新实现机制进行了模糊评价，确定了各评价指标的权重，并对评价结果进行了分析。评价结果表明，动力机制、培育机制、能力机制和保障机制的权重分别为 0.1845、0.1845、0.3618、0.2691，说明能力机制是战略性新兴产业供给侧创新实现机制的核心，保障机制、动力机制和培育机制对战略性新兴产业供给侧创新发挥着重要影响。从三级评价的 13 个评价指标来看，企业保障、自主创新能力、市场实现能力、创新资源整合能力排在前四名，它们主要为战略性新兴产业供给侧创新的内部因素；而政府保障、市场培育体制、社会保障、政府推动则排在后四名，它们主要为战略性新兴产业供给侧创新的外在因素，说明在战略性新兴产业供给侧创新的实现过程中，内因（企业自身）的作用要远大于外因的作用。从四级评价的 36 个评价指标来看，权重值较高的指标有 14 个，主要包括资金保障、人才保障、组织保障、研发资源整合能力、原始性创新能力、集成创新能力、市场竞争能力、市场开拓能力、市场营销能力、新产品需求、知识资源整合能力、创新主体、科技创新能力、新兴技术和新发明等指标，说明上述指标在战略性新兴产业供给侧创新实现机制中发挥着更为关键的影响。

（7）以中国中车公司为典型案例，对战略性新兴产业供给侧创新的动力系统及其运行机制、供给侧创新的实现机制等进行了探索性案例研究。

（8）在对美国、英国、德国、日本、韩国、俄罗斯、印度等典型国家战略性新兴产业供给侧创新政策经验进行分析的基础上，得出了对我国战略性新兴产业供给侧创新的重要启示，提出了推进我国战略性新兴产业供给侧创新的具体政策与建议。

10.2　展　　望

战略性新兴产业供给侧创新作为一个崭新的研究领域，亟须得到更多的关注和重视。本书运用多种理论和方法对推进战略性新兴产业供给侧创新的机制与政策进行了探索和研究，取得了一定研究成果，但由于收集战略性新兴产业供给侧创新数据、案例等存在困难，加之时间和自身水平所限，包括以下问题在内，仍有不少问题有待进一步研究和完善。

（1）战略性新兴产业供给侧创新效率评价体系的改进。本书构建评价指标体系，运用 DEA 方法对战略性新兴产业供给侧创效率进行了探索性研究。在战略性新兴产业供给侧创新效率评价指标体系构建过程中，主要基于指标的可得性选取投入和产出指标，投入和产出指标的选取有待进一步拓展和完善。同时，在研究样本的选择上，本书主要以上市公司为对象进行研究，样本的数量和多样性有待拓展，以进一步提升战略性新兴产业供给侧创新效率评价的客观性和准确性。

（2）战略性新兴产业供给侧创新实现机制模型的优化。本书从战略性新兴产业供给侧创新的动力机制、培育机制、能力机制和保障机制四大机制方面，构建了战略性新兴产业供给侧创新的实现机制模型并进行了模糊评价，但实现机制模型有待改进和完善。在实现机制评价过程中，共选取了 4 个二级评价指标，13 个三级评价指标和 36 个四级评价指标进行评价，但实际上影响战略性新兴产业供给侧创新的因素众多，其还受其他机制或影响因素的影响，如管理机制、成长机制、发展机制等都会对战略性新兴供给侧创新产生作用和影响，评价指标有待进一步完善。

（3）研究样本选取上的改进。在战略性新兴产业供给侧创新典型案例研究上，本书仅以中国中车为例对战略性新兴产业供给侧创新进行了探索性案例研究，样本仅此一个，有可能影响到案例研究的质量，其适用范围也会受到一定局限。因此，在后续研究中，需进一步扩大样本数量和研究范围，针对不同行业的战略性新兴产业供给侧创新开展深入研究。

（4）其他方面。本书重点对推进战略性新兴产业供给侧创新的机制与政策等进行了探索和研究，但是对于战略性新兴产业供给侧创新的机理、过程、模式、创新网络、治理、绩效等尚未进行探讨，在后续研究中，可重点关注。

战略性新兴产业企业访谈提纲

访谈目的: 重点对战略性新兴产业企业创新(供给侧创新)情况进行调研,为政府部门提供决策建议。

调研对象: 对企业发展历史、研发和创新情况较为熟悉的中高级管理人员(主要包括企业发展规划部门、研发部门、办公室、市场部门等人员)。

主要问题:

1. 请您介绍一下企业发展历程和发展情况(如有企业介绍材料,烦请提供)。

2. 请您介绍一下企业的主要产品及市场情况(如有企业产品介绍材料,烦请提供)。哪些产品是自主创新产品,市场需求怎样?

3. 请您介绍一下企业研发和创新历程(如有企业研发创新介绍材料,烦请提供)。

4. 您认为企业在创新发展中存在哪些突出问题?

5. 请您介绍一下企业所在行业,国内外市场竞争情况如何,主要竞争对手有哪些。

6. 请您介绍一下企业研发部门情况(研发人员数量、职称构成、学历构成情况等)。

7. 请您介绍一下企业研发平台建设情况(国家、省、市级企业技术中心、工程技术研究中心、重点实验室建设等情况)。

8. 您所在企业通过哪些方法推动创新?

9. 请您介绍一下企业近五年研发经费投入情况,研发经费投入占销售收入比例,企业所在省市对研发经费的补贴情况。

10. 请您介绍一下企业近五年发明专利申请和授权情况。

11. 请您介绍一下企业的产学研合作情况。

12. 您认为企业在创新、供给侧创新中存在哪些问题?您认为应该如何提升企业的供给侧创新能力,如何推动企业的供给侧创新发展?

13. 请您介绍一下企业的目标、战略定位、企业家精神等对企业创新发展的影响。

14. 您认为科技创新、新兴技术和新发明对企业发展有哪些影响？

15. 请问政府为企业提供了哪些支持和优惠政策，您认为效果如何？您希望政府在哪些方面对企业提供支持？

16. 您认为企业的资源整合能力（如研发资源、知识资源等）如何，对企业产生了哪些影响？

17. 您认为企业的创新能力（如创新资源整合能力、自主创新能力、市场实现能力等）如何，对企业产生了哪些影响？

18. 您认为政府支持（如政策支持、市场环境、知识产权保护、创新载体建设等）对企业产生了哪些影响，还有哪些方面不足？

19. 您认为社会创新文化和社会创新环境对企业会产生哪些影响，目前的社会创新文化和社会创新环境还有哪些不足？

20. 请问企业在推进创新过程中，在人才保障、资金保障和组织建设方面做了哪些工作，效果如何？

21. 您认为企业在创新过程中，希望政府和社会提供哪些方面支持（如创新体系建设、市场培育、人才培育和引进等方面）？

22. 除上述因素外，您认为还有哪些因素会影响企业的创新？

谢谢您参加访谈，对您的真诚合作表示衷心的感谢！

附录 2：调 查 问 卷

调 查 问 卷

尊敬的先生/女士：

您好！我们是《战略性新兴产业供给侧创新的机制与政策》项目组，目的是研究我国战略性新兴产业供给侧创新的机制及相关政策。本次问卷调查是开展项目研究的重要支撑，您的大力支持将对推动我国战略性新兴产业创新发展具有重大帮助，我们对您的热情参与和支持表示衷心的感谢！

姓名：_____ 单位名称：_____

职业：_____ 联系电话：_____

对战略性新兴产业是否熟悉：_____

一、战略性新兴产业供给侧创新的实现机制重要性程度调查

填写说明：本部分调查需要您对表中所列相应评价指标 X 相对于四种参照因素 P（供给侧创新启动、供给侧创新运行、供给侧创新优势形成、供给侧创新成果实现）的重要性进行打分，其中：1 表示不重要，2 表示一般，3 较重要，4 重要，5 非常重要。

表 1 四大机制重要性程度打分

	动力机制 Y_1	培育机制 Y_2	能力机制 Y_3	保障机制 Y_4
供给侧创新启动 P_1				
供给侧创新运行 P_2				
供给侧创新优势形成 P_3				
供给侧创新成果实现 P_4				

表 2 动力机制重要性程度打分

	技术创新 Y_{11}	市场需求 Y_{12}	企业利益 Y_{13}	政府推动 Y_{14}
供给侧创新启动 P_1				
供给侧创新运行 P_2				

续表

	技术创新 Y_{11}	市场需求 Y_{12}	企业利益 Y_{13}	政府推动 Y_{14}
供给侧创新优势形成 P_3				
供给侧创新成果实现 P_4				

表 3　　　　　　　　　培育机制重要性程度打分

	研发创新体制 Y_{21}	市场培育体制 Y_{22}	人才配置体制 Y_{23}
供给侧创新启动 P_1			
供给侧创新运行 P_2			
供给侧创新优势形成 P_3			
供给侧创新成果实现 P_4			

表 4　　　　　　　　　能力机制重要性程度打分

B_m	创新资源整合能力 Y_{31}	自主创新能力 Y_{32}	市场实现能力 Y_{33}
供给侧创新启动 P_1			
供给侧创新运行 P_2			
供给侧创新优势形成 P_3			
供给侧创新成果实现 P_4			

表 5　　　　　　　　　保障机制重要性程度打分

B_m	政府保障 Y_{41}	社会保障 Y_{42}	企业保障 Y_{43}
供给侧创新启动 P_1			
供给侧创新运行 P_2			
供给侧创新优势形成 P_3			
供给侧创新成果实现 P_4			

二、战略性新兴产业供给侧创新的实现机制的四级指标权重调查

填写说明：本部分调查需要您对表中所列四级指标按照其重要性程度确定权重，其中每个三级指标所包括的四级指标权重加总值之和为 1，权重变动幅度每次请按 0.05 的整数倍进行变动。

表 6　　战略性新兴产业供给侧创新的实现机制的四级指标权重评价

一级指标	二级指标	三级指标	四级指标	权重评价
实现机制	动力机制 Y_1	技术创新 Y_{11}	科技创新能力 Y_{111}	
			新兴技术和新发明 Y_{112}	
		市场需求 Y_{12}	新产品需求 Y_{121}	
			潜在产品需求 Y_{122}	
		企业利益 Y_{13}	企业实力 Y_{131}	
			企业战略和目标 Y_{132}	
			企业家精神 Y_{133}	
		政府推动 Y_{14}	产业发展战略 Y_{141}	
			产业支持政策 Y_{142}	
			产业服务和管理 Y_{143}	
	培育机制 Y_2	研发创新体制 Y_{21}	创新主体 Y_{211}	
			创新体系 Y_{212}	
			创新激励政策 Y_{213}	
		市场培育体制 Y_{22}	需求激励政策 Y_{221}	
			公共需求拉动 Y_{222}	
			政府采购 Y_{223}	
		人才配置体制 Y_{23}	人才培育 Y_{231}	
			人才引进 Y_{232}	
			人才激励 Y_{233}	
	能力机制 Y_3	创新资源整合能力 Y_{31}	研发资源整合能力 Y_{311}	
			知识资源整合能力 Y_{312}	
		自主创新能力 Y_{32}	原始性创新能力 Y_{321}	
			集成创新能力 Y_{322}	
			引进消化吸收再创新能力 Y_{323}	
		市场实现能力 Y_{33}	市场开拓能力 Y_{331}	
			市场营销能力 Y_{332}	
			市场竞争能力 Y_{333}	

续表

一级指标	二级指标	三级指标	四级指标	权重评价
实现机制	保障机制 Y_4	政府保障 Y_{41}	政策支持体系 Y_{411}	
			市场环境 Y_{412}	
			知识产权保护 Y_{413}	
			创新载体建设 Y_{414}	
		社会保障 Y_{42}	社会创新文化 Y_{421}	
			社会创新环境 Y_{422}	
		企业保障 Y_{43}	人才保障 Y_{431}	
			资金保障 Y_{432}	
			组织保障 Y_{433}	

谢谢您参与调查，对您的真诚合作表示衷心的感谢！

参 考 文 献

［1］［美］艾伯特·赫希曼. 经济发展战略［M］. 北京：经济科学出版社，1991.

［2］白恩来，赵玉林. 战略性新兴产业发展的政策支持机制研究［J］. 科学学研究，2018（3）.

［3］包海波. 我国战略性新兴产业的培育机制与对策研究［J］. 毛泽东邓小平理论研究，2012（8）.

［4］鲍海峰，赵然. 科技创新引领东北老工业基地供给侧结构性改革的路径研究［J］. 科学管理研究，2017，35（4）.

［5］［美］保罗·克鲁格曼. 克鲁格曼国际贸易新理论［M］. 北京：中国社会科学出版社，2001：53－66.

［6］毕亮亮. 印度后金融危机时期发展新兴产业的"势"与"术"［J］. 全球科技经济瞭望，2014，29（5）.

［7］边慧. 新能源装备制造：欠缺的不止是技术［N］. 中国科学报，2015－10－27.

［8］曹江宁. 中国战略性新兴产业发展评价与路径选择研究［D］. 河北大学，2015.

［9］曹兴，张伟，张云. 战略性新兴产业自主技术创新能力测度与评价［J］. 中南大学学报（社会科学版），2017，23（1）.

［10］陈红玲. 环境约束下中国战略性新兴产业的技术创新效率研究［J］. 经济经纬，2018（3）.

［11］陈锦其，徐明华. 战略性新兴产业的培育机制：基于技术与市场的互动模型［J］. 科技管理研究，2013（2）.

［12］陈晶，冯荣凯. 供给侧结构性改革国际经验的借鉴与反思［J］. 沈阳工业大学学报（社会科学版），2018，11（3）.

［13］陈柳钦. 关于我国发展战略性新兴产业的几点思考［J］. 四川行政学院学报，2011（1）.

［14］陈柳钦. 战略性新兴产业自主创新问题研究［J］. 中国地质大学学

报（社会科学版），2011（3）.

[15] 陈鲁夫，邵云飞．"钻石模型"视角下战略性新兴产业创新绩效影响因素的实证研究——以新一代信息产业为例 [J]．技术经济，2017，36（2）.

[16] 陈强，陈凤娟，刘园珍．韩国创新驱动发展的路径与特征分析 [J]．科学管理研究，2015（3）.

[17] 陈强，霍丹．德国创新驱动发展的路径及特征分析 [J]．德国研究，2013（4）.

[18] 陈强，余伟．英国创新驱动发展的路径与特征分析 [J]．中国科技论坛，2013（12）.

[19] 陈文锋，刘薇．战略性新兴产业发展的动力机制研究 [J]．中国科技论坛，2015（3）.

[20] 陈晓永，张会平．战略性新兴产业与传统产业关系动态分析 [J]．商业研究，2013（2）.

[21] 陈秀珍．战略性新兴产业的发展条件 [M]．北京：中国经济出版社，2013（8）.

[22] 程德智．供给侧改革导向下产业升级财政政策体系构建及优化 [J]．东岳论丛，2017，38（5）.

[23] 程东祥，朱虹，王启万，陈静．供给侧结构改革的发生机制研究——基于不同经济学视角 [J]．现代经济探讨，2018（6）.

[24] 程贵孙，芮明杰．战略性新兴产业理论研究新进展 [J]．商业经济与管理，2013（8）.

[25] 戴志颖．战略性新兴产业协同演化动力机制研究 [J]．统计与决策，2015（3）.

[26] 丁娟，葛雪倩．制度供给、市场培育与海洋战略性新兴产业发展 [J]．华东经济管理，2013，27（11）.

[27] 丁敏．欧盟、美国、韩国战略性新兴产业政策之比较 [J]．市场论坛，2017（1）.

[28] 董小麟．着力优化供给主体结构和市场环境 [N]．南方日报，2016 -- 3 - 14.

[29] 范晓莉，黄凌翔，卢静，王丽艳．战略性新兴产业集聚发展及影响因素分析 [J]．统计与决策，2017（14）.

[30] 方炜，王婵，王莉丽．战略性新兴产业与学研方合作创新的稳定性分析——基于演化博弈视角 [J]．软科学，2018，32（10）.

[31] 裴巍，任永泰，王福林．研究生培养模式评价指标分析——基于模糊 Borda 数分析法 [J]．河北农业大学学报（农林教育版），2015，17（3）．

[32] 冯碧梅．发达国家的制造业回流与福建省供给侧改革研究 [J]．福建论坛（人文社会科学版），2017（2）．

[33] 冯俏彬，贾康．我国供给侧改革的背景、理论模型与实施路径 [J]．经济学动态，2017（7）．

[34] 冯志峰．供给侧结构性改革的理论逻辑与实践路径 [J]．经济问题，2016（2）．

[35] 冯宗宪，王青，侯晓辉．政府投入、市场化程度与中国工业企业的技术创新效率 [J]．数量经济技术经济研究，2011（4）．

[36] 符亚男，徐广林，林贡钦．论新常态下中国供给侧结构性动力机制的优化 [J]．新金融，2016（6）．

[37] 龚立新，吕晓军．政府补贴与企业技术创新效率——来自 2009 - 2013 年战略性新兴产业上市公司的证据 [J]．河南大学学报（社会科学版），2018（2）．

[38] 龚雯，许志峰，王珂．解读供给侧结构性改革 [J]．党史文苑，2016（2）．

[39] 巩见刚，龚祖文，姜照华．制度创新与印度经济增长率的 V 型反转——供给侧改革视角 [J]．财经问题研究，2017（9）．

[40] 顾锋娟．中国供给侧结构性改革的路径选择——基于要素、制度与经济增长的逻辑 [J]．宏观经济管理，2017（S1）．

[41] 郭威．供给侧结构性改革与潜在经济增长率：逻辑、要素与路径 [J]．求实，2018（5）．

[42] 郭永勇．供给侧结构性改革背景下积极财政政策转型研究 [J]．地方财政研究，2016（7）．

[43] 郭泽光，敖小波，吴秋生．内部治理、内部控制与债务契约治理 [J]．南开管理评论，2015（1）．

[44] 国家统计局．2018 中国统计年鉴 [M]．北京：中国统计出版社，2018．

[45] 国家统计局．中华人民共和国 2018 年国民经济和社会发展统计公报 [R]．北京：国家统计局，2019．

[46] 国家知识产权局．战略性新兴产业专利统计报告（2017）[R]．北京：国家知识产权局，2017．

[47] 国务院. 国务院关于印发"十三五"国家战略性新兴产业发展规划的通知 [R]. 北京：国务院，2016.

[48] 韩庆潇，杨晨，顾智鹏. 高管团队异质性对企业创新效率的门槛效应——基于战略性新兴产业上市公司的实证研究 [J]. 中国经济问题，2017 (2).

[49] 何声贵，陈洪转. 政府扶持新兴产业发展政策的国际借鉴 [J]. 科技进步与对策，2012，29 (11).

[50] 贺强，王汀汀. 供给侧结构性改革的内涵与政策建议 [J]. 价格理论与实践，2016 (12).

[51] 洪勇，张红虹. 新兴产业培育政策传导机制的系统分析——兼评中国战略性新兴产业培育政策 [J]. 中国软科学，2015 (6).

[52] 胡鞍钢，周绍杰，任皓. 供给侧结构性改革——引领中国经济新常态 [J]. 社会科学文摘，2016 (8).

[53] 胡慧芳. 供需交互响应下的战略性新兴产业成长机制——基于系统动力学的建模与仿真 [J]. 厦门大学学报（哲学社会科学版），2017 (5).

[54] 胡慧芳. 供给与需求：战略性新兴产业成长机制研究的一个独特视角 [J]. 科技进步与对策，2014，31 (17).

[55] 胡赛全，詹正茂，钱悦，张峰. 战略性新兴产业发展的政策工具体系研究——基于政策文本的内容分析 [J]. 科学管理研究，2013，31 (3).

[56] 胡晓娟，黄永春. 后发企业进入战略性新兴产业的赶超路径与追赶绩效——价值网络中心性与赶超时机的调节作用 [J]. 科学学与科学技术管理，2016，37 (3).

[57] 胡志平. 供给侧结构性改革的中国特征及创新路径 [J]. 社会科学，2017 (1).

[58] 华文. 集思广益：战略性新兴产业的科学内涵与领域 [J]. 新湘评论，2010 (11).

[59] 黄海霞，张治河. 中国战略性新兴产业的技术创新效率——基于DEA – Malmquist 指数模型 [J]. 技术经济，2015 (1).

[60] 黄健，刘蓉，祖进元. 供给学派减税理论与政策评析 [J]. 经济学动态，2018 (1).

[61] 黄奕信. 供给侧改革视角下的中国战略性新兴产业发展战略研究 [J]. 改革与战略，2016 (3).

［62］黄勇．供给侧结构性改革中的竞争政策［J］．价格理论与实践，2016（1）．

［63］霍国庆，李捷，张古鹏．我国战略性新兴产业技术创新理论模型与经典模式［J］．科学学研究，2017，35（11）．

［64］霍影，霍金刚．地方产业经济发展策略选择：传统产业是否应让位于战略性新兴产业——协同发展视阈下战略性新兴产业布局与传统产业升级路径［J］．科技进步与对策，2015（10）．

［65］贾康，苏京春．"三驾马车"认知框架对接供给侧的结构性动力机制构建［J］．全球化，2015（3）．

［66］贾康，张斌．供给侧改革：现实挑战、国际经验借鉴与路径选择［J］．价格理论与实践，2016（4）．

［67］江小国，刘凤芸．供给侧改革与经济增长：理论阐释、稳态预测及国外经验［J］．当代经济管理，2017，39（5）．

［68］金碚．供给侧政策功能研究——从产业政策看政府如何有效发挥作用［J］．经济管理，2017，39（7）．

［69］剧宇宏．我国战略性新兴产业改革路径分析［J］．河南社会科学，2017（7）．

［70］康珂．经济新常态下的供给侧结构性改革：背景、逻辑与路径［J］．现代管理科学，2016（9）．

［71］柯岚．发展战略性新兴产业掌握科技竞争新优势：美国、欧盟、日本等如何发展战略性新兴产业［J］．中国科技产业，2011（5）．

［72］兰筱琳，洪茂椿，黄茂兴．面向战略性新兴产业的科技成果转化机制探索［J］．科学学研究，2018，36（8）．

［73］雷新军，邓立丽．供给侧改革视角上上海制造业转型升级路径探索［J］．上海经济研究，2017（7）．

［74］李东霖，田丽．战略性新兴产业协同发展的产业政策研究［J］．技术经济与管理研究，2016（12）．

［75］李方旺．构建战略性新兴产业发展的税收激励机制［J］．税务研究，2015（9）．

［76］李方旺．加大供给侧结构性改革，促进创新驱动发展，成功跨越"中等收入陷阱"［J］．经济研究参考，2017（4）．

［77］李红锦，李胜会．战略性新兴产业技术创新效率评价研究——LED产业的实证分析［J］．中央财经大学学报，2013（4）．

［78］李剑力．我国企业自主创新的障碍与对策［J］．学习论坛，2009（2）．

［79］李娟，沈沛龙．供给侧与需求侧的协调机制与均衡实现路径探讨［J］．理论导刊，2017（3）．

［80］李君．改革开放40年我国财政政策实践分析［J］．福建商学院学报，2018，122（6）．

［81］李良艳．供给侧改革理论源泉与路径分析［J］．中国财政，2016（11）．

［82］李林玥．促进我国战略性新兴产业国际化发展研究的新思路［J］．管理世界，2018，34（9）．

［83］李苗苗，肖洪钧，傅吉新．财政政策、企业R&D投入与技术创新能力——基于战略性新兴产业上市公司的实证研究［J］．技术与创新管理，2014（8）．

［84］李敏．中国品牌国际化：中国中车深度进入国际市场［J］．跨文化管理，2017（2）．

［85］李世举，杨雄，赵亮．我国战略性新兴产业发展的路径选择［J］．改革与战略，2016，32（10）．

［86］李停．经济新常态下供给侧结构性改革的理论逻辑与路径选择［J］．现代经济探讨，2016（6）．

［87］李伟，杜伟．金融供给侧改革的实现路径［J］．财会月刊，2017（35）．

［88］李小静，孙文生．政府干预、所有权对战略性新兴产业自主创新效率的影响［J］．河北经贸大学学报，2016（4）．

［89］李小平，周记顺，王树柏．中国制造业出口复杂度的提升和制造业增长［J］．世界经济，2015（2）．

［90］李晓东．经济新常态下战略性新兴产业市场培育机制探索［J］．改革与战略，2015，31（2）．

［91］李鑫洋．要素重估：供给侧改革的机制与路径［J］．郑州大学学报（哲学社会科学版），2016，49（6）．

［92］李煜华，武晓锋，胡瑶瑛．共生视角下战略性新兴产业创新生态系统协同创新策略分析［J］．科技进步与对策，2014（2）．

［93］李紫薇．战略性新兴产业自主研发激励机制研究——以新通信网络业税收政策为例［J］．宏观经济研究，2018（8）．

[94] 梁剑. 中国中车：最好的产品是实业精神 [J]. 中国品牌, 2017 (5).

[95] 梁玉涛. 供给侧结构性改革的税收政策研究 [J]. 改革与战略, 2017, 33 (7).

[96] 林平凡. 论自主创新能力与企业持续发展 [J]. 广东社会科学, 2006 (2).

[97] 林卫斌, 苏剑. 供给侧改革的性质及其实现方式 [J]. 价格理论与实践, 2016 (1).

[98] 林亚清, 魏志华, 赵娟, 王明澈. 供给侧结构性改革：现实依据与财税政策选择 [J]. 财政研究, 2017 (4).

[99] 凌峰, 戚湧, 朱婷婷. 战略性新兴产业创新要素供给体系与协同机制 [J]. 科技进步与对策, 2016, 33 (22).

[100] 凌江怀, 胡雯蓉. 企业规模、融资结构与经营绩效——基于战略性新兴产业和传统产业对比的研究 [J]. 财贸经济, 2012 (12).

[101] 刘东丽, 刘宏. 中国对外直接投资对创新能力的影响研究——供给侧结构改革视角 [J]. 国际商务（对外经济贸易大学学报）, 2017 (6).

[102] 刘国恩, 官海静. 分级诊疗与全科诊所：中国医疗供给侧改革的关键 [J]. 中国全科医学, 2016, 19 (22).

[103] 刘洪昌, 刘洪. "一带一路"背景下战略性新兴产业突破性创新发展路径研究——以连云港市为例 [J]. 改革与战略, 2018, 34 (5).

[104] 刘洪昌. 战略性新兴产业高端化发展的产业培育模式及路径 [J]. 企业经济, 2015 (1).

[105] 刘晖, 乔晗, 胡毅, 刘秩芳. 我国战略性新兴产业技术创新效率研究 [J]. 系统工程理论与实践, 2015 (9).

[106] 刘晖等. 我国战略性新兴产业创新驱动发展路径研究——基于北京市生物医药行业的经验总结 [J]. 管理评论, 2014 (12).

[107] 刘继兵, 王定超, 夏玲. 政府补助对战略性新兴产业创新效率影响研究 [J]. 科技进步与对策, 2014 (23).

[108] 刘满凤, 李昕耀. 我国战略性新兴产业与传统产业互动发展的计量验证——基于生产函数角度 [J]. 江西财经大学学报, 2017 (4).

[109] 刘铁, 王九云. 发达国家战略性新兴产业的经验与启示 [J]. 学术交流, 2011 (9).

[110] 刘巍. 日本供给侧结构性改革的经验与启示 [J]. 科技促进发展,

2017, 13 (3).

　　[111] 刘文超, 李辉. 熊彼特创新经济学视角下的供给侧结构性改革 [J]. 河北学刊, 2018, 38 (2).

　　[112] 刘荫, 曾春水, 王军礼, 李成林. 经济新常态下东北地区战略性新兴产业发展路径研究 [J]. 科技管理研究, 2017, 37 (23).

　　[113] 刘迎春. 中国战略性新兴产业技术创新效率实证研究——基于 DEA 方法的分析 [J]. 宏观经济研究, 2016 (6).

　　[114] 刘志彪. 政府的制度供给和创新: 供给侧结构性改革的关键 [J]. 学习与探索, 2017 (2).

　　[115] 刘志峰. 战略性新兴产业生态位培育模式、机制与策略 [J]. 商业经济研究, 2016 (14).

　　[116] 龙海明, 吴迪. 金融发展推动产业供给侧结构性改革的路径选择 [J]. 财经理论与实践, 2018, 39 (4).

　　[117] 卢阳春. 战略性新兴产业集群发展的资金资源整合机制研究——以四川省高端装备制造业为例 [J]. 西南民族大学学报 (人文社会科学版), 2015, 36 (3).

　　[118] 鲁朝云. 广州制造业供给侧改革的国际经验借鉴及路径选择 [J]. 当代经济, 2017 (16).

　　[119] 陆立军, 于斌斌. 传统产业与战略性新兴产业的融合演化及政府行为: 理论与实证 [J]. 中国软科学, 2012 (5).

　　[120] 陆娅楠. 纯中国血统, "复兴号" 来了 [J]. 科学家, 2017 (12).

　　[121] 罗小芳, 李柏洲. 市场新产品需求对大型企业原始创新的拉动机制——基于国内市场与国外市场比较的实证研究 [J]. 科技进步与对策, 2013 (4).

　　[122] 吕爱权, 林战平. 论企业家精神的内涵及其培育 [J]. 商业研究, 2006 (7).

　　[123] 吕静韦. 战略性新兴产业发展动力机制及创新模式研究 [D]. 河北工业大学, 2017.

　　[124] 吕波. 战略性新兴产业: 形成动因、培育路径及未来发展建议 [J]. 改革与战略, 2011 (7).

　　[125] 吕荣杰, 郝力晓, 吴超. 战略性新兴产业集聚动力机制研究 [J]. 管理现代化, 2017, 37 (3).

　　[126] 马静洲, 伍新木. 战略性新兴产业政策的国际对比研究——基于

中、美、德、日四国的对比 [J]. 河南社会科学, 2018 (4).

[127] 马楠. 中国战略性新兴产业协同创新系统演化机理研究 [D]. 福州大学, 2016.

[128] 马荣华. 战略性新兴产业与传统产业互惠共生研究——基于共生经济视角 [J]. 科技进步与对策, 2015, 32 (19).

[129] 马忠民. 政府统筹规划下我国战略性新兴产业供给侧融合创新绩效分析——以江苏企业数据为样本 [J]. 商业经济研究, 2017 (20).

[130] 迈克尔·波特. 国家竞争优势 [M]. 北京: 华夏出版社, 2002.

[131] 潘娟. 战略性新兴产业发展的金融支持作用机制分析 [J]. 商业时代, 2013 (10).

[132] 裴巍, 任永泰, 王福林. 研究生培养模式评价指标分析——基于模糊 Borda 数分析法 [J]. 河北农业大学学报: 农林教育版, 2015 (3).

[133] 彭迪云. 新常态下发展新经济与供给侧结构性改革的内在逻辑和政策建议 [J]. 企业经济, 2017, 36 (4).

[134] 齐骥. 推进文化产业供给侧与需求侧协同发展研究 [J]. 发展研究, 2016 (11).

[135] 齐骥. 文化产业供给侧结构性改革的要素与行动逻辑研究 [J]. 东岳论丛, 2016 (10).

[136] 乔威威, 罗鄂湘, 钱省三. 基于 DEA 的企业技术创新效率研究——以上海战略性新兴产业为例 [J]. 技术与创新管理, 2014 (6).

[137] 秦大磊. 供给侧改革模式与财税政策实施效应的国际借鉴 [J]. 税务研究, 2016 (9).

[138] 秦竟芝, 高建华. 广西战略性新兴产业科技创新能力建设探讨 [J]. 广西教育学院学报, 2016 (1).

[139] 任泽平. 日本供给侧改革的成效与缺憾 [J]. 金融市场研究, 2016 (5).

[140] 芮明杰, 赵春明. 战略性产业与国有战略控股公司模式 [J]. 财经研究, 1999 (9).

[141] 赛迪研究院. 2018 年中国战略性新兴产业展望 [J]. 高科技与产业化, 2018 (1).

[142] 尚航. 新常态下的供给侧结构性改革与宏观政策 [J]. 经济问题, 2016 (12).

[143] 申俊喜. 创新产学研合作视角下我国战略性新兴产业发展对策研

究 [J]. 科学学与科学技术管理, 2012, 33 (2).

[144] 申俊喜, 杨若霞. 长三角地区战略性新兴产业全要素生产率及其影响因素研究 [J]. 财贸研究, 2017, 28 (11).

[145] 沈铭辉, 李天国. 供给侧结构性改革: 来自韩国的经验与启示 [J]. 中国社会科学院研究生院学报, 2018 (5).

[146] 盛朝迅. 战略性新兴产业政策转型方向和重点 [J]. 经济纵横, 2018 (3).

[147] 宋韬, 楚天骄. 美国培育战略性新兴产业的制度供给及其启示——医药产业为例 [J]. 世界地理研究, 2013, 22 (1).

[148] 宋艳萍. 后发地区战略性新兴产业发展路径探讨 [J]. 商业经济研究, 2016 (7).

[149] 孙冰, 刘卓, 陈玉清. 基于模糊 Borda 数法的研究生综合素质测评研究 [J]. 价值工程, 2015 (11).

[150] 孙国民. 战略性新兴产业概念界定: 一个文献综述 [J]. 科学管理研究, 2014, 32 (2).

[151] 孙颖, 包海波. 战略性新兴产业的知识产权作用机制研究 [J]. 科技管理研究, 2013, 33 (5).

[152] 孙早, 宋炜. 战略性新兴产业自主创新能力评测——以企业为主体的产业创新指标体系构建 [J]. 经济管理, 2012, 34 (8).

[153] 孙全民. 发挥税收政策作用, 深入推进供给侧结构性改革 [J]. 中国财政, 2017 (8).

[154] 谭新兰. 新兴产业市场需求影响因素分析 [J]. 时代金融, 2018 (6).

[155] 谭中明, 童婕, 盛竹筠. 金融支持战略性新兴产业发展效率实证分析——基于苏浙沪 105 家上市公司的数据 [J]. 产业经济, 2015 (12).

[156] 万钢. 把握全球产业调整机遇, 培育和发展战略性新兴产业 [J]. 求是, 2010 (1).

[157] 万钢. 建设高新技术产业化基地, 大力培育战略性新兴产业 [N]. 经济日报, 2010 - 7 - 21.

[158] 万伦来, 吴少卿. 组织冗余对企业创新绩效的影响研究——战略性新兴产业上市公司的面板数据分析 [J]. 财会通讯, 2016 (33).

[159] 汪涛, 赵国栋, 王婧. 战略性新兴产业创新政策研究: 以 NEVI 为例 [J]. 科研管理, 2016, 37 (6).

[160] 王斌，骆祖春．美国发展战略性新兴产业的最新举措、特点及启示 [J]．现代经济探讨，2011 (6)．

[161] 王春梅．中国高铁装备制造业技术创新模式研究 [D]．首都经济贸易大学，2017．

[162] 王红建，李青原，刘放．政府补贴：救急还是救穷——来自亏损类公司样本的经验数据 [J]．南开管理评论，2015 (8)．

[163] 王欢芳，张幸，宾厚，李密．共享经济背景下战略性新兴产业协同创新机制研究 [J]．科学管理研究，2018，36 (4)．

[164] 王君，周振．从供给侧改革看我国产业政策转型 [J]．宏观经济研究，2016 (11)．

[165] 王俊，王树春．论供给侧结构性改革中的供求衔接机制 [J]．贵州社会科学，2017 (1)．

[166] 王丽英，俞伯阳．基于隐性需求的城市基础设施建设评价 [J]．统计与决策，2008 (10)．

[167] 王秋波，魏联合．德国的供给侧改革 [J]．政策瞭望，2016 (4)．

[168] 王向华，王明海，李小静．战略性新兴产业上市公司创新绩效测度 [J]．江西社会科学，2015，35 (6)．

[169] 王晓芳，权飞过．供给侧结构性改革背景下的创新路径选择 [J]．上海经济研究，2016 (3)．

[170] 王新，毛慧贞，李彦霖．经理人权利、薪酬结构与企业业绩 [J]．南开管理评论，2015 (1)．

[171] 王新新．战略性新兴产业的培育与发展策略选择 [J]．前沿，2011 (7)．

[172] 王迎．新贸易保护主义对转轨国家经济影响研究 [D]．东北财经大学，2015．

[173] 王志平，余慧婷，卢水平．我国战略性新兴产业发展中技术创新特点及规律 [J]．改革与战略，2018，34 (2)．

[174] 王忠宏，石光．发展战略性新兴产业推进产业结构调整 [J]．中国发展观察，2010 (1)．

[175] 温兴琦，李燕萍．战略性新兴产业产学研用协同创新研究——基于领导型用户的视角 [J]．科技进步与对策，2013，30 (12)．

[176] 邬龙，张永安．基于SFA的区域战略性新兴产业创新效率分析——以北京医药和信息技术产业为例 [J]．科学学与科学技术管理，2013 (10)．

[177] 吴俊，张家峰，黄东梅．产学研合作对战略性新兴产业创新绩效影响研究——来自江苏省企业层面的证据 [J]．当代财经，2016 (9)．

[178] 吴绍波，龚英，刘敦虎．知识创新链视角的战略性新兴产业协同创新研究 [J]．科技进步与对策，2014 (1)．

[179] 吴文华，姚丽华．战略性新兴产业上市公司核心骨干股权激励对创新绩效的影响研究 [J]．科技进步与对策，2014，31 (5)．

[180] 吴旭东，马亚静．战略性新兴产业税收政策作用机制探析 [J]．地方财政研究，2014 (6)．

[181] 吴艳，贺正楚．战略性新兴产业典型国家的产业发展对比研究 [J]．经济数学，2017，34 (3)．

[182] 吴宇晖，付淳宇．中国战略性新兴产业发展问题研究 [J]．学术交流，2014 (6)．

[183] 武义青，窦丽琛．提高全要素生产率的路径选择 [N]．河北日报，2016 - 3 - 25.

[184] 肖兴志，谢理．中国战略性新兴产业创新效率的实证分析 [J]．经济管理，2011 (11)．

[185] 谢世清，许弘毅．日本供给侧结构性改革及对中国的启示 [J]．国际贸易，2017 (7)．

[186] 谢重娜．英国供给侧改革的启示 [N]．金融时报，2016 - 12 - 12.

[187] 熊勇清，李晓云，黄健柏．战略性新兴产业财政补贴方向：供给端抑或需求端——以光伏产业为例 [J]．审计与经济研究，2015，30 (5)．

[188] 熊勇清，李鑫，黄健柏，贺正楚．战略性新兴产业市场需求的培育方向：国际市场抑或国内市场——基于"现实环境"与"实际贡献"双视角分析 [J]．中国软科学，2015 (5)．

[189] 熊正德，詹斌，林雪．基于 DEA 和 Logit 模型的战略性新兴产业金融支持效率 [J]．系统工程，2011 (6)．

[190] 徐策．尼赫鲁·甘地家族执政时期印度的供给侧改革 [J]．东南亚南亚研究，2017 (3)．

[191] 许梦博，李世斌．基于马克思社会再生产理论的供给侧结构性改革分析 [J]．当代经济研究，2016 (4)．

[192] 许鹏．广州创新型城市发展报告 (2019) [M]．北京：社会科学文献出版社，2019.

[193] 许箫迪，王子龙，张晓磊．战略性新兴产业的培育机理与政策博

弈研究 [J]. 研究与发展管理, 2014, 26 (1).

[194] 鄢章华, 刘蕾. 产业升级背景下供给侧改革的创新驱动策略研究 [J]. 当代经济管理, 2018, 40 (3).

[195] 闫俊周, 齐念念. 中国战略性新兴产业创新绩效影响因素实证分析——环保产业为例 [J]. 河南工业大学学报 (社会科学版), 2019, 15 (1).

[196] 闫俊周, 童超, 秦建军. 企业进入战略性新兴产业的影响因素——基于 Probit 选择模型的实证分析 [J]. 经济经纬, 2019, 36 (2).

[197] 闫俊周, 童超. 供给侧改革背景下山西省战略性新兴产业发展策略研究 [J]. 经济论坛, 2018 (10).

[198] 闫俊周, 杨祎. 中国战略性新兴产业供给侧创新效率研究 [J]. 科研管理, 2019, 40 (4).

[199] 闫俊周. 创新驱动: 战略性新兴产业发展路径与政策 [M]. 北京: 社会科学文献出版社, 2019.

[200] 闫俊周. 新常态下战略性新兴产业创新驱动发展的路径选择 [J]. 企业经济, 2016 (5).

[201] 闫俊周. 新常态下战略性新兴产业发展的问题与对策研究——以河南省为例 [J]. 经济论坛, 2016 (6).

[202] 闫俊周. 战略性新兴产业培育和发展的趋同性研究——基于我国东、中、西六个省份的多案例分析 [J]. 技术经济与管理研究, 2017 (5).

[203] 闫坤, 于树一. 促进我国供给侧结构性改革效能提升的财税政策研究 [J]. 国际税收, 2016 (12).

[204] 闫振坤, 袁易明. 供给侧改革背景下产业政策调整取向研究——深圳 725 家企业的调查分析 [J]. 亚太经济, 2016 (6).

[205] 严学锋, 谷学禹. 打造世界一流的"中车方案" [J]. 董事会, 2018 (3).

[206] 杨朝继. 我国战略性新兴产业自主创新驱动因素测度研究 [J]. 生态经济, 2017, 33 (12).

[207] 杨春梅. 供给侧结构性改革中的税收政策取向 [J]. 税务与经济, 2016 (6).

[208] 杨帆. "创新驱动发展战略" 配套政策落实跟踪审计研究 [D]. 南京审计大学, 2018.

[209] 杨家宁. 供给侧改革的认知框架与动力机制 [J]. 理论导刊, 2016 (3).

[210] 杨娜曼. 战略性新兴产业发展路径选择——基于湖南的实证分析 [J]. 山东社会科学, 2015 (S2).

[211] 杨祎. 服装类上市企业营销绩效实证研究 [D]. 郑州航空工业管理学院, 2017.

[212] 叶麦穗. 财政资金支持新兴产业, 创新直投方式示范作用明显 [N]. 21 世纪经济报道, 2017 – 6 – 22.

[213] 佚名. 中国中车上市后首次参展 [J]. 城市轨道交通, 2015 (2).

[214] 于斌斌. 传统产业与战略性新兴产业的创新链接机理——基于产业链上下游企业进化博弈模型的分析 [J]. 研究与发展管理, 2012, 24 (3).

[215] 余剑. 新常态下战略性新兴产业发展路径选择及其金融政策响应——基于需求端视角的研究 [J]. 财政研究, 2015 (6).

[216] 喻登科, 陈华, 涂国平. 江西省战略性新兴产业科技资源投入产出效率评价 [J]. 情报杂志, 2013 (2).

[217] 袁晓丽, 刘圣中. 我国供给侧改革政策推出的影响因素——源流理论 [J]. 商业经济研究, 2017 (6).

[218] 苑清敏, 高凤凤, 邱静, 申婷婷. 我国战略性新兴产业与传统产业耦合影响力研究 [J]. 科技管理研究, 2015, 35 (19).

[219] 苑清敏, 赖瑾慕. 战略性新兴产业与传统产业动态耦合过程分析 [J]. 科技进步与对策, 2014, 31 (1).

[220] 张和平. 对于大力发展战略性新兴产业的思考与建议 [J]. 经济界, 2010 (3).

[221] 张会新, 白嘉. 模块化视角下战略性新兴产业突破式创新路径选择 [J]. 科技进步与对策, 2018, 35 (5).

[222] 张慧芳, 艾天霞. 供给侧结构性改革与跨越"中等收入陷阱"——逻辑机理与路径选择 [J]. 经济问题, 2017 (8).

[223] 张慧君. 发挥创新驱动在供给侧改革中的战略引领作用 [J]. 理论视野, 2016 (1).

[224] 张敬文, 李晓园, 徐莉. 战略性新兴产业集群协同创新发生机理及提升策略研究 [J]. 宏观经济研究, 2016 (11).

[225] 张敬文, 李一卿, 陈建. 战略性新兴产业集群创新网络协同创新绩效实证研究 [J]. 宏观经济研究, 2018 (9).

[226] 张文, 张念明. 供给侧结构性改革导向下我国新旧动能转换的路径选择 [J]. 东岳论丛, 2017, 38 (12).

［227］张晓欢，杨晓东．国外战略性新兴产业发展的经验与启示［J］．中国中小企业，2017（10）．

［228］张晔．新兴战略性产业的进入管制与管制绩效——以我国手机"牌照制度"的实践为例［J］．产业经济研究，2009（1）．

［229］张云起，冯漪．供给侧经济改革中化解产能过剩的路径分析［J］．商业文化，2016（1）．

［230］张志华，徐昳，赵波．战略性新兴产业协同创新发展的模式与实施路径——以江苏省物联网产业为例［J］．学海，2015（6）．

［231］张志明，蔡之兵．供给侧结构性改革的理论逻辑及路径选择［J］．经济问题探索，2016（8）．

［232］张治栋，朱国庆．战略性新兴产业与传统产业互动发展研究——基于产业演变的视角［J］．科技管理研究，2015（10）．

［233］张宗成，王郧．健全战略性新兴产业投融资机制的相关问题研究［J］．武汉金融，2014（2）．

［234］章轲．弃风、弃光、弃水：新能源"三弃"正持续恶化［J］．第一财经，2017（3）．

［235］章寿荣，王树华．供给侧结构性改革背景下的产业政策范式转型［J］．江海学刊，2017（6）．

［236］赵刚．战略性新兴产业的国际经验与我国的对策［J］．科技成果纵横，2010（1）．

［237］赵航．供给侧改革的微观机制研究：基于组织冗余与组织创新［J］．企业经济，2018（1）．

［238］赵建国．知识产权发力，高铁跑出"中国速度"［N］．中国知识产权报，2017－8－17．

［239］赵黎明，宋瑶，殷建立．战略性新兴产业、传统产业与政府合作策略研究［J］．系统工程理论与实践，2017，37（3）．

［240］赵玉林，胡燕．战略性新兴产业创新绩效的阶段性差异——基于超效率 DEA 模型［J］．财会月刊，2017（15）．

［241］赵玉林，张倩男．湖北省战略性主导产业的选择研究［J］．中南财经政法大学学报，2007（2）．

［242］赵志耘．以科技创新引领供给侧结构性改革［J］．中国软科学，2016（9）．

［243］郑绍庆．供给侧改革下经济管理创新的国际经验借鉴研究［J］．哈

尔滨师范大学社会科学学报，2017，8（3）.

［244］中国工程科技发展战略研究.2017 中国战略性新兴产业发展报告［M］.北京：科学出版社，2016.

［245］中国工程科技发展战略研究.2018 中国战略性新兴产业发展报告［M］.北京：科学出版社，2017.

［246］中国工程科技发展战略研究.2019 中国战略性新兴产业发展报告［M］.北京：科学出版社，2018.

［247］中国汽车工程研究院股份有限公司等.中国汽车产业知识产权发展报告（2016）［M］.北京：社会科学文献出版社，2016.

［248］中国中车股份有限公司.中国中车股份有限公司 2016 年年度报告［R］.北京：中国中车股份有限公司，2017.

［249］中国中车股份有限公司.中国中车股份有限公司 2017 年年度报告［R］.北京：中国中车股份有限公司，2018.

［250］中国中车股份有限公司.中国中车股份有限公司 2018 年年度报告［R］.北京：中国中车股份有限公司，2019.

［251］中国中车股份有限公司网站.http：//www.crrcgc.cc/.

［252］钟清流.战略性新兴产业发展的动力机制［J］.经济导刊，2010（9）.

［253］钟清流.战略性新兴产业发展思路探析［J］.中国科技论坛，2010（11）.

［254］周婕峥.全球产业转移视角下我国战略性新兴产业培育与成长路径研究［J］.科学管理研究，2014，32（4）.

［255］周静言.后危机时代俄罗斯产业政策调整研究［D］.辽宁大学，2014.

［256］周密，朱俊丰，郭佳宏.供给侧结构性改革的实施条件与动力机制研究［J］.管理世界，2018，34（3）.

［257］周全，顾新.战略性新兴产业中专利实施协同机制研究［J］.科学管理研究，2014，32（5）.

［258］朱洪春.战略性新兴产业发展的国际比较分析［J］.中小企业管理与科技，2014（12）.

［259］Alegre J，Segupta K，Lapiedra R. Knowledge management and innovation performance in a high-tech SMEs industry［J］.International Small Business Journal，2011（43）.

［260］Amitr Zottc. Value creation in e-business ［J］. Strategic Management Journal, 2001, 22 (6/7).

［261］Anderson P, Petersen N C. A procedure for ranking efficient unit in data envelopment analysis ［J］. Management Science, 1993, 39 (10).

［262］Casamatta, Catherine, Haritchabalet et al. Learning and syndication in venture capital investments ［R］. Cepr Discussion Papers, 2003.

［263］Chakrabarti A K. Competition in high technology: Analysis of patents of US, Japan, UK, France, West Germany and Canada ［J］. IEEE Transactions on Engineering Management, 1991, 38 (1).

［264］Chen C J, Huang C C. A multiple criteria evaluation of high-tech industries for the science-based industrial park in Taiwan ［J］. Information & management, 2004, 41 (7).

［265］Chesbrough H, Rosenbloom R S. The role of the business model in capturing value from innovation: Evidence from Xerox corporation's technology spin-off companies ［J］. Industrial and Corporate Change, 2002, 11 (3).

［266］Christensen A J. Psychological aspects of end-stage renal disease: An emerging context for behavioral medicine research ［J］. Annals of Behavioral Medicine a Publication of the Society of Behavioral Medicine, 1997, 19 (4).

［267］Claude G V. Dynamic competition and development of new competencies ［M］. Charlotte: Information Age Publishing, 2003.

［268］Daniel P F, David A K. The study of emerging industries: Recognizing and responding to some central problems ［J］. Journal of Business Venturing, 2011, 26 (5).

［269］Day G S. Wharton on managing emerging technologies ［J］. Rev. adm. empres, 2000, 41 (3).

［270］Edler J, Yeow J. Connecting demand and supply: The role of intermediation in public procurement of innovation ⌊J⌋. Research Policy, 2016, 45 (2).

［271］Eillison Gglaeser E L. Geographic concentration in U. S. manufacturing industries: A dartboard approach ［J］. Journal of Political Economy, 2010, 105 (5).

［272］Geels F W. Technological transitions as evolutionary reconfiguration processes: A multi-level perspective and a case study ［J］. Research Policy, 2002, 3 (8).

［273］Gourinchas Rey. From world banker to world venture capitalist: US external adjustment and exorbitant privilege ［R］. NBER Working Paper, 2005.

［274］Guo X Y, Hui X F. Research on regional strategic emerging industry selection models based on fuzzy optimization and entropy evaluation ［J］. Journal of Applied Mathematics, 2012 (2).

［275］Han Y J, Park Y. Patent network analysis of inter-industrial knowledge flows: The case of korea between traditional and emerging industries ［J］. World Patent Information, 2006, 28 (9).

［276］Heffeman P, Phaal R. The emergence of new industries ［R］. The University of Cambridge, 2008.

［277］Hung S C, Chu Y Y. Stimulating new industries from emerging technologies: Challenges for the public sector ［J］. Technovation, 2006, 26 (1).

［278］Im S, Workman Jr. J P. Market Orientation, creativity, and new product performance in high-technology firms ［J］. Journal of Marketing, 2004, 68 (2).

［279］Kalcheva I, Mclemore P, Pant S. Innovation: The interplay between demand-side shock and supply-side environment ［J］. Research Policy, 2018, 47 (2).

［280］Kemp M C. The pure theory of international trade ［M］. NJ: Prentice - Hall International, Inc, 1964.

［281］Kremer M. Population growth and technological change: One million b. c. to 1990 ［J］. Quarterly Journal of Economics, 1993, 108 (3).

［282］Lin J, Justin T, Marie T. Incumbent firm invention in emerging fields: Evidence from the semiconductor industry ［J］. Strategic Management Journal, 2011, 32 (1).

［283］Mowery D C, Rosenberg N. The influence of market demand upon innovation: A critical review of some recent empirical studies ［J］. Research Policy, 1979, 8 (2).

［284］Mukherjee V, Ramani S V. R&D cooperation in emerging industries, asymmetric innovative capabilities and rationale for technology parks ［J］. Theory and Decision, 2011, 71 (3).

［285］Paul Trott. The role of market research in development of discontinuous new products ［J］. European Journal of Innovation Mangement, 2001 (4).

［286］Perez C. The double bubble at the turn of the century: Technological roots and structural implications ［J］. Cambridge Journal of Economics, 2009, 33 (4).

［287］ Schmookler J. Invention and economic growth ［M］. Cambridge：Harvard University Press，1996.

［288］ Sosna M，Nelly R. The Vinyo-Rodriguez and Velamuri R Business Model innovation through trial-and-error learning—the naturhouse case ［J］. Long Range Planning，2010 （43）.

［289］ Soto-Acosta P，Popa S，Palacios-Marques D. Social web knowledge sharing and innovation performance in knowledge-intensive manufacturing SMEs ［J］. Journal of Technology Transfer，2016 （4）.

［290］ Streb J，Wallusch J，Yin S X. Knowledge spill-over from new to old industries：The case of german synthetic dyes and textiles （1878 – 1913）［J］. Explorations in Economic History，2007，44 （4）.

［291］ Sturgeon T J. Modular production networks：A new american model of industrial organization ［J］. Industrial and Corporate Change，2002，11 （3）.

［292］ Succar P. International technology transfer：A model of endogenous technological assimilation ［J］. Journal of Development Economics，1987，26 （2）.

［293］ Ueda M，Hirukawa M. Venture Capital and Productivity ［R］. Wisconsin University Working Paper，2003.

［294］ Yun J J，Mohan A. Exploring open innovation approaches adopted by small and medium firms in emerging/growth industries：Case studies from daegu-gyeongbuk region of South Korea ［J］. International Journal of Technology，Policy and Management，2012，12 （1）.